AF234564

## *ACCESO GRATIS* *a la Lectura en la Nube*

Para visualizar el libro electrónico en la nube de lectura envíe junto a su nombre y apellidos una fotografía del código de barras situado en la contraportada del libro y otra del ticket de compra a la dirección:

**ebooktirant@tirant.com**

En un máximo de 72 horas laborables le enviaremos el código de acceso con sus instrucciones.

# Vademécum
## DE DERECHO PENAL

**7ª edición revisada, ampliada y actualizada
con las reformas penales de 2022 y 2023**

# Vademécum
# DE DERECHO PENAL

## 7ª edición revisada, ampliada y actualizada con las reformas penales de 2022 y 2023

**ROSARIO DE VICENTE MARTÍNEZ**

*Catedrática de Derecho Penal*
*Universidad de Castilla-La Mancha*

**tirant lo blanch**
Valencia, 2024

©     TIRANT LO BLANCH
       EDITA: TIRANT LO BLANCH
       C/ Artes Gráficas, 14 - 46010 - Valencia
       TELFS.: 96/361 00 48 - 50
       FAX: 96/369 41 51
       Email: tlb@tirant.com
       www.tirant.com
       Librería virtual: www.tirant.es
       DEPÓSITO LEGAL: V-262-2024
       ISBN: 978-84-1056-374-2
       MAQUETA: Tink Factoría de Color

       Si tiene alguna queja o sugerencia, envíenos un mail a: *atencioncliente@tirant.*
       *com*. En caso de no ser atendida su sugerencia, por favor, lea en *www.tirant.*
       *net/index.php/empresa/politicas-de-empresa* nuestro procedimiento de quejas.

       Responsabilidad Social Corporativa: http://www.tirant.net/Docs/RSCTirant.pdf

*A Tomás Vives Antón*

# ABREVIATURAS

| | |
|---|---|
| **AAN** | Auto de la Audiencia Nacional |
| **AAP** | Auto de la Audiencia Provincial |
| **AJCI** | Auto del Juzgado Central de Instrucción |
| **ATC** | Auto del Tribunal Constitucional |
| **ATS** | Auto del Tribunal Supremo |
| **CE** | Constitución española |
| **CP** | Código Penal |
| **JI** | Juzgado de Instrucción |
| **JP** | Juzgado de lo Penal |
| **LECrim** | Ley de Enjuiciamiento Criminal |
| **LOGP** | Ley Orgánica General Penitenciaria |
| **LORPM** | Ley Orgánica de Responsabilidad Penal de los Menores |
| **RP** | Reglamento Penitenciario |
| **SAN/SSAN** | Sentencia/s de la Audiencia Nacional |
| **SAP/SSAP** | Sentencia/s de la Audiencia Provincial |
| **SJCI/SSJCI** | Sentencia/s del Juzgado Central de Instrucción |
| **SJI** | Sentencia del Juzgado de Instrucción |

| | |
|---|---|
| **SJP** | Sentencia del Juzgado de lo Penal |
| **STC/SSTC** | Sentencia/s del Tribunal Constitucional |
| **STEDH** | Sentencia del Tribunal Europeo de Derechos Humanos |
| **STSJ** | Sentencia del Tribunal Superior de Justicia |
| **STS/SSTS** | Sentencia/s del Tribunal Supremo |
| *Vid.* | Véase |

# ÍNDICE DE VOCES

### A

## B

# C

## E

## F

## G

## H

## I

## N

## O

## Q

## R

## S

## T

## U

## V

# A

## ABANDONO COLECTIVO DE SERVICIO PÚBLICO

El promover, dirigir u organizar el abandono colectivo y manifiestamente ilegal de un servicio público es una conducta delictiva. El sujeto activo es la autoridad o funcionario público que promueve, dirige u organiza un abandono que afecta a una pluralidad de individuos (colectivo) y que además es manifiestamente ilegal.

**Regulación normativa**: artículo 409 CP.

**Jurisprudencia:** AJI núm. 4 de San Sebastián de 7 de diciembre de 2007 (*Tol 1210209*).

## ABANDONO DE ACTIVIDADES DELICTIVAS RELACIONADAS CON EL TERRORISMO

Cuando un sujeto abandone voluntariamente sus actividades delictivas relacionadas con el terrorismo y se presente a las autoridades confesando los hechos en los que haya participado, y además colabore activamente con estas para impedir la producción del delito o coadyuve eficazmente a la obtención de pruebas decisivas para la identificación o captura de otros responsables o para impedir la actuación o el desarrollo de organizaciones o grupos terroristas a los que haya pertenecido o con los que haya colaborado, el Juez o Tribunal podrá acordar la atenuación de la responsabilidad criminal.

El legislador premia con esta atenuación la figura del terrorista arrepentido rebajándole la pena en uno o dos grados.

**Regulación normativa**: artículo 579 bis.3 CP.

**Jurisprudencia:** SSTS de 29 de mayo de 2003 (*Tol 275692*), de 27 de julio de 2016 (*Tol 5784545*).

## ABANDONO DE ACTIVIDADES DELICTIVAS RELACIONADAS CON EL TRÁFICO DE DROGAS

El Juez o Tribunal puede imponer la pena inferior en uno o dos grados cuando el sujeto abandone voluntariamente sus actividades delictivas relacionadas con el tráfico de drogas y colabore activamente con las autoridades o sus agentes, ya sea para impedir la producción del delito, bien para obtener pruebas decisivas para la identificación o captura de otros responsables o para impedir la actuación o desarrollo de las organizaciones o asociaciones a las que haya pertenecido o con las que haya colaborado. Se trata de imponer menor pena al sujeto que colabora con la Administración de Justicia. Es una figura intermedia entre el arrepentimiento y el desistimiento, que tiene una finalidad esencialmente práctica o utilitaria, consistente en conseguir la colaboración-delación de quienes por dedicarse a determinados géneros de delincuencia pueden contribuir a su debilitamiento.

**Regulación normativa**: artículo 376 CP.

**Jurisprudencia:** SSTS de 23 de enero de 2003 (*Tol 265648*), de 25 de mayo de 2011 (*Tol 2152526*), de 15 de junio de 2011 (*Tol 2176006*); ATS de 10 de septiembre de 2015 (*Tol 5525310*).

## ABANDONO DE ANIMALES

El delito de abandono de animales vertebrados requiere que dicho abandono se realice en condiciones en que pueda peligrar la vida o integridad del animal. El tipo penal exige que quien realice la conducta tenga la posesión y dominio del animal, ya que no se puede abandonar aquello que no se posee.

La expresión "animal vertebrado" sustituye y amplía la lista tasada de animales protegidos por el Código penal al añadir los animales silvestres que viven en libertad.

**Regulación normativa**: artículo 340 ter CP.

**Jurisprudencia**: SAP de Ávila de 19 de mayo de 2016 (*Tol 5778813*); SAP de Murcia de 22 de marzo de 2017 (*Tol 6081790*); SAP de Madrid de 16 de octubre de 2017 (*Tol 6445520*); SJI núm. 4 de Requena de 24 de noviembre de 2015 (*Tol 5577053*).

## ABANDONO DE DOMICILIO FAMILIAR

El Código penal castiga a aquellas personas ajenas al núcleo familiar principal que ni son padres, ni tutores, ni guardadores, y que, por el simple consentimiento o aceptación expresa o tácita de los mismos, llevan a cabo la acción directa de inducir, esto es, de convencer a un menor de edad o una persona con discapacidad necesitada de especial protección para que abandone el domicilio familiar.

**Regulación normativa**: artículo 224 CP.

**Jurisprudencia**: SSTS de 17 de marzo de 2000 (*Tol 272475*), de 25 de marzo de 2004 (*Tol 448583*); SAP de Burgos de 19 de mayo de 2009 (*Tol 1565457*).

## ABANDONO DE FAMILIA

El abandono de familia es un delito de omisión que puede revestir alguna de estas dos modalidades:
1) el incumplimiento de los deberes asistenciales inherentes a la patria potestad, la tutela, la guarda o el acogimiento familiar, tal y como aparecen configurados en el Derecho civil.
2) la omisión de la asistencia legalmente establecida para el sustento de los descendientes, ascendientes o cónyuge que se hallen necesitados.
No basta con cualquier incumplimiento. Se requiere que se trate de un incumplimiento total y absoluto, además de persistente y duradero, pues carecen de tipicidad las conductas de incumplimiento intermitente, moroso o retardatario.

**Regulación normativa**: artículo 226 CP.

**Jurisprudencia:** SAP de las Islas Baleares de 26 de enero de 2009 (*Tol 1492739*); SAP de Valladolid de 12 de noviembre de 2009 (*Tol 1759177*).

## ABANDONO DE MENORES

El abandono de menores es un delito de omisión con el que se pone en peligro la vida, salud, integridad física o libertad sexual del menor que sufre el abandono o falta de cuidados por parte de la persona que se responsabiliza de su guarda y custodia. El abandono supone incumplir el deber de custodia, desentenderse absoluta e incluso locativamente del menor. La jurisprudencia califica este delito como de peligro abstracto-concreto. Si el abandono es temporal la pena es menor.

**Regulación normativa**: artículos 229 y 230 CP.

**Jurisprudencia:** SSTS de 30 de junio de 2003 (*Tol 308189*), de 12 de septiembre de 2003 (*Tol 314191*); SAP de Sevilla de 17 de junio de 2011 (*Tol 2266733*); SAP de Madrid de 16 de enero de 2012 (*Tol 2438653*).

## ABANDONO DEL LUGAR DEL ACCIDENTE

El abandono de la escena del accidente, o *hit and run* como es conocido en los países de habla inglesa, es un delito surgido del derecho criminal del *common law* que se configura cuando el causante de un accidente de tráfico abandona la escena del hecho sin cumplir con sus obligaciones legales: identificarse y proporcionar asistencia a las víctimas.

El delito de fuga o abandono del lugar del accidente es una de las medidas estrella que incorpora la Ley Orgánica 2/2019, al introducir un nuevo tipo penal, al margen del delito de omisión del deber de socorro, que sanciona el abandono de quien sabe que deja atrás a alguien que pudiera estar lesionado o incluso fallecido.

Se ha buscado la inspiración en el equívoco espejo de la literalidad del precepto alemán, que sanciona el "delito de fuga" como respuesta al infractor de un "deber jurídico de espera" y de "asistencia".

**Regulación normativa**: artículo 382 bis CP.

**Jurisprudencia:** STS de 31 de mayo de 2023 (*Tol 9594520*); SAP de Girona de 1 de julio de 2019 (*Tol 7903751*); SAP de Valencia de 28 de septiembre de 2020 (*Tol 8203161*).

## ABERRATIO ICTUS

Se trata de una expresión habitualmente utilizada por la doctrina penal para significar un resultado no previsto ni querido por el sujeto que dirige su conducta contra un determinado objeto, pero no consigue lesionarlo, produciéndose el efecto lesivo en otro objeto.

La *aberratio ictus* o error en el golpe es consecuencia de una falta de acierto en la dirección del ataque, bien por falta de puntería o porque un tercero se interpone en la trayectoria, y resulta irrelevante o intrascendente si existe identidad en el bien jurídico protegido, porque la ley determina de modo no individualizado el objeto de protección.

Se trataría del siguiente ejemplo: A quiere matar a B y apunta contra él, pero su mala puntería hace que sea C quien resulte muerto.

**Regulación normativa**: artículo 14 CP.

**Jurisprudencia**: SSTS de 7 de febrero de 2002 (*Tol 135614*), de 1 de diciembre de 2006 (*Tol 1022921*), de 12 de junio de 2009 (*Tol 1560686*); SAP de Asturias de 8 de febrero de 2012 (*Tol 2500718*).

## ABLACIÓN

*Vid.* Mutilación genital.

## ABONO DE LA PRISIÓN PROVISIONAL

En el cómputo de la prisión provisional en el cumplimiento de la pena, el legislador distingue entre el abono de la prisión provisional en la causa en que se acordó y el abono de la prisión provisional en causa distinta de aquella en la que se acordó. En el primer caso, el tiempo de privación de libertad sufrido provisionalmente será abonado en su totalidad por el Juez o Tribunal sentenciador para el cumplimiento de la pena o penas impuestas en la causa en que dicha privación fue acordada. En el caso del abono de la prisión provisional en causa distinta de aquella en la que se acordó, el órgano competente es el Juez de Vigilancia Penitenciaria de la jurisdicción de la que dependa el centro penitenciario en que se encuentre el penado.

**Regulación normativa**: artículos 58 y 59 CP.

**Jurisprudencia:** STC 261/2015, de 14 de diciembre (*Tol 5628412*); STS de 8 de mayo de 2014 (*Tol 4401059*).

## ABORTO

El delito de aborto consiste en la interrupción del embarazo que ocasiona la muerte del feto, ya porque se destruya en el vientre ya porque se expulse prematura y voluntariamente. En el ámbito penal se ha optado por un sistema mixto de plazos e indicaciones que despenaliza la interrupción del embarazo en las primeras catorce semanas de gestación, así como cuando concurra alguna de las indicaciones establecidas en el artículo 15 de la Ley Orgánica 2/2010, de 3 marzo, de salud sexual y reproductiva y de la interrupción voluntaria del embarazo.

El Código penal castiga el aborto causado por un tercero sin el consentimiento de la mujer embarazada o con un consentimiento viciado (artículo 144 del Código penal), el aborto causado por un tercero por imprudencia grave (artículo 146 del Código penal), el aborto realizado con el consentimiento de la mujer embarazada fuera de los casos permitidos por la Ley (artículo 145 del Código penal) y la práctica de la interrupción del embarazo dentro de los casos contemplados por la Ley, pero sin cumplir los requisitos exigidos en ella (artículo 145 bis del Código penal). Este último precepto fue introducido por la Ley Orgánica 2/2010, de 3 marzo, de salud sexual y reproductiva y de la interrupción voluntaria del embarazo, que asimismo ha derogado el artículo 417 bis del Código penal de 1973 que declaraba expresamente no punible la práctica del aborto en los supuestos de "grave peligro para la vida o la salud física o psíquica de la embarazada", "delito de violación" y presunción de que el feto "habrá de nacer con graves taras físicas o psíquicas". Posteriormente la Ley Orgánica 1/2023, de 28 de febrero, por la que se modifica la Ley Orgánica 2/2010, de 3 de marzo, de salud sexual y reproductiva y de la interrupción voluntaria del embarazo suprime del apartado 1 del artículo 145 bis las letras a) y b) para eliminar la tipificación como delito del hecho de practicar un aborto sin remisión de información previa relativa a los derechos, prestaciones y ayudas públicas de apoyo a la maternidad o sin haber transcurrido el periodo de espera, en definitiva la reforma elimina el plazo de reflexión de tres días y la obligatoriedad de recibir información acerca de los recursos y las ayudas disponibles en caso de continuar con el embarazo, debiendo proporcionarse dicha información solo si la mujer lo requiere.

**Regulación normativa**: artículos 144, 145, 145 bis y 146 CP y Ley Orgánica 2/2010, de 3 marzo, de salud sexual y reproductiva y de la interrupción voluntaria del embarazo.

**Jurisprudencia:** SSTS de 16 de mayo de 2007 (*Tol 1092892*), de 5 de febrero de 2009 (*Tol 1448771*), de 22 de julio de 2009 (*Tol 1577833*), de 11 de diciembre de 2017 (*Tol 6478614*); SAP de Madrid de 14 de febrero de 2012 (*Tol 2441367*).

## ABUSO DE CONFIANZA

El abuso de confianza es una circunstancia agravante de la responsabilidad criminal que exige para su apreciación una relación especial subjetiva y anímica entre el ofensor y la víctima, relación de confianza que ha de encontrar su razón o causa en una serie de circunstancias distintas, nacidas de diversas motivaciones, bien sean relaciones laborales, amistosas, convivencia de vecindad, razones familiares o cualquier otra que genere una especial confianza en virtud de la cual se inhibe la sospecha o la desconfianza.

La agravante de abuso de confianza requiere además que el autor se aproveche de las facilidades que para la comisión del delito implican los referidos vínculos, lo que significa una mayor posibilidad en la ejecución del mismo. Y esa confianza ultrajada se manifiesta como un plus de culpabilidad, al revelar una mayor perversión en la ejecución de unos actos constitutivos de unos delitos que no la llevan implícita.

Los requisitos para su apreciación son:

1) subjetivo, integrado por la relación de confianza entre sujeto activo y perjudicado, caracterizada dicha relación por razones de convivencia social, laboral o profesional, de hospedaje o de amistad, a través de lo que surgen recíprocamente deberes —no necesariamente jurídicos— de lealtad.

2) objetivo, consistente en la captación de cierta facilidad para cometer el delito, derivada de la situación creada a consecuencia de esos deberes recíprocos entre

el autor y el sujeto pasivo, con aprovechamiento de las facilidades que proporciona la confianza ofrecida por el sujeto pasivo al autor del delito.

**Regulación normativa**: artículo 22.6.º CP.

**Jurisprudencia**: SSTS de 19 de junio de 2008 (*Tol 1347103*), de 18 de febrero de 2016 (*Tol 5658051*); SAP de Valladolid de 14 de marzo de 2012 (*Tol 2504857*); SAP de Barcelona de 29 de diciembre de 2017, "caso Palau", (*Tol 6473659*).

## ABUSO DE SUPERIORIDAD

El abuso de superioridad es una circunstancia agravante de la responsabilidad criminal que supone el conocimiento de la superioridad existente y en su consciente aprovechamiento, o sea, en la representación de la desigualdad existente y en la voluntad de aprovecharse de ella.

La circunstancia agravante de abuso de superioridad requiere para su aplicación con arreglo a constante doctrina jurisprudencial la concurrencia de estos requisitos: 1) que haya situación de superioridad, es decir, un importante desequilibrio de fuerzas a favor de la parte agresora frente al agredido, derivada de cualquier circunstancia, bien referida a los medios utilizados para agredir (superioridad medial) bien al hecho de que concurra una pluralidad de atacantes, siendo precisamente este último supuesto el más característico y el de mayor frecuencia en su aplicación (superioridad personal).

2) esa superioridad deber ser tal que produzca una disminución notable en las posibilidades de defensa del ofendido, sin que llegue a eliminarlas, pues si esto ocurriera nos encontraríamos en presencia de la alevosía, que constituye así la frontera superior de la agravante de abuso de superioridad. Por eso la jurisprudencia viene considerando esta agravante como una "alevosía menor" o de "segundo grado".

3) a los dos elementos objetivos se ha de añadir otro de naturaleza subjetiva, consistente en que haya abuso de esa superioridad, esto es, que el agresor o agresores conozcan esa situación de desequilibrio de fuerzas y se aprovechen de ella para una más fácil realización del delito.

4) que esa superioridad de la que se abusa no sea inherente al delito, bien por constituir uno de sus elementos típicos, bien porque, por las circunstancias concretas, el delito necesariamente tuviera que realizarse así.

El fundamento de esta agravante radica en el abuso, la prepotencia revelada por el autor, de modo que no cabe su aplicación si la violencia extraordinaria es necesaria para conseguir el propósito delictivo.

A diferencia de lo que ocurre con la alevosía, no es necesario que la víctima quede absolutamente indefensa, pues basta con que se dé una situación de debilitamiento o aminoración de su capacidad de defensa.

**Regulación normativa**: artículo 22.2.ª CP.

**Jurisprudencia**: SSTS de 4 de marzo de 2002 *(Tol 155856)*, de 21 de abril de 2003 *(Tol 274599)*, de 22 de octubre de 2009 *(Tol 1649719)*, de 12 de enero de

2012 (*Tol 2433656*), de 14 de diciembre de 2017 (*Tol 6461986*), de 17 de marzo de 2022 (*Tol 8896401*).

## ACOSO ANTIABORTISTA

A partir de la entrada en vigor de la Ley Orgánica 4/2022, de 12 de abril, por la que se modifica la Ley Orgánica 10/1995, de 23 de noviembre, del Código penal, para penalizar el acoso a las mujeres que acuden a las clínicas para la interrupción del embarazo, se castiga a los grupos de manifestantes que protestan a las puertas de las clínicas en las que las mujeres acuden a ejercer su derecho al aborto.

El legislador no limita el circulo de sujetos pasivos a las mujeres que acudan al centro médico a interrumpir su embarazo, sino que el acoso también se puede dirigir a los trabajadores del ámbito sanitario en su ejercicio profesional o función pública y al personal facultativo o directivo de los centros habilitados para interrumpir el embarazo con el objetivo de obstaculizar el ejercicio de profesión o cargo.

**Regulación normativa**: artículo 172 quater CP.

## ACOSO INMOBILIARIO

Debido a la proliferación, durante la última década, de conductas acosadoras en la esfera de la vivienda, la reforma penal de 2010 previó la sanción del acoso inmobiliario. Con ello se pretende tutelar el derecho al disfrute de la vivienda por parte de propietarios o inquilinos frente a los ataques dirigidos a obligar a unos o a otros a abandonarla para así alcanzar, en la mayoría de los casos, objetivos especuladores.

Distintos pronunciamientos judiciales habían venido poniendo de manifiesto las dificultades que para la represión de estas conductas se derivaban de la ausencia de una específica regulación penal de este fenómeno.

El *mobbing* o acoso inmobiliario es la realización, de forma reiterada, de actos hostiles o humillantes, sin llegar a constituir trato degradante, que tengan por objeto impedir el legítimo disfrute de la vivienda.

**Regulación normativa**: artículo 173.1, tercer párrafo CP.

**Jurisprudencia**: SAP de Barcelona de 4 de julio de 2005 (*Tol 702567*); SAP de Vizcaya de 13 de junio de 2011 (*Tol 2211910*); SAP de Madrid de 24 de octubre de 2011 (*Tol 3639709*).

## ACOSO LABORAL

El acoso laboral, respecto del que se ha popularizado el anglicismo *mobbing* para designarlo (de "mob", gentío, multitud o populacho y de "to mob", acosar, atropellar, atacar en masa) ha sido considerado como una forma característica de estrés laboral, que presenta la particularidad de que no ocurre exclusivamente por causas directamente relacionadas con el desempeño del trabajo o con su organización sino que tiene su origen en las relaciones interpersonales

que se establecen en una empresa entre los distintos individuos, siendo un conflicto asimétrico entre las dos partes,
teniendo la parte hostigadora más recursos, apoyos o una
posición superior a la del trabajador hostigado.

El acoso moral en el trabajo viene definido como una
situación en donde se ejerce una violencia psicológica a
través de una conducta de persecución u hostigamiento a un trabajador frente al que, de forma sistemática y
recurrente, se desarrollan actitudes de violencia psicológica de forma prolongada con la finalidad de destruir las
redes de comunicación de la víctima o víctimas, destruir
su reputación, perturbar el ejercicio de sus labores causándole alteraciones psicosomáticas de ansiedad y lograr
que finalmente esa persona o personas, al no poder so-
portar el estrés al que se encuentran sometidos, acaben
abandonando el lugar de trabajo.

La Exposición de Motivos de la Ley Orgánica 5/2010,
de 22 de junio, entiende por acoso laboral, el hostigamiento psicológico u hostil en el marco de cualquier actividad laboral o funcionarial que humille al que lo sufre,
imponiendo situaciones de grave ofensa a la dignidad.

El fenómeno de acoso moral en el trabajo se ha convertido en una de las mayores preocupaciones en el mundo
laboral. El inicial tratamiento conferido por la psiquiatría y la psicología a tal situación no ha impedido que
el interés por la misma trascienda a otras disciplinas de
necesaria intervención, frente a la comisión de tal conducta, por cuanto suponen una intromisión directa en la
persona de la trabajadora o del trabajador o en general de
la persona que presta un servicio.

Son dos notas las que vienen a fijar los contornos jurídicos de esta situación: por un lado, el objeto directamente lesionado con motivo de la comisión de tales conductas (dignidad humana) y, por otro, una finalidad específica de humillar, degradar y envilecer al trabajador acosado.

**Regulación normativa**: artículo 173.1, segundo párrafo CP.

**Jurisprudencia**: AAP de La Rioja de 12 de abril de 2005 (*Tol 613430*); SAP de Albacete de 6 de marzo de 2007 (*Tol 1121013*); SAP de Madrid de 29 de enero de 2010 (*Tol 1806340*).

## ACOSO MEDIANTE USO INDEBIDO DE LA IMAGEN DE OTRO

El Código penal castiga al que sin consentimiento de su titular, utilice la imagen de una persona para realizar anuncios o abrir perfiles falsos en redes sociales, páginas de contacto o cualquier medio de difusión púbica, ocasionándole a la misma situación de acoso, hostigamiento o humillación. La pena se agrava en los casos en los que la víctima es un menor o una persona con discapacidad.

Fue la Ley Orgánica 10/2022, de 6 de septiembre, de Garantía Integral de la Libertad Sexual la que introdujo este nuevo delito íntimamente ligado a internet por lo que fue etiquetado como de "funa" -término derivado del "mapudungún", que significa podrido o echado a perder y que en el ámbito de las redes sociales se emplea como sinónimo de difamar a alguien sometiéndole a un escarnio público—.

**Regulación normativa**: artículo 172 ter.5 CP.

## ACOSO SEXUAL

El acoso sexual constituye un atentado a la libre decisión de no verse involucrado en una relación sexual indeseada. Comete el delito de acoso sexual quien, en el ámbito de una relación estable laboral, docente, de prestación de servicios o análoga, solicita a otro favores de índole sexual, para sí o para un tercero, siempre que ello provoque en la víctima sentimientos de intimidación, hostilidad o humillación.

No es necesario que el autor de este delito cometa los hechos prevaliéndose de una situación de superioridad, pero si se da tal prevalimiento, la pena se agrava.

El tipo implica la concurrencia de los siguientes elementos:

1) la acción supone la solicitud, sin que se necesite la obtención, de favores de naturaleza sexual. El concepto de favor ha de entenderse como la prestación de cualquier acto de alcance sexual.

2) si no es preciso para la consumación del tipo la obtención del favor requerido, el legislador sí que exige que esa demanda de favores sexuales provoque a la víctima una situación objetiva y gravemente intimidatoria, hostil o humillante, lo que implica la calificación del delito en

conexión con un cierto resultado indirecto, lo que mitiga el carácter de delito en alguna manera de tendencia.

3) esa situación, resultado en la víctima, viene producida como consecuencia de que la solicitud de favores se produce en el ámbito de una relación existente entre el sujeto y la víctima de tipo laboral, docente o de prestación de servicios, que ha de ser continuada o habitual, por lo que se descarta la mera relación coyuntural o esporádica.

**Regulación normativa:** artículo 184 CP.

**Jurisprudencia:** SAP de Soria de 25 de enero de 2006 (*Tol 844495*); SAP de Les Illes Balears de 23 de abril de 2010 (*Tol 878556*); SAP de Sevilla de 2 de febrero de 2012 (*Tol 2503840*).

## ACOSO SEXUAL CALLEJERO

La Ley Orgánica 10/2022, de 6 de septiembre, de Garantía Integral de la Libertad Sexual incrementó el catálogo de delitos de acoso con una nueva tipificación de acoso: el acoso callejero consistente en dirigirse a una persona con expresiones, comportamientos o proposiciones de carácter sexual que creen a la víctima una situación objetivamente humillante, hostil o intimidatoria, sin llegar a constituir otros delitos de mayor gravedad.

**Regulación normativa:** artículo 173.4, segundo párrafo CP.

**Jurisprudencia:** SAP de Madrid de 23 de junio de 2023 (*Tol 9692920*).

## ACOSO SEXUAL FUNCIONARIAL

Se trata de solicitar favores sexuales por parte de un funcionario púbico o autoridad a un particular siendo necesario que medie la relación típica entre funcionario y particular, esto es, que este o alguno de los familiares allegados tenga pretensiones respecto de las cuales aquél haya de resolver, informar o consultar.

La Ley Orgánica 10/2022, de 6 de septiembre, de Garantía Integral de la Libertad Sexual ha ampliado el ámbito de los sujetos activos del delito a los funcionarios de centros de internamiento de personas extranjeras o cualquier otro centro de detención o custodia, incluso de estancia temporal.

**Regulación normativa**: artículo 443 CP.

**Jurisprudencia**: SAP de Málaga de 8 de noviembre de 2012 (*Tol 2454149*).

## ACTIO LIBERA IN CAUSA

Se trata de una estructura de imputación que permite considerar imputable al sujeto que en el momento de cometer el delito no lo era, pero sí en el momento en que ideó llevarlo a cabo. La causa libremente puesta, que da lugar al comienzo de hecho, debe ser imputable al autor y, por tanto, ello requiere que sea este quien la haya introducido en el curso del suceso. Desde la perspectiva del llamado modelo de la acción típica, resulta claro que la *actio libera in causa* presupone que el autor haya causado su propio estado de incapacidad, pues precisamente en ello se basa la posibilidad de considerar la acción previa, que elimina la capacidad, como adecuada al tipo del delito consumado en estado de inimputabilidad. La acción típica, se ha dicho gráficamente, consiste en estos casos en eliminar la propia capacidad de culpabilidad.

En definitiva, la *actio libera in causa* supone el comportamiento que el autor pone en marcha de forma responsable, pero no desemboca en una acción típica hasta un determinado momento en que el sujeto ha perdido la capacidad de acción o la plena capacidad de culpabilidad.

**Regulación normativa**: artículo 20.1.° y 2.° CP.

**Jurisprudencia:** SSTS de 14 de abril de de 1993 (*Tol 399681*), de 25 de mayo de 2002 (*Tol 203223*), de 4 de diciembre de 2009 (*Tol 1762091*), de 31 de mayo de 2016 (*Tol 5746947*).

## ACTOS PREPARATORIOS

El legislador penal considera preparatorios todos aquellos actos que, no siendo propios de la conducta típica, están encaminados a su ejecución.

El Código penal establece el principio general de la no punición de los actos preparatorios, castigándose solamente cuando esté previsto de manera expresa en la Ley. La dificultad radica en distinguir en la práctica los actos preparatorios de aquellos otros que son ya principio de la ejecución. Para su solución hay que estar a la estructura del tipo de delito de que se trate y considerar sus diferentes elementos constitutivos. Hay principio de ejecución cuando hay principio de realización en cualquiera de esos elementos constitutivos. Ya entonces aparece ese peligro más o menos inminente para el bien jurídico protegido.

En aquellos casos en los que el delito llegue a ejecutarse, este tipo de actos quedarían subsumidos en las formas generales de autoría o participación del delito.

Los actos preparatorios son: conspiración, provocación y proposición para delinquir.

**Regulación normativa**: artículos 17 y 18 CP.

**Jurisprudencia**: SSTS de 19 de marzo de 2004 (*Tol 376913*), de 27 de noviembre de 2007 (*Tol 1229897*).

# ACTUACIÓN EN NOMBRE DE OTRO

Es un principio penal en virtud del cual cuando se trate de personas jurídicas, las conductas delictivas deben personalizarse en los miembros de sus órganos, esto es, en las personas físicas individuales que, formando parte de la sociedad, tienen facultades de dirección, gestión, representación, administración o análogas. La razón estriba en que detrás de cada decisión social hay una o varias personas físicas responsables que son las que en nombre de aquélla toman y cumplen los acuerdos.

**Regulación normativa**: artículo 31 CP.

**Jurisprudencia**: SSTS de 3 de abril de 1996 (*Tol 6452*), de 19 de enero de 1998 (*Tol 5113310*), de 30 de junio de 2010 (*Tol 1895119*).

## ACUERDO SOCIETARIO ABUSIVO

El acuerdo societario abusivo es aquel acuerdo tomado de forma lícita y por la mayoría que persigue un fin ajeno al objeto social con perjuicio para los demás socios y sin beneficio alguno para la sociedad.

**Regulación normativa**: artículo 291 CP.

**Jurisprudencia**: STS de 18 de febrero de 2011 (*Tol 2074232*).

## ACUERDO SOCIETARIO LESIVO

El acuerdo societario lesivo es el adoptado por una mayoría ficticia, obtenida por abuso de firma en blanco, por atribución indebida del derecho de voto a quienes legalmente carezcan del mismo, por negación ilícita del ejercicio de este derecho a quienes lo tengan reconocido por Ley, o por cualquier otro medio o procedimiento semejante.

**Regulación normativa**: artículo 292 CP.

**Jurisprudencia**: STS de 29 de octubre de 2010 (*Tol 1994774*).

## ACUMULACIÓN DE CONDENAS

La reforma de 2015 modificó el artículo 76, sobre los límites en la acumulación jurídica de las penas. A partir de la entrada en vigor de la reforma de 2015 las limitaciones cuando las penas se hayan impuesto en distintos procesos ya no se condicionan a que los hechos, por su conexión o el momento de su comisión, pudieran haberse enjuiciado en uno solo, ahora lo determinante es que los distintos procesos lo hayan sido por hechos cometidos antes de la fecha en que fueran enjuiciados los que, siendo objeto de acumulación, lo hubieran sido en primer lugar, eliminando con esta nueva redacción la exigencia de conexidad para la acumulación de condenas e insertando un criterio exclusivamente temporal. De esta manera los límites previstos en el apartado 1 de este mismo artículo 76 se aplicarán, aunque las penas se hayan impuesto en distintos procesos, siempre que los hechos que han determinado la imposición de esas penas se hayan cometido con anterioridad a la celebración del juicio que da lugar a la primera condena.

**Regulación normativa**: artículo 76.2 CP.

**Jurisprudencia**: SSTS de 9 de febrero de 2016 (*Tol 5645403*), de 11 de febrero de 2016 (*Tol 5645210*), de 13 de diciembre de 2017 (*Tol 6461937*), de 19 de febrero de 2018 (*Tol 6516401*), de 11 de febrero de 2021 (*Tol 83232583*), de 27 de mayo de 2021 (*Tol 8454622*), de 25 de octubre de 2023 (*Tol 9764174*).

## ACUSACIÓN Y DENUNCIA FALSAS

Consiste en imputar falsamente a una persona hechos constitutivos de delito, siempre que el sujeto activo tenga conocimiento de tal falsedad o, cuando menos, obre con temerario desprecio hacia la verdad.

Es requisito indispensable que esa falsa acusación o denuncia se efectúe ante un funcionario judicial o administrativo que tenga el deber de proceder a la averiguación de los hechos denunciados, lo que según la Ley de Enjuiciamiento Criminal debe entenderse referido a los Jueces, Fiscales y miembros de la Policía Judicial.

**Regulación normativa**: artículo 456 CP.

**Jurisprudencia**: SSTS de 21 de junio de 2007 (*Tol 1643436*), de 10 de octubre de 2008 (*Tol 1401635*); SAP de La Coruña de 20 de enero de 2012 (*Tol 2451008*).

## ADMINISTRACIÓN DESLEAL DE PATRIMONIO AJENO

Si el Código penal de 1995 había optado por tipificar la administración desleal como un delito societario, la reforma penal de 2015 lo tipifica como un delito patrimonial.

Quien recibe de otro dinero o valores con facultades para administrarlos y realiza actuaciones para las que no había sido autorizado, perjudicando de este modo el patrimonio administrado, comete un delito de administración desleal de patrimonio ajeno.

A través de este delito se protege el patrimonio, en general, el patrimonio de todo aquel, sea una persona individual o una sociedad, que confiere a otro la administración de su patrimonio, o de aquel cuyo patrimonio ha sido puesto baja la administración de otro, por decisión legal o de la autoridad. Se sanciona las extralimitaciones en el ejercicio de las facultades de disposición sobre ese patrimonio ajeno, salvaguardando así que el administrador desempeñe su cargo con la diligencia de un ordenado empresario y con la lealtad de un fiel representante e interés de su administrado.

Los elementos configuradores del delito de administración desleal son:

que el sujeto activo tenga facultades de administración sobre un patrimonio ajeno.

que se exceda en el ejercicio de esas facultades.

que se cause un perjuicio en el patrimonio administrado.

**Regulación normativa**: artículo 252 CP.

**Jurisprudencia:** SSTS de 13 de julio de 2015 (*Tol 5391008*), de 4 de febrero de 2016 (*Tol 5639487*), de 12 de febrero de 2016 (*Tol 5645433*), de 2 de marzo de 2016 (*Tol 5662289*), de 27 de mayo de 2021 (*Tol 8454764*), de 5 de octubre de 2023 (*Tol 9737798*); SSAN de 31 de marzo de 2017 (*Tol 6036454*), de 11 de enero de 2018 (*Tol 6473656*).

## ADULTERACIÓN DE ALIMENTOS

El Código penal castiga distintas conductas atentatorias contra la salud pública en su artículo 364. Por un lado, castiga la adulteración de objetos o sustancias alimenticias por medio de mezclas o inclusión de aditivos no autorizados para aplicaciones alternativas susceptibles de causar daños a la salud y, por otro lado, castiga conductas relacionadas con la actuación artificial directa o indirecta sobre animales de abasto y sus productos, mediante el empleo de sustancias peligrosas para alimentarlos o engordarlos, creando riesgos nocivos.

**Regulación normativa**: artículo 364 CP.

**Jurisprudencia:** SAP de Huesca de 9 de noviembre de 2000 (*Tol 396373*).

## ADULTERACIÓN DE AGUAS

El envenenamiento o la adulteración con sustancias infecciosas, u otras que puedan ser gravemente nocivas para la salud, de las aguas potables destinadas al uso público o al consumo de una colectividad de personas es una conducta que se castiga con la pena de prisión de dos a seis años. La acción típica consiste, por tanto, en envenenar, lo que supone algo más que alterar la calidad del agua, implica la adición de sustancias tóxicas, o gravemente nocivas, de modo que su ingesta o contacto, por penetración cutánea, pueda provocar efectos agudos o crónicos e incluso la muerte.

**Regulación normativa**: artículo 365 CP.

**Jurisprudencia:** SAP de Lugo de 4 de febrero de 2004 (*Tol 355971*).

## AGENTE ENCUBIERTO

El agente encubierto es un Policía Judicial infiltrado en una organización con objeto de conseguir pruebas que la desarticulen. Se trata de un medio de investigación de delitos determinados.

Ningún funcionario de la Policía Judicial puede ser obligado a actuar como agente encubierto.

**Regulación normativa**: artículo 282 bis LECrim

**Jurisprudencia:** SSTS de 15 de noviembre de 2007 (*Tol 1213996*), de 10 de mayo de 2013 (*Tol 3757420*).

## AGOTAMIENTO DEL DELITO

Con la expresión "agotamiento del delito" se hace referencia a aquellos hechos posteriores a la consumación del delito y que, por tal razón, son innecesarios para ella.

Si el sujeto activo, además de consumar el delito, alcanza el fin último por él pretendido, entonces el delito queda agotado.

Por ejemplo, el delito de estafa procesal se consuma en el momento en que se dicta la resolución judicial motivada por el engaño, sin que deba confundirse con el agotamiento del delito consistente en el efectivo y material perjuicio ocasionado por la maniobra fraudulenta.

**Jurisprudencia:** SSTS de 11 de octubre de 2003 (*Tol 322959*), de 8 de febrero de 2006 (*Tol 846367*), de 11 de octubre de 2023 (*Tol 9750560*); SAP de Barcelona de 13 de febrero de 2012 (*Tol 2498855*).

## AGRAVANTE

Es aquella circunstancia modificativa de la responsabilidad criminal que determina un aumento de la pena correspondiente al delito por ser reveladora de una mayor peligrosidad del autor o una mayor antijuricidad de su conducta. Este incremento de la antijuricidad puede tener diversas causas, cuales son una mayor perversidad del agente, una especial intensificación de su culpabilidad, así como un aumento del mal ocasionado o de la alarma social.

Las circunstancias agravantes pueden ser genéricas (las reguladas en el artículo 22 del Código penal para todos los delitos) y específicas (cuando el Código penal las contempla únicamente referidas a algunos delitos en particular).

**Regulación normativa**: artículos 22 y 23 CP.

## AGRAVANTE POR DISCRIMINACIÓN

Actuar por móviles racistas o discriminatorios constituye una circunstancia agravante que exige para su apreciación que el autor del ilícito penal haya delinquido por motivos discriminatorios, es decir, por ejemplo, en atención al sexo de la víctima. Así, la mayor parte de los autores han llegado a entender, incluso, que la circunstancia puede apreciarse cuando la intención discriminatoria concurre con otras, pero siempre que aquélla sea la motivación consciente más próxima o, si se quiere, predominante. Igualmente, ha llegado a proponerse, como una suerte de teoría de «equivalencia de las motivaciones» que el aplicador del Derecho deberá preguntarse, a la hora de valorar la posible aplicación de esta circunstancia, si prescindiendo del móvil discriminatorio (eventualmente existente) el delito se habría cometido igualmente o si, por el contrario, sin aquél no habría tenido lugar éste, apreciando la circunstancia en el primer caso y despreciándola en el segundo.

**Regulación normativa**: artículo 22.4.° CP

**Jurisprudencia:** SSTS de 17 de julio de 2002 (*Tol 203125*), de 2 de junio de 2010 (*Tol 1862839*).

## AGRAVANTE POR MOTIVOS DE GÉNERO

Mediante esta agravante se trata de reforzar la protección especial que actualmente dispensa el Código penal a las víctimas de violencia de género. Su introducción en el vigente Código penal, como así explica el Preámbulo de la Ley Orgánica 1/2015, es consecuencia de las previsiones del Convenio del Consejo de Europa sobre prevención y lucha contra la violencia contra la mujer y la violencia doméstica, hecho en Estambul el 11 de mayo de 2011 y ratificado por España, mediante Instrumento de 18 de marzo de 2014.

**Regulación normativa**: artículo 22.4° CP.

**Jurisprudencia:** SSTS 15 de enero de 2019 (*Tol 6999239*), de 14 de septiembre de 2020 (*Tol 8091092*), de 29 de septiembre de 2023 (*Tol 9749885*), de 29 de septiemnre de 2023 (*Tol 9749885*); SAP de Asturias de 20 de enero de 2017 (*Tol 5939147*); SAP de Tenerife de 23 de febrero de 2017 (*Tol 5975172*); SAP de Cuenca de 7 de noviembre de 2017 (*Tol 6413970*).

## AGRAVIADO

El término agraviado aparece en el Código penal en el artículo 23 —con motivo de la circunstancia mixta de parentesco— y 113 —en cuanto al contenido de la responsabilidad civil— y el término agraviada, persona agraviada aparece mencionado en diversos artículos del Código penal.

Normalmente el Código penal tiende a asociar el uso de este concepto al de la legitimación para posibilitar la existencia de un proceso.

**Regulación normativa**: artículos 23 y 113 CP.

**Jurisprudencia:** SAP de Madrid de 17 de julio de 2009 (*Tol 1756319*); SJP núm. 6 de las Palmas de Gran Canaria de 26 de enero de 2010 (*Tol 1901401*).

## AGRESIÓN ILEGÍTIMA

La agresión ilegítima es el requisito esencial de la eximente de legítima defensa y se identifica con cualquier acto incisivo y amenazante que se cierne sobre el sujeto pasivo y que tiende a poner en peligro o a lesionar el interés jurídicamente protegido de su vida, integridad física o bienes o derechos que le pertenecen, no bastando cualquier intromisión o perturbación, puesto que estas han de incluir un peligro real y objetivo con potencia de dañar, caracterizándose, además, por su actualidad o inminencia y por su ilegitimidad.

El elemento nuclear de la agresión ilegítima supone que esta ejerza una función de factor desencadenante de la reacción defensiva de quien actúa como acometido. La agresión ha de ser objetiva y real, ha de provenir de un acto humano, ser antijurídica, pues frente a actos justificados no cabe una reacción justificada, y debe ser actual. Para la apreciación de la legítima defensa, tanto en su condición de eximente completa como incompleta, ha de contarse con el elemento básico de la agresión ilegítima, cuya indispensabilidad y presencia son absolutas, factor desencadenante de la reacción del acometido, explicativa de su actuación defensiva e impregnante de la juridicidad de su proceder.

**Regulación normativa**: artículo 20.4.º CP.

**Jurisprudencia:** SSTS de 26 de abril de 2010 (*Tol 1878091*), de 9 de febrero de 2012 (*Tol 2462425*); SAP de Madrid de 19 de febrero de 2010 (*Tol 1851662*).

## AGRESIÓN SEXUAL

La agresión sexual constituye un atentado contra la libertad sexual de una persona sin su consentimiento. Se entiende que hay consentimiento cuando se haya manifestado libremente mediante actos que, en atención a las circunstancias del caso, expresen de manera clara la voluntad de la persona.

En todo caso se considera agresión sexual los actos de contenido sexual que se realicen empleando violencia, intimidación o abuso de una situación de superioridad o de vulnerabilidad de la víctima, así como los que se ejecuten sobre personas que se hallen privadas de sentido o de cuya situación mental se abusare y los que se realicen cuando la víctima tenga anulada por cualquier causa su voluntad.

**Regulación normativa**: artículos 178 y 180 CP.

**Jurisprudencia**: SSTS de 8 de marzo de 2010 (*Tol 1808656*), de 27 de mayo de 2021 (*Tol 8454715*); SAP de Madrid de 26 de abril de 2006 (*Tol 1608840*); SAP de Valladolid de 27 de enero de 2012 (*Tol 2434099*); SAP de Las Palmas de 26 de septiembre de 2014 (*Tol 4511856*); SAP de Las Palmas de 15 de febrero de 2018 (*Tol 6518576*).

## AGRUPACIONES SIN PERSONALIDAD JURÍDICA

Las agrupaciones sin personalidad jurídica son todas aquellas que no están comprendidas en el artículo 31 bis que se ocupa de la responsabilidad penal de las personas jurídicas: empresas, organizaciones, grupos o cualquier otra clase de entidades o agrupaciones sin personalidad jurídica (*Vid.* Consecuencias accesorias).

Cuando se trata de entidades sin personalidad jurídica el legislador ha querido mantener en vigor esta especie de tercera respuesta penal consistente en las medidas accesorias con el fin de evitar o de prevenir futuras acciones delictivas durante un periodo de tiempo determinado, siempre, eso sí, que recaiga una condena penal sobre una persona física que se haya valido de la empresa, organización o entidad para cometer el hecho delictivo.

**Regulación normativa**: artículo 129 CP.

**Jurisprudencia**: STS de 28 de mayo de 2012 (*Tol 2559225*).

## AJENIDAD

El término ajenidad o ajena tiene sentido normativo y significa en relación con los delitos contra el patrimonio que la cosa no pertenece al patrimonio del autor de la sustracción. La ajenidad de la cosa se caracteriza por dos notas negativas: que no sea propia del autor y que no sea susceptible de ocupación por ser "res derelicta" (cosas abandonadas) o "res nullius" (cosas de nadie). Es irrelevante que su comercio esté prohibido.

**Jurisprudencia**: SAP de Madrid de 24 de noviembre de 2011 (*Tol 2443350*).

## ALEVOSÍA

La alevosía es una circunstancia agravante de la responsabilidad criminal que consiste en cometer cualquiera de los delitos contra las personas, empleando en la ejecución medios, modos o formas que tiendan directa o especialmente a asegurarla, sin el riesgo que para la persona del culpable pudiera proceder de la defensa por parte del ofendido. El núcleo del concepto de alevosía se halla en la inexistencia de posibilidades de defensa por parte del sujeto pasivo.

Conforme a la definición legal, para apreciar la alevosía, es necesario que exista en primer lugar, un elemento normativo consistente en que se trate de un delito contra las personas. En segundo lugar, que el autor utilice, precisamente en la ejecución, medios, modos o formas que han de ser objetivamente adecuados para asegurarla mediante la eliminación de las posibilidades de defensa, sin que sea suficiente el convencimiento del sujeto acerca de su idoneidad. En tercer lugar, que el dolo del autor se proyecte no solo sobre la utilización de los medios, modos o formas empleados, sino también sobre su utilización tendente a asegurar la ejecución y a impedir la defensa del ofendido, eliminando así conscientemente el posible riesgo que pudiera suponer para su persona una eventual reacción defensiva de aquél. Y, en cuarto lugar, como consecuencia, que se aprecie una mayor antijuridicidad en la conducta derivada precisamente del *modus operandi,* conscientemente orientado a aquellas finalidades.

La esencia de la alevosía se encuentra en el desarrollo de una conducta agresora que, objetivamente, puede ser valorada como orientada al aseguramiento de la ejecución en cuanto tiende a la eliminación de la defensa, y correlativamente a la supresión de eventuales riesgos para el actor procedentes del agredido, lo que debe ser apreciado en los medios, modos o formas empleados. Y, subjetivamente, el autor debe conocer los efectos que los medios, modos o formas en la ejecución, elegidos directamente o aprovechados, van a producir en la supresión de las posibilidades de defensa del agredido.

Se distingue entre distintas modalidades ejecutivas de naturaleza alevosa:

1) alevosía proditoria, equivalente a la traición y que incluye la asechanza, insidia, emboscada o celada, situaciones en que el sujeto agresor se oculta y cae sobre la víctima en momento y lugar que aquélla no espera.

2) alevosía súbita o inopinada, llamada también «sorpresiva», en la que el sujeto activo, aun a la vista o en presencia de la víctima, no descubre sus intenciones y aprovechando la confianza de aquélla actúa de forma imprevista, fulgurante y repentina. En estos casos es precisamente el carácter sorpresivo de la agresión lo que suprime la posibilidad de defensa, pues quien no espera el ataque difícilmente puede prepararse contra él y reaccionar en consecuencia, al menos en la medida de lo posible.

3) alevosía de desvalimiento, en que el sujeto activo aprovecha una situación de absoluto desamparo de la víctima, como acontece en los casos de niños de corta edad, ancianos debilitados, enfermos graves o personas ebrias en fase letárgica o comatosa, dormidas o privadas de conocimiento.

La alevosía puede ser una circunstancia agravante de carácter genérico (artículo 22.1.ª del Código penal), pero puede, asimismo, configurarse como circunstancia diferenciadora entre el delito de asesinato y el de homicidio (artículo 139.1.ª del Código penal).

**Regulación normativa**: artículo 22.1.º CP.

**Jurisprudencia**: SSTS de 10 de diciembre de 2009 (*Tol 1768818*), de 23 de diciembre de 2009 (*Tol 1773326*), de 17 de enero de 2012 (*Tol 2406219*), de 7 de abril de 2016 (*Tol 5687722*), de 10 de febrero de 2017 (*Tol 5963654*), de 15 de diciembre de 2017 (*Tol 6461993*), de 31 de enero de 2018 (*Tol 6498950*), de 10 de noviembre de 2023 (*Tol 9777573*); SAP de Barcelona de 8 de febrero de 2010 (*Tol 1782878*); STSJ de la Comunidad Valenciana de 17 de febrero de 2016 (*Tol 5647258*).

## ALLANAMIENTO DE DOMICILIO DE PERSONA JURÍDICA

Consiste en entrar o mantenerse contra la voluntad de su titular en el domicilio de una persona jurídica pública o privada, despacho profesional u oficina, o en establecimiento mercantil o local abierto al público fuera de las horas de apertura

**Regulación normativa**: artículo 203 CP.

**Jurisprudencia:** SAP de La Rioja de 29 de marzo de 2021 (*Tol 8439817*); SAP de Castellón de 24 de febrero de 2022 (*Tol 9700103*).

## ALLANAMIENTO DE MORADA

El allanamiento consiste en estar en un inmueble ajeno, tanto si es por irrupción en el mismo o por mera permanencia, siempre contra la voluntad expresa o tácita del sujeto pasivo —entendiendo por tal a quien sea su morador o propietario—; esa voluntad contraria se presume, en tanto no se pruebe lo contrario. Es imprescindible que el ánimo que guíe al sujeto activo sea el de violentar el ámbito de privacidad propio del lugar.

**Regulación normativa:** artículo 202 CP.

**Jurisprudencia:** SSTS de 17 de noviembre de 2000 (*Tol 8026*), de 7 de noviembre de 2001 (*Tol 129975*), de 3 de octubre de 2011 (*Tol 2287556*); SAP de Ciudad Real de 30 de enero de 2012 (*Tol 2467700*).

## ALTERACIÓN DE MONEDA

La transposición de la Directiva 2014/62/UE del Parlamento Europeo y del Consejo de 14 de mayo de 2014, relativa a la protección penal del euro y otras monedas frente a la falsificación llevó al legislador a modificar el artículo 386 en sus apartados 1 y 5 aprovechando la Ley Orgánica 2/2019.

El nuevo número 1º del apartado 1 del artículo 386 tipifica la conducta de alterar la moneda, conducta de alteración que supone que la moneda alterada es legítima y que se manipula con el fin de darle un mayor valor del que tiene.

**Regulación normativa:** artículo 386.1.1º CP.

## ALTERACIÓN DE PRECIOS

Para que nada empañe el correcto funcionamiento del sistema de formación de precios, el Código penal castiga el intento de alterar los precios que hubieren de resultar de la libre concurrencia de productos, mercancías, títulos valores o instrumentos financieros, servicios o cualesquiera otras cosas muebles o inmuebles que sean objeto de contratación, ya sea bien mediante el empleo de violencia, amenaza o engaño, bien mediante la difusión de noticias o rumores falsos o bien mediante la utilización de información privilegiada.

**Regulación normativa**: artículo 284 CP.

**Jurisprudencia**: STS de 26 de abril de 1997 (*Tol* 1551753).

## ALTERACIÓN DE PRECIOS EN CONCURSOS Y SUBASTAS PÚBLICAS

Para garantizar la libertad de los postores a la hora de pujar en una subasta pública, el Código penal castiga el solicitar dádivas o promesas para no tomar parte en un concurso o subasta pública, intentar alejar de la subasta a los postores por medio de amenazas, dádivas, promesas o cualquier otro artificio, concertarse entre sí con el fin de alterar el precio del remate y finalmente, quebrar o abandonar fraudulentamente la subasta habiendo obtenido la adjudicación.

**Regulación normativa**: artículo 262 CP.

**Jurisprudencia**: SAP de Valladolid de 19 de abril de 2005 (*Tol 635927*); SAP de Asturias de 28 de febrero de 2012 (*Tol 2491033*); SAP de Les Illes Balears de 24 de octubre de 2013 (*Tol 4009565*).

## ALTERACIÓN DE TÉRMINOS, LINDES O SEÑALES

La alteración de términos, lindes o señales consiste en que el autor de la alteración, mediante una mutación de los signos que delimitan la propiedad (señales, mojones, hitos, setos, etc.), pretende crear unas falsas condiciones que prueben el dominio sobre el terreno modificado. La alteración conlleva, por tanto, la ilícita apropiación por el autor de la alteración de parte de una propiedad de un tercero.

**Regulación normativa**: artículo 246 CP.

**Jurisprudencia**: SAP de Huesca de 31 de diciembre de 2001 (*Tol 414263*); SAP de Jaén de 21 de noviembre de 2005 (*Tol 934519*).

## ALTERACIÓN DEL ORDEN PÚBLICO

La alteración del orden público se define a partir de la referencia al sujeto plural y a la realización de actos de violencia sobre cosas y personas, o amenazando a otros con llevarlas a cabo (*Vid.* Desórdenes públicos).

**Regulación normativa:** artículo 557 CP.

**Jurisprudencia:** STS de 28 de junio de 2012 (*Tol 2609057*).

## ALTERACIONES EN LA PERCEPCIÓN

El artículo 20.3.º del Código penal declara exentos de responsabilidad criminal a quienes tienen gravemente afectada la conciencia de la realidad como consecuencia de una alteración de la percepción.

Deben incluirse en esta eximente todas aquellas situaciones de grave alteración de la conciencia de la realidad, desde el nacimiento o desde la infancia, como consecuencia de un defecto sensorial (sordomudez, ceguera, etc.), de una anomalía cerebral susceptible de malinterpretar los datos aportados por los sentidos, o, incluso, de una prolongada situación de incomunicación y consecutiva falta de socialización, producto, ambas, de graves anomalías en el carácter o de excepcionales circunstancias ambientales capaces de bloquear el proceso de integración del sujeto con la sociedad.

Lo relevante es que cualquiera de las anteriores circunstancias convierta a la persona en un ser insensible al mundo circundante, carente de una correcta valoración social y personal de lo justo o lo injusto.

**Regulación normativa**: artículo 20.3.º CP.

**Jurisprudencia:** SSTS de 6 de febrero de 2001 (*Tol 31208*), de 27 de mayo de 2005 (*Tol 731563*), de 1 de febrero de 2012 (*Tol 2498731*).

## ALTERNATIVAS A LA PRISIÓN

El sistema de alternativas a la prisión ha variado sustancialmente tras la reforma penal de 2015 que contempla como alternativa a las penas cortas de privación de libertad una única alternativa, la suspensión condicional, si bien con cuatro variantes. Tres de ellas, ya existentes: la suspensión ordinaria, la suspensión para penados que siguen tratamiento de deshabituación del consumo de drogas y bebidas alcohólicas y la suspensión por enfermedad grave incurable. A ellas se agrega una cuarta: la suspensión sustitutiva a la que se acompaña el cumplimiento de una multa o de trabajos en beneficios de la comunidad, que recuerda a la antigua sustitución que la reforma suprime.

Por su parte, la libertad condicional se concibe ahora como una modalidad de suspensión de la ejecución del resto de la pena.

**Regulación normativa**: artículos 80 y siguientes CP.

## ALZAMIENTO DE BIENES

El alzamiento de bienes equivale a la sustracción u ocultación que el deudor hace de todo o parte de su activo de modo que el acreedor encuentre dificultades para hallar bienes con los que poder cobrarse. Ocultación o sustracción en la que caben diversas modalidades: puede apartarse físicamente algún bien para que el acreedor ignore donde se encuentra, o a través de algún negocio jurídico en el que se enajena alguna cosa en favor de otra persona, generalmente parientes o amigos, o se constituye un gravamen que impide o dificulta la posibilidad de realización ejecutiva, bien sea tal negocio real, porque efectivamente suponga una transmisión o gravamen verdaderos pero fraudulentos, como sucede en las donaciones de padres a hijos, bien se trate de negocios ficticios que no disminuye en verdad el patrimonio del deudor, pero impide la ejecución del crédito porque aparece un tercero como titular del dominio o de un derecho real.

En definitiva, el alzamiento de bienes consiste en una actuación sobre los propios bienes destinada, mediante su ocultación, a mostrarse real o aparentemente insolvente, parcial o totalmente, frente a todos o frente a parte de los acreedores, con el propósito directo de frustrar los créditos que hubieran podido satisfacerse sobre dichos bienes.

Los elementos de este delito son:

1) existencia previa de crédito contra el sujeto activo del delito, que pueden ser vencidos, líquidos y exigibles, pero también es frecuente que el defraudador se adelante en conseguir una situación de insolvencia ante la conocida inminencia de que los créditos lleguen a su vencimiento, liquidez o exigibilidad, porque nada impide que, ante la perspectiva de una deuda, ya nacida, pero todavía no ejercitable, alguien realice un verdadero y propio alzamiento de bienes.

2) un elemento dinámico que consiste en una destrucción u ocultación real o ficticia de sus activos por el acreedor.

3) resultado de insolvencia o disminución del patrimonio del delito que imposibilita o dificulta a los acreedores el cobro de lo que les es debido.

4) un elemento tendencial o ánimo específico en el agente de defraudar las legítimas expectativas de los acreedores de cobrar sus créditos o ánimo de perjudicar a los acreedores.

**Regulación normativa:** artículo 257.1.1.° CP.

**Jurisprudencia:** SSTS de 5 de noviembre de 2009 (*Tol 1768824*), de 24 de noviembre de 2009 (*Tol 1747690*), de 6 de marzo de 2012 (*Tol 2489626*), de 8 de febrero de 2016 (*Tol 5645315*).

## AMENAZAS

Las amenazas consisten en amedrentar o intimidar al sujeto pasivo con la causación de un mal que consista en delitos de homicidio, lesiones, aborto, contra la libertad, contra la libertad sexual, contra la intimidad, contra el honor, contra el patrimonio, o de torturas y contra la integridad moral; en ocasiones, el sujeto activo condiciona la ejecución de ese mal a la realización o al cumplimiento, por parte del amenazado, de un comportamiento contrario a su voluntad, en cuyo caso la amenaza es condicional. Si el sujeto activo no supedita la ejecución del mal a ninguna condición, la amenaza es no condicional. Cuando se amenaza con un mal que no es constitutivo de delito es necesario que la amenaza sea condicional, esto es, que la producción de aquel mal se supedite a la observancia, por parte del sujeto pasivo, de un comportamiento activo o pasivo determinado.

El delito de amenazas se caracteriza por los siguientes elementos:

1) una conducta del autor integrada por expresiones o actos idóneos para violentar el ánimo del sujeto pasivo, intimidándole con la comunicación de un mal injusto, determinado y posible, de realización más o menos inmediata, que depende exclusivamente de la voluntad del sujeto activo.

2) es un delito de simple actividad, de expresión o de peligro, y no de verdadera lesión, de tal suerte que si ésta se produce actuará como complemento del tipo.

3) que la expresión de dicho propósito por parte del autor sea serio, firme y creíble, atendiendo a las circunstancias concurrentes.

4) que estas mismas circunstancias, subjetivas y objetivas, doten a la conducta de la entidad suficiente como para merecer una contundente repulsa social, que fundamente razonablemente el juicio de la antijuricidad de la acción y la calificación como delictiva.

**Regulación normativa**: artículos 169, 170 y 171 CP.

**Jurisprudencia:** SAP de Las Palmas de 19 de febrero de 2007 (*Tol 1090733*); SAP de Madrid de 11 de marzo de 2010 (*Tol 1848195*); SAP de Madrid de 5 de marzo de 2012 (*Tol 2499431*).

## ANALOGÍA

La analogía consiste en aplicar la ley a supuestos no contemplados en ella, pero muy similares a los que describe. En materia penal el artículo 4.1 del texto punitivo prohíbe la aplicación analógica al subrayar que las leyes penales no se aplicarán a casos distintos de los comprendidos expresamente en ellas.

La prohibición de analogía afecta tanto a todas aquellas disposiciones penales perjudiciales para el reo, esto es, a la denominada analogía *in malam partem* como a las disposiciones que le benefician, esto es, a la denominada analogía *in bonam partem*.

**Regulación normativa**: artículo 4.1 CP

**Jurisprudencia**: SSTS de 26 de enero de 2009 (*Tol 1452532*), de 26 de septiembre de 2011 (*Tol 2272605*).

## ÁNIMO DE LUCRO

El ánimo de lucro es un elemento subjetivo del injusto y consiste en la intención del autor de convertirse en dueño de la cosa ajena, de hacer suyo el objeto de otro.

Resulta indiferente que el lucro propuesto sea propio o compartido, o que el delito se realice en exclusivo beneficio de terceros.

**Jurisprudencia:** SSTS de 18 de septiembre de 1998 (*Tol 174983*), de 13 de marzo de 2009 (*Tol 1494512*), de 19 de julio de 2012 (*Tol 2598053*), de 13 de julio de 2017 (*Tol 6205764*); SAP de La Coruña de 2 de junio de 2000 (*Tol 56745*).

## ANIMUS LAEDENDI

La expresión "animus laedendi", traducida como ánimo de lesionar, es la intención específica de causar lesiones a una persona.

**Jurisprudencia:** STS de 25 de abril de 2019 (*Tol 7210940*), SAP de Tarragona de 15 de septiembre de 2005 (*Tol 6282973*); SAP de Burgos de 20 de noviembre de 2006 (*Tol 6146458*).

## ANIMUS NECANDI

La expresión "animus necandi", traducida como ánimo de matar, es la intención específica de causar la muerte de una persona.

**Jurisprudencia:** SSTS de 25 de abril de 1990 (*Tol 3513490*), de 7 de noviembre de 2013 (*Tol 4933587*), de 22 de diciembre de 2015 (*Tol 5615692*).

## ANOMALÍA PSÍQUICA

El Código penal declara exento de responsabilidad criminal al que, al tiempo de cometer la infracción penal, no puede comprender la ilicitud del hecho penal o actuar conforme a esa comprensión, a causa de cualquier anomalía o alteración psíquica.

La anomalía o alteración psíquica equivale a toda forma de enajenación o anormalidad mental determinante de una modificación de las facultades volitivas o cognoscitivas del sujeto, que afectan a este de una forma duradera, con el resultado de que el agente se ve privado del raciocinio o de la voluntad o de ambas.

La nueva redacción de la otrora eximente de enajenación mental facilita grandemente establecer cuando la actual eximente existe, porque establece como determinativos o no de su presencia los resultados anímicos que se producen en el sujeto afectado por una anomalía o alteración psíquica: la afectación de la comprensión de la ilicitud de la conducta o, caso de darse esa comprensión, la afectación de la capacidad de actuar de acuerdo con lo que se comprende. Estos dos posibles resultados han de tener como causa y presupuesto una anomalía o alteración psíquica, en la que podrán incluirse síntomas y explicaciones científicas de variada procedencia.

**Regulación normativa:** artículo 20.1.° CP.

**Jurisprudencia:** SSTS de 4 de mayo de 2010 (*Tol 1868924*), de 25 de mayo de 2011 (*Tol 2142699*), de 11 de diciembre de 2017 (*Tol 6471013*); SAP de Alicante de 22 de noviembre de 2004 (*Tol 528826*).

## ANTECEDENTES PENALES

Aunque el reo cumpla la pena impuesta o vea extinguida esta por otra causa sigue estando sometido a un efecto de la pena: los antecedentes penales, esto es, la hoja histórico-penal del sujeto.

Los antecedentes penales suponen la inscripción en el Registro Central de Penados y Rebeldes de la pena impuesta. Según la LECrim, los Tribunales remitirán directamente a dicho Registro, establecido en el Ministerio de Justicia, notas autorizadas de las sentencias firmes en las que se imponga alguna pena por delito. Por otra parte, cada Juez de Instrucción ha de llevar un libro llamado «Registro de Penados», en el que se extractarán las certificaciones que deben recibir de las sentencias firmes por parte de los Tribunales que las pronuncian.

Desde el punto de vista penal, los antecedentes penales son un elemento de valoración por el Juez para apreciar la agravante de reincidencia; para la determinación de la pena y de las medidas de seguridad; para determinar la prisión preventiva; para acordar la suspensión de la ejecución de la pena privativa de libertad y su sustitución; para acordar la suspensión de la ejecución de la pena de prisión permanente revisable y para la concesión de la libertad condicional.

Por otra parte, los antecedentes penales pueden impedir el acceso a un cargo público, la obtención de pasaportes, permisos de armas, etc., y su conocimiento por los particulares puede condicionar la concesión de un empleo.

Si el condenado no vuelve a delinquir en unos determinados plazos se puede instar la cancelación de antecedentes penales (*Vid.* Cancelación de antecedentes penales).

Las inscripciones de antecedentes penales en las distintas Secciones del Registro Central de Penados y Rebeldes no son públicas.

Durante su vigencia solo se emitirán certificaciones con las limitaciones y garantías previstas en sus normas específicas y en los casos establecidos por la Ley. En todo caso, se librarán las que soliciten los Jueces y Tribunales, se refieran o no a inscripciones canceladas, haciendo constar expresamente esta última circunstancia.

Los antecedentes penales españoles se equiparán a los correspondientes a condenas impuestas por Tribunales de otros Estados miembros de la Unión Europea (*Vid.* ECRIS).

**Regulación normativa:** artículos 22.8, 66.6, 80.1, 89, 90, 92.1.c), 95.2, y 136 CP; artículos 252, 253 y 254 LECrim.; artículo 73.1 LOGP.

## ANTIJURICIDAD

El término antijuricidad o antijuridicidad significa contradicción con el Derecho y expresa que una acción u omisión es contraria a Derecho, esto es, infringe, viola o contradice la ley.

Sin embargo, no debe identificarse la antijuricidad con la ilegalidad o tipicidad, pues esta última exige que la conducta en cuestión sea contraria al orden social (esto es, antijurídica) y que, además, comporte una infracción de lo dispuesto en una norma de Derecho penal. Ello implica que no todo hecho antijurídico es delito, en tanto que todo delito es, por definición, antijurídico.

La antijuricidad es, por tanto, la constatación de que el comportamiento realizado infringe, sin causa que lo justifique, la norma penal.

En el ámbito de la antijuricidad se distingue entre antijuricidad formal y antijuricidad material.

**Jurisprudencia:** STS de 3 de octubre de 2010 (*Tol 352327*).

## ANTIJURICIDAD FORMAL

La contradicción de un hecho con el Ordenamiento jurídico recibe el nombre de antijuricidad formal.

## ANTIJURICIDAD MATERIAL

La ofensa al bien jurídico que la norma protege recibe el nombre de antijuricidad material.

La antijuricidad material se basa en su carácter de lesión o puesta en peligro de un bien jurídico (desvalor de resultado), como consecuencia de un comportamiento guiado por la voluntad de modo doloso o imprudente (desvalor de acción).

## APOLOGÍA

Es la exposición, ante una concurrencia de personas o por cualquier medio de difusión, de ideas o doctrinas que ensalcen el crimen o enaltezcan a su autor. Sin embargo, la apología sólo será delictiva como forma de provocación si por su naturaleza y circunstancias constituye una incitación directa a cometer un delito.

**Regulación normativa**: artículo 18.1.2.° CP.

## APOROFOBIA

Es una circunstancia agravante de la responsabilidad criminal que se centra en el odio o rechazo a las personas en situación de pobreza.

**Regulación normativa**: artículo 22.4 CP.

**Jurisprudencia:** SAP de Madrid de 30 de enero de 2023 (*Tol 9421662*).

## APROPIACION INDEBIDA

Quien incorpora a su patrimonio, o de cualquier modo ejerce facultades dominicales sobre una cosa mueble que ha recibido con obligación de restituirla, comete un delito de apropiación indebida.

El delito de apropiación indebida se caracteriza por la existencia de dos fases distintas. En la primera, el sujeto activo actúa de forma correcta, dentro de la legalidad, recibiendo bienes o efectos en depósito, comisión, administración o en virtud de cualquier otro título que produzca obligación de devolverlos a la persona que inicialmente se los dio, o de entregarlos a un tercero. El título por el que se recibe la cosa mueble ha de originar una obligación de entregar o devolver esa cosa mueble. La ley penal relaciona varios de tales títulos: depósito, comisión o administración, y termina con una fórmula abierta que permite incluir todas aquellas relaciones jurídicas por las cuales la cosa se incorpora al patrimonio de quien antes no era su dueño, bien transmitiendo la propiedad cuando se trata de dinero u otra cosa fungible, en cuyo caso esta transmisión se hace con una finalidad concreta, consistente en dar a la cosa un determinado destino (por esto se excluyen, por ejemplo, el mutuo y el depósito irregular, porque en éstos la cosa fungible se da sin limitación alguna a quien la recibe para que éste la emplee como estime oportuno), o bien sin tal transmisión de propiedad, esto es, por otra relación diferente, cuando se trate de las demás cosas muebles, las no fungibles, que obliga a conservar la cosa conforme al título por el que se entregó.

En la segunda fase, sin embargo, el autor realiza la conducta delictiva propiamente dicha, pues llegado el momento de devolver o entregar tales bienes, aquél opta por apropiárselos en sentido estricto, o por distraerlos.

**Regulación normativa**: artículos 253 y 254 CP.

**Jurisprudencia:** SAN de 11 de enero de 2018 (*Tol 6473656*); SSTS de 5 de noviembre de 2004 (*Tol 514626*), de 28 de octubre de 2005 (*Tol 738462*), de 22 de marzo de 2012 (*Tol 2499125*), de 18 de febrero de 2016 (*Tol 5651495*), de 30 de marzo de 2016 (*Tol 5681072*), de 19 de mayo de 2016 (*Tol 5733093*), de 15 de febrero de 2018 (*Tol 6516439*); SAP de Alicante de 15 de enero de 2018 (*Tol 6508074*).

## ARREBATO

El artículo 21.3.ª del Código penal contempla como circunstancia atenuante de la responsabilidad criminal, la de obrar por causas o estímulos tan poderosos que hayan producido arrebato, obcecación u otro estado pasional de entidad semejante. El arrebato es una especie de conmoción psíquica de furor, de contenido emocional, súbita y de corta duración, en tanto que la obcecación es una conmoción, estado de ceguedad, de contenido pasional que provoca un estado de ofuscación, de carácter más duradero y permanente. La primera está caracterizada por lo repentino o súbito de la transmutación psíquica del agente, diferenciándose de la obcecación por la persistencia y la prolongación de la explosión pasional que esta representa.

El arrebato y la obcecación son, pues, causas emotivas o anomalías psíquicas en la mente del sujeto activo, producto de un estado de furor o de ofuscación, capaces de disminuir el intelecto o la voluntad, siempre que las causas determinantes provengan de la propia víctima.

Esta atenuante, denominada de «estado pasional», no se ha establecido para privilegiar reacciones coléricas y opera en la importancia que tienen ciertos estímulos en sujetos con personalidades psicopáticas, originándoles una disminución pasajera de influencia notoria en su capacidad (o juicio) de culpabilidad. Esta atenuante tiene, en consecuencia, su límite superior en el trastorno mental transitorio y su inferior está constituido por el simple acaloramiento (e incluso aturdimiento) que ordinariamente acompaña los delitos denominados de sangre. Tal estado pasional tiene que tener una intensidad suficiente para romper los mecanismos inhibitorios, de modo que el sujeto se encuentre inmerso en una situación emotiva que la ley ha denominado como de arrebato u obcecación.

La atenuante será incompatible con aquellas situaciones en que el acaloramiento y la perturbación anímica que produce dicho estado sean consustanciales al desarrollo de la comisión delictiva, como sucede en las riñas mutuamente aceptadas.

Cualquier reacción pasional o colérica, que en tantas ocasiones acompaña a determinadas manifestaciones delictivas, no puede constituirse en atenuación. Para la estimación de la atenuante sería preciso que estuviese contrastada la relevancia del estímulo provocador del disturbio emocional en que el arrebato —acaloramiento— consiste, así como la influencia menguante sobre la inteligencia y voluntad del sujeto, a partir de una razonable conexión temporal entre el estímulo y la pasión desatada.

Sus requisitos son dos:

1) de carácter objetivo, causas o estímulos poderosos.

2) de carácter subjetivo, que se haya producido arrebato, obcecación u otro estado pasional de semejante entidad, ambos ligados en relación de causalidad, causa a efecto, lo que a su vez requiere una exigencia de proximidad temporal y otra de intensidad.

El fundamento de esta atenuante se encuentra en la disminución de la imputabilidad que se produce por la ofuscación de la mente y de las vivencias pasionales determinados por una alteración emocional fugaz (arrebato) o por la más persistente de incitación personal (obcecación) pero siempre produciéndose por una causa o estimulo poderoso.

Normalmente se ha intentado relacionar esta atenuante con los celos, pero como ha dejado claro la jurispruden-

cia, los celos no constituyen justificación de la obcecación. El desafecto o el deseo de poner fin a una relación
conyugal o de pareja no puede considerarse como un
estímulo poderoso para la parte contraria y no tiene eficacia para sustentar una posible atenuante de arrebato u
obcecación.

**Regulación normativa**: artículo 21.3.º CP.

**Jurisprudencia:** SSTS de 24 de mayo de 2003 (*Tol
275662*), de 5 de noviembre de 2009 (*Tol 1726662*),
de 10 de diciembre de 2009 (*Tol 1768818*), de 17 de
junio de 2010 (*Tol 1899440*), de 27 de noviembre de
2015 (*Tol 5602357*), de 12 de febrero de 2016 (*Tol
5645452*), de 16 de enero de 2018 (*Tol 6480094*); SAP
de Barcelona de 15 de enero de 2018 (*Tol 6478070*).

## ARREPENTIMIENTO

La atenuante de arrepentimiento tiene por finalidad un tratamiento más favorable para quien facilita la investigación
del delito dando a conocer los pormenores de su comisión,
coadyuvando con la Administración de Justicia y consi-
guiendo el descubrimiento de la verdad material, que es una
de las metas de la Justicia penal. El legislador condiciona su
apreciación al cumplimiento de ciertos requisitos:
1) que haya un acto de confesión de la infracción.
2) que el sujeto de la confesión sea el culpable.
3) que la confesión sea veraz en lo sustancial.
4) que se mantenga a lo largo de las diferentes manifestaciones realizadas en el proceso, también en lo sustancial.

5) que la confesión se haga ante Autoridad, Agente de la
Autoridad o funcionario cualificado para recibirla.

6) que concurra el requisito cronológico de que la confesión se haya hecho antes de conocer el confesante que
el procedimiento se dirige contra él, habiendo de entenderse que la iniciación de diligencias policiales ya integra
procedimiento judicial a los efectos de la atenuante.

El arrepentimiento requiere, por tanto, como presupuesto material la confesión del acusado y como elemento
cronológico que se produzca antes de conocer que el
procedimiento judicial se dirige contra él.

Primero la jurisprudencia y después el legislador de 1995
han sustituido el fundamento moral que representaba la
exigencia del impulso del arrepentimiento espontáneo,
por una mayor objetivación, lo que consolida la justificación de dicha atenuante por razones de política criminal,
sustituyendo la exigencia subjetiva del arrepentimiento
por el acto objetivo de colaboración con la Administración de Justicia, consistente en proceder el culpable a
confesar la infracción a las autoridades. De esta forma,
cobra mayor relevancia la exigencia de que la confesión
del culpable deba producirse antes de conocer que el
procedimiento judicial se dirige contra él, por cuanto
después de ese momento, que presupone un cierto conocimiento previo por las autoridades, aunque sea indicia-
ria, de su responsabilidad criminal, la confesión carece
de relevancia colaboradora, mientras la confesión de una
responsabilidad desconocida hasta entonces por las autoridades llena la finalidad perseguida por el legislador.

**Regulación normativa**: artículo 21.4.º CP.

**Jurisprudencia**: SSTS de 4 de abril de 1998 (*Tol 149786*), de 10 de septiembre de 2002 (*Tol 213351*), de 18 de enero de 2010 (*Tol 1792928*); SAP de Huesca de 4 de diciembre de 2009 (*Tol 1713779*), de 20 de diciembre de 2017 (*Tol 6467571*); SAP de Castellón de 9 de diciembre de 2009 (*Tol 1783274*).

## ARRESTO SUSTITUTORIO

*Vid.* Responsabilidad personal subsidiaria.

## ASESINATO

Es una modalidad del delito de homicidio caracterizada por matar a otra persona, concurriendo alguna de las siguientes circunstancias:

1) alevosía.

2) precio, recompensa o promesa.

3) ensañamiento, aumentando deliberada e inhumanamente el dolor de la víctima.

4) para facilitar la comisión de otro delito o para evitar que se descubra.

Los elementos que han de concurrir en la configuración del delito de asesinato son los siguientes:

1) la destrucción o extinción de la vida humana, mediante la actividad del sujeto activo del delito, capaz de producir la muerte.

2) la existencia de una relación causal entre la conducta del sujeto activo del ilícito penal y su resultado.

3) la presencia de un dolo, tanto directo, determinado o indeterminado, como eventual, según el criterio que aprecia la concurrencia de este último con la aceptación del resultado previsto, pues el castigo o punición, hoy día se reclama para el que quiere el efecto y para el que realiza la acción sabiendo que puede ocasionarse.

4) la concurrencia en la comisión de la acción de alguna o algunas de las agravantes específicas que en el artículo 139 se establecen: alevosía, precio, recompensa o promesa, ensañamiento que provoca un aumento deliberado e inhumano del dolor del ofendido o para facilitar la comisión de otro delito o para evitar que se descubra.

Si concurre más de una de las circunstancias señaladas, la pena se eleva a prisión de veinte a veinticinco años pudiendo llegar a la imposición de la pena de prisión permanente revisable si concurre alguna de las circunstancias siguientes:

1) que la víctima sea menor de dieciséis años o se trate de una persona especialmente vulnerable.

2) que el hecho fuera subsiguiente a un delito contra la libertad sexual que el autor hubiera cometido sobre la víctima.

3) que el delito se hubiera cometido por quien perteneciere a un grupo u organización criminal.

**Regulación normativa**: artículos 139 y 140 CP.

**Jurisprudencia:** SSTS de 28 de febrero de 2002 (*Tol 156140*), de 2 de marzo de 2003 (*Tol 253422*), de 8 de marzo de 2012 (*Tol 2498618*); de 18 de julio de 2014 (*Tol 4463010*), de 11 de febrero de 2016 (*Tol*

*5645224*), de 30 de noviembre de 2017 (*Tol 6449490*), de 31 de enero de 2018 (*Tol 6498950*), de 18 de julio de 2019 (*Tol 7410807*), de 21 de julio de 2020 (*Tol 8021073*), de 6 de mayo de 2021 (*Tol 8431442*).

## ASOCIACIÓN ILÍCITA

Se consideran asociaciones ilícitas las agrupaciones de varias personas, estables, con cierta estructura y con objetivos definidos, en las que concurre alguna de las siguientes características:

1) las que tengan por objeto cometer algún delito o, después de constituidas, promuevan su comisión.

2) las que, aun teniendo por objeto un fin lícito, empleen medios violentos o de alteración o control de la personalidad para su consecución.

3) las organizaciones de carácter paramilitar.

4) las que fomenten, promuevan o inciten la discriminación, el odio o la violencia contra personas, grupos o asociaciones, por razón de su ideología, religión o creencias, la pertenencia de sus miembros o de alguno de ellos a una etnia, raza o nación, su sexo, orientación sexual, situación familiar, enfermedad o minusvalía, o inciten a ello.

La asociación ilícita precisa la unión de varias personas organizadas para determinados fines, con las siguientes exigencias:

1) pluralidad de personas asociadas para llevar a cabo una determinada actividad.

2) existencia de organización más o menos compleja en función del tipo de actividad prevista.

3) consistencia o permanencia en el sentido de que el acuerdo asociativo ha de ser duradero y no puramente transitorio.

4) el fin de la asociación ilícita —en el caso del artículo 515.1 inciso primero— ha de ser la comisión de delitos, lo que supone una cierta determinación de la ilícita actividad, sin llegar a la precisión total de cada acción individual en tiempo y lugar.

**Regulación normativa**: artículos 515, 517, 518, 519, 520 y 521 CP.

**Jurisprudencia**: SSTS de 23 de octubre de 2006 (*Tol 1019344*), de 19 de enero de 2007 (*Tol 1042383*), de 12 de abril de 2011 (*Tol 2138812*), de 12 de diciembre de 2011 (*Tol 2342313*); SSAP de Madrid de 30 de junio de 2010 (*Tol 1896574*), de 24 de junio de 2014 (*Tol 4391791*).

## ATENTADO

El atentado consiste en la agresión a una Autoridad, un agente de la Autoridad o un funcionario público, siempre que estos últimos se encuentren en el ejercicio de sus funciones o la agresión se lleve a cabo por motivo de las mismas. Se consideran, en todo caso, actos de atentado los cometidos contra los funcionarios docentes o sanitarios.

Esa agresión puede consistir en un ataque contra la vida o la integridad corporal del funcionario, en una resistencia física activa grave o, en fin, en un acto de intimidación grave.

La reforma de 2015 introdujo una nueva definición del atentado que incluye todos los supuestos de acometimiento, agresión, empleo de violencia o amenazas graves de violencia sobre el agente, pero en la que no se equipara el empleo de violencia sobre el agente con la acción de resistencia meramente pasiva, que continúa sancionándose con la pena correspondiente a los supuestos de desobediencia grave.

El delito de atentado se tipifica por la concurrencia de los siguientes requisitos:

1) que el sujeto pasivo sea una autoridad o un agente de la misma o un funcionario público.

2) que ese sujeto pasivo se encuentre en el desempeño de sus funciones o que el acto se realice en contemplación o con ocasión de ellas.

3) que el sujeto activo sea conocedor de la condición de la víctima, habiendo de concurrir también un ánimo tendencial de menosprecio, menoscabo o vilipendio del principio de autoridad que ejerce o representa contra quien va dirigido, elemento subjetivo que se presume si el acusado conoce el carácter público de la víctima.

4) la acción comisiva ha de realizarse por alguna de las modalidades descritas legalmente. Se trata de un delito de pura actividad que admite varias formas comisivas: el acometimiento, el empleo de fuerza, la intimidación grave y la resistencia activa, también grave, que puede perfeccionarse aunque el acometimiento no llegue a consumarse, ya que este se parifica con la grave intimidación que puede consistir en un mero acto formal de iniciación del ataque o en un movimiento revelador del propósito

agresivo, ya que la violenta actitud ante el Agente se llega a la coacción anímica intensa en que puede desembocar el atentado.

**Regulación normativa**: artículos 550 y 551 CP.

**Jurisprudencia:** SSTS de 1 de junio de 2006 (*Tol 952897*), de 17 de septiembre de 2007 (*Tol 1156491*), de 2 de marzo de 2012 (*Tol 2488432*), de 25 de mayo de 2016 (*Tol 5734948*).

## ATENUANTE

Es aquella circunstancia modificativa de la responsabilidad criminal que determina una rebaja o disminución de la pena correspondiente al delito por ser reveladora de una menor gravedad del injusto o un menor reproche de culpabilidad.

Las circunstancias de atenuación del artículo 21 del Código penal responden a una menor imputabilidad del sujeto, a una disminución del injusto y, por lo tanto, en una menor necesidad de pena, o a requerimiento de política criminal, como la reparación a la víctima o la colaboración con la Administración de Justicia. Las situaciones que la realidad fáctica puede evidenciar y que no pueden ser integradas en una de las circunstancias del artículo 21, guardando, sin embargo, una análoga significación con los fundamentos de las circunstancias de atenuación del precepto, en sus apartados 1 a 6, pueden ser subsumidas en el apartado 7 del mismo, atendiendo a las circunstancias concurrentes en cada caso concreto.

Las circunstancias atenuantes pueden ser:

1) genéricas que son las reguladas en el artículo 21 del Código penal para todos los delitos.

2) específicas, cuando el Código penal las contempla únicamente referidas a algunos delitos en particular.

**Regulación normativa**: artículos 21 y 23 CP.

## ATENUANTE ANALÓGICA

La atenuante analógica es una atenuante abierta que requiere para su apreciación

como primer requisito, una menor culpabilidad en la conducta del sujeto, a la normal al delito cometido, que tenga relación con las circunstancias atenuantes "específicas", debiendo aparecer probados unos hechos de análoga o parecida significación a los que como típicos se contienen en el texto legal, debiendo efectuarse la comparación con especial flexibilidad, pues un extremado rigor conduciría a la inefectividad, ya que lo que el legislador pretende es evitar los inconvenientes del sistema cerrado, procurando un ensanchamiento de la atenuación a través de una adecuada integración de los elementos que informan las circunstancias que pueden denominarse típicas.

Los términos de la comparación no son los morfológicos o estructurales, sino los del fundamento o razón de ser de la atenuante concretamente invocada, que puede responder a una disminución del injusto o del reproche de culpabilidad o a consideraciones político-criminales enlazadas con la punibilidad.

La atenuante analógica o de análoga significación no puede alcanzar nunca al supuesto en que falten los requisitos básicos para ser estimada una concreta atenuante, lo que equivaldría a crear atenuantes incompletas o a permitir la infracción de la norma.

**Regulación normativa**: artículo 21.7.º CP.

**Jurisprudencia:** SSTS de 30 de abril de 2002 (*Tol 162402*), de 18 de enero de 2010 (*Tol 1792928*); SAP de La Coruña de 12 de enero de 2023 (*Tol 9414673*).

## ATENUANTE MUY CUALIFICADA

Aunque el Código penal omite toda definición de la atenuante muy cualificada, se entiende por tal aquélla que alcanza una intensidad superior a la normal de la respectiva circunstancia, teniendo en cuenta las condiciones del culpable, antecedentes del hecho y cuantos elementos o datos puedan detectarse y ser reveladores del merecimiento y punición de la conducta del inculpado. Para reputar una atenuante como muy cualificada es necesario que se deduzca de los hechos declarados probados.
La apreciación de una atenuante como muy cualificada conlleva el consiguiente efecto reductor de la pena, aplicando la inferior en uno o dos grados.

**Regulación normativa**: artículo 66.1.2.º CP.

**Jurisprudencia:** SSTS de 26 de enero de 2006 (*Tol 846403*), de 15 de abril de 2016 (*Tol 5692848*), ATS de 16 de octubre de 2006 (*Tol 2281883*).

## ATIPICIDAD

Con este término se designa toda acción u omisión que no se adecua a la norma penal y que, por tanto, no es punible.

**Jurisprudencia:** SSTS de 31 de octubre de 2007 (*Tol 1174785*), de 28 de junio de 2010 (*Tol 1900660*).

## AUSENCIA DE ACCIÓN

Como el Derecho penal solo se ocupa de acciones voluntarias, no habrá acción penalmente relevante cuando falte la voluntad humana, lo que sucede en los casos de fuerza irresistible, movimientos reflejos o estados de inconsciencia.

**Jurisprudencia:** STS de 15 de octubre de 1988 (*Tol 6540*).

## AUTOBLANQUEO

Hasta 2006, la tesis predominante mantenía que la figura del autoblanqueo no debía ser castigada fundamentando la no punición, entre otras razones, en que los actos copenados debían quedar absorbidos —principio de consunción— en el delito previo.

Desde 2006, el criterio juega a favor de la tipicidad del autoblanqueo. El Acuerdo del Pleno no Jurisdiccional del Tribunal Supremo de 18 de julio de 2006 considera la compatibilidad de la condena por el delito de blanqueo de dinero de quien había sido condenado por el delito precedente.

**Regulación normativa**: artículos 301 CP.

**Jurisprudencia:** SSTS de 17 de septiembre de 2010 (*Tol 1953548*), de 30 de octubre de 2012 (*Tol 2692559*), de 5 de diciembre de 2012, "caso Ballena Blanca", (*Tol 2721470*).

## AUTOCAPACITACIÓN PARA LA REALIZACIÓN DE ACTIVIDADES TERRORISTAS

La autocapacitación para la realización de actividades terroristas se lleva a cabo bien recibiendo adoctrinamiento o adiestramiento militar o de combate, o en técnicas de desarrollo de armas químicas o biológicas, de elaboración o preparación de sustancias o aparatos explosivos, inflamables, incendiarios o asfixiantes, o específicamente destinados a facilitar la comisión de cualquiera de los delitos graves contra la vida o la integridad física, la integridad moral, etc., bien llevando a cabo por sí mismo cualquiera de las anteriores actividades.

**Regulación normativa**: artículo 575 CP.

**Jurisprudencia:** SSAN de 9 de septiembre de 2014 (*Tol 4567362*), de 30 de septiembre de 2015 (*Tol 5500281*).

## AUTOPUESTA EN PELIGRO

La imputación objetiva de un resultado dañoso a la acción del autor exige dos elementos:

la creación de un riesgo jurídicamente desaprobado:

Este factor estará ausente en los supuestos de riesgo permitido o en casos de disminución del riesgo; con ocasión de la aplicación del "principio de confianza", o cuando sea procedente la observancia de la "prohibición de regreso".

realización del peligro (o "relación de riesgo"):

Exige que el riesgo creado sea el que se realice en el resultado, y en supuestos de autopuesta en peligro no podrá sostenerse la "relación de riesgo" cuando la víctima se expone a un peligro que proviene directamente de su propia acción; es decir, el resultado no es imputable al autor cuando el afectado se introduce por sí mismo en la situación de riesgo o no se aparta de ella por su propia decisión, pero si la víctima no crea el riesgo sino que se ve involucrada en una situación peligrosa creada por otro, el resultado correrá a cargo de este.

En definitiva, se habla de autopuesta en peligro cuando la víctima no es ajena con su comportamiento a la producción del resultado. Surge entonces la necesidad, en determinados casos, de decidir si la víctima pierde la protección del Derecho Penal, bajo criterios de autorresponsabilidad, o si, por el contrario, debe mantenerse la atribución de responsabilidad al autor que creó el riesgo. Cuando la víctima se expone a un peligro que proviene de su propia acción, el resultado producido se imputará según el principio de la "autopuesta en peligro" o "principio de la propia responsabilidad". Son los casos en que el comportamiento del sujeto activo, el riesgo creado por su conducta no cristaliza en el resultado producido, sino que este halla su causa en la interposición por la víctima de un ulterior riesgo que excede del ámbito de protección de la norma, tanto porque sea gravísimo y objetivamente susceptible de interferir negativamente en el riesgo generado por la conducta del acusado, como porque dicho ulterior riesgo no era previsible.

**Jurisprudencia:** SSTS de 23 de julio de 2012 *(Tol 2597176)*, de 7 de febrero de 2013 (*Tol 3055408*); SJP núm. 5 de Getafe de 30 de septiembre de 2014 (*Tol 4514334*).

## AUTOR

El artículo 28 del Código penal define como autores a "quienes realizan el hecho, por sí solos, conjuntamente, o por medio de otro". También serán considerados autores:

1) los que inducen directamente a otro u otros a ejecutarlo.

2) los que cooperan a su ejecución con un acto sin el cual no se haría efectuado.

Este precepto no enumera supuestos genuinos de autoría, sino que indica quiénes merecen la consideración de autores a efectos de determinar la pena que les corresponda conforme al artículo 61, extendiendo el concepto de autor a otras formas de participación que se estiman de igual gravedad que la autoría propiamente dicha.

El núm. 1 del artículo 28 se refiere a los que toman parte directa en la ejecución del hecho, lo que tradicionalmente ha sido identificado por la jurisprudencia con los que realizan alguno de los actos que integran el tipo, sin embargo en la actualidad se ha abierto paso el criterio del dominio del hecho, basado en estimar que tomar parte directa equivale propiamente a dominar el hecho o una parte esencial del mismo, con lo que supuestos que tradicionalmente se encuadraban dentro del núm. 3, actualmente se consideran autores materiales, y no cooperadores necesarios.

Por tanto, autor es el que realiza directamente el hecho descrito en el delito y coincide con el sujeto activo. El autor es quien tiene el dominio del hecho porque dirige su acción hacia la realización del tipo penal.

**Regulación normativa**: artículo 28 CP.

**Jurisprudencia:** SSTS de 20 de julio de 2001 (*Tol 103176*), de 30 de mayo de 2003 (*Tol 305419*).

## AUTOR MEDIATO

Se considera autor mediato a todo el que ejecuta un delito, instrumentalizando o sirviéndose de otra persona que, desconociendo su intervención en el hecho punible, ejecuta todos o alguno de los actos materiales que dan lugar al delito.

El autor mediato es una modalidad de autor conocida en la doctrina como "el hombre de atrás" o "autor tras el autor". El autor mediato es quien tiene el dominio del hecho porque es quien decide el sí y el cómo se realiza el delito, mientras que normalmente el sujeto que realiza el delito no lleva a cabo una acción típica porque no es una acción voluntaria.

Así, por ejemplo, es autor mediato de hurto el huésped de un hotel que ordena a un botones que meta en su maletero un equipaje de otro huésped, sin saber el botones que es equipaje ajeno.

**Regulación normativa**: artículo 28 CP.

**Jurisprudencia**: SSTS de 3 de julio de 2009 (*Tol 1577924*), de 7 de mayo de 2010 (*Tol 1866173*).

## AUTORIDAD

El artículo 24.1 del Código penal refiere el carácter de "autoridad" al que "tenga mando o ejerza jurisdicción". Por tales términos se suele entender "la capacidad que tiene una persona de ejecutar una potestad pública, administrativa o judicial, por sí misma en un ámbito competencial objetivo y territorial".

El mando (el "imperium", la "Gewalt") es concepto que el sistema jurídico toma del uso vulgar del lenguaje, en el que se caracteriza por la reunión de los poderes de dar órdenes que deben ser obedecidas por sus destinatarios y de coerción, esto es, de utilizar la coacción para hacerlas cumplir en caso de ser desatendidas por ellos.

Ejercer jurisdicción propia equivale a ejercitar una potestad jurisdiccional personal, directa e inmediata. Así ocurre a quienes forman parte activa del Poder Judicial. La mención explícita del Ministerio Fiscal se hizo necesaria por la imprecisa naturaleza de la institución, organizada con arreglo a los principios de unidad y jerarquía característicos de las Administraciones Públicas y conexa con aquel Poder, pero sin formar parte de las primeras ni del segundo.

Asimismo se considera autoridad a los Fiscales de la Fiscalía Europea.

Es lugar común en la bibliografía especializada denunciar la imprecisión semántica que rezuma el precepto que, por lo demás, ni siquiera se ocupa de un concepto, el de "Agente de la Autoridad", repetidamente utilizado a lo largo del articulado del Código penal. Todo ello produce un indeseable grado de inseguridad jurídica en la interpretación y aplicación de las normas penales.

**Regulación normativa**: artículo 24.1 CP.

**Jurisprudencia**: SSTS de 24 de febrero de 1998 (*Tol 72692*), de 9 de julio de 2002 (*Tol 202522*).

# B

## BENEFICIOS PENITENCIARIOS

Se entiende por beneficios penitenciarios aquellas medidas que permiten la reducción de la duración de la condena impuesta en sentencia firme o de la del tiempo efectivo de internamiento. Los beneficios penitenciarios implican pues un acortamiento de la condena.

Los beneficios penitenciarios responden a las exigencias de la individualización de la pena en atención a la concurrencia de factores positivos en la evolución del interno, encaminados a conseguir su reeducación y reinserción social como fin principal de la pena privativa de libertad.

La entrada en vigor del Código penal de 1995 suprimió el beneficio penitenciario más importante: la redención ordinaria de la pena por razón de trabajo, por lo que en la actualidad los beneficios penitenciarios quedan reducidos a dos: el adelantamiento de la libertad condicional y la solicitud de indulto particular.

**Regulación normativa**: artículos 35 y 78 CP; artículo 46 LOGP; artículos 202 y siguientes RP.

**Jurisprudencia:** SSTS de 28 de febrero de 2006 (*Tol 817538*), de 29 de octubre de 2009 (*Tol 1768843*), de 30 de enero de 2012 (*Tol 2454215*).

## BIEN JURÍDICO PROTEGIDO

Se denomina bien jurídico protegido el interés o los intereses tutelados por el Estado con ocasión de la tipificación de una determinada conducta como delito, esto es, todo valor de la vida humana protegido por el Derecho. El concepto de bien jurídico protegido integra toda clase de derechos o intereses, individuales o colectivos, a los que el Derecho, por su importancia social, considera susceptibles, dignos y necesitados de ser tutelados mediante la amenaza de una pena criminal.

**Jurisprudencia: SAP de Vizcaya de 11 febrero de 2005** (*Tol 618260*).

## BIGAMIA

La bigamia consiste en contraer ulterior matrimonio sin hallarse legítimamente disuelto el anterior. Los requisitos del delito de bigamia son:
1) que se haya contraído un matrimonio no anulado o disuelto, aun cuando este pueda resultar anulable, siendo irrelevante su forma de celebración, canónica o civil.
2) que hallándose vigente este inicial matrimonio, se contraiga otro segundo o ulterior con persona distinta a la del primitivo cónyuge, debiendo haber sido este segundo matrimonio contraído válidamente.
3) que concurra en el contrayente bígamo la plena consciencia de su estado de casado.

**Regulación normativa**: artículo 217 CP.

**Jurisprudencia**: STS de 19 de junio de 2008 (*Tol 1335856*).

## BLANQUEO DE CAPITALES

La expresión "blanqueo de capitales" o "lavado de dinero" fue acuñada en Estados Unidos en 1920 cuando ciertos grupos de delincuentes organizados buscaban un origen aparentemente legítimo para el dinero que sus negocios turbios generaban mediante la compra de lavanderías y servicios de lavado de coches.

El Código penal sanciona como blanqueo de capitales aquellas conductas que tienden a incorporar al tráfico legal los bienes, dinero y ganancias obtenidas en la realización de actividades delictivas, de manera que, superado el proceso de lavado de los activos, se pueda disfrutar jurídicamente de ellos sin ser sancionado. El blanqueo de capitales es, en otras palabras, el proceso en virtud del cual los bienes de origen delictivo se integran en el sistema económico legal con apariencia de haber sido adquiridos de forma lícita, por lo que el delito tiende a conseguir que el sujeto obtenga un título jurídico, aparentemente legal, sobre bienes procedentes de una actividad delictiva previa.

Con el objetivo de incorporar el contenido de la Directiva (UE) 2018/1673 del Parlamento Europeo y del Consejo, de 23 de octubre de 2018, relativa a la lucha contra el blanqueo de capitales mediante el Derecho penal, la Ley Orgánica 6/2021, de 28 de abril, modifica los artículos 301 y 302 del Código penal para introducir una agravante explícita no recogida hasta entonces en el Código penal, en referencia a la especial condición del sujeto activo del delito, como "sujeto obligado" y, en segundo lugar, incluir tipos agravados cuando los bienes objeto del blanqueo procedan del tráfico de drogas o corrupción.

**Regulación normativa**: artículos 301 a 304 CP.

**Jurisprudencia:** SSTS de 18 de diciembre de 2001 (*Tol 129220*), de 1 de marzo de 2005 (*Tol 619675*), de 28 de diciembre de 2009 (*Tol 1776387*), de 9 de junio de 2014 (*Tol 4418179*), de 19 de noviembre de 2105 (*Tol 5587417*), 8 de abril de 2021 (*Tol 8394411*); SAP de Málaga de 16 de enero de 2013 (*Tol 3659954*); SAP de Soria de 24 de julio de 2014 (*Tol 4494048*).

# C

## CALUMNIA

Calumnia es la imputación de un delito hecha con conocimiento de su falsedad o temerario desprecio hacia la verdad. El delito de calumnia se caracteriza por la imputación inveraz, con manifiesto desprecio de la verdad, a una persona determinada de hechos inequívocos y determinados constitutivos de infracción penal, no bastando aseveraciones inconcretas, vagas o ambiguas, pues la falsa afirmación ha de contener los elementos definidores del delito atribuido, aunque sin necesidad de una calificación jurídica y con el propósito de atentar al honor y a la fama del ofendido, lo que implica que la imputación falsa se realice a sabiendas de su inexactitud, conociendo el autor su carácter ofensivo y aceptando la lesión del honor como resultado de su actuación, sin perjuicio de que junto al "animus difamandi", existan otros móviles inspiradores de la acción como la crítica, la información, etc.

El delito de calumnia, previsto y penado en el artículo 205 del Código penal requiere para su integración la falsa imputación de unos hechos que sean constitutivos de delito y el "animus difamandi", ánimo tendencial de difamar. La calumnia es una infracción de actividad que afecta al honor como sentimiento íntimo que se mueve alrededor de la dignidad moral, del pundonor, del amor propio o de la estimación personal, pero fuera del puro concepto meramente subjetivo. La honorabilidad objetivamente consiste en la apreciación o estima que los demás tienen en cuanto a las cualidades morales de la persona afectada como sujeto pasivo.

**Regulación normativa**: artículos 205 a 207 CP.

**Jurisprudencia:** SSTS de 10 de junio de 1998 (*Tol 77550*), de 23 de enero de 2004 (*Tol 928511*), de 15 de diciembre de 2011 (*Tol 2338677*).

## CANCELACIÓN DE ANOTACIONES DE MEDIDAS DE SEGURIDAD

Las anotaciones de medidas de seguridad se inscriben en el Registro Central de Penados. Las anotaciones de las medidas de seguridad serán canceladas una vez cumplida o prescrita la respectiva medida de seguridad. Mientras tanto solo figurarán en las certificaciones que el Registro expida con destino a Jueces o Tribunales o autoridades administrativas, en los casos establecidos por la Ley.

**Regulación normativa:** artículo 137 CP.

## CANCELACIÓN DE ANTECEDENTES PENALES

Dado que no es admisible mantener el estigma que la condena impone sobre el delincuente de una manera indefinida y perpetua, el Código penal prevé la cancelación de los antecedentes penales como consecuencia obligada del ideal rehabilitador.

La reforma de 2015 simplificó los trámites para la cancelación de antecedentes penales al suprimir la exigencia de informe previo del Juez o Tribunal sentenciador, así como la satisfacción de las responsabilidades civiles y la comprobación de insolvencia del condenado.

La cancelación queda sujeta únicamente al transcurso de los plazos establecidos legalmente sin que el condenado haya vuelto a delinquir durante los mismos. Dichos plazos se contarán desde el día siguiente a aquél en que quedara extinguida la pena impuesta.

**Regulación normativa**: artículo 136 CP.

**Jurisprudencia:** STS de 13 de mayo de 2004 (*Tol 449332*); SAP de Las Palmas de 4 de febrero de 2011 (*Tol 2169483*).

## CARÁCTER FRAGMENTARIO DEL DERECHO PENAL

El carácter fragmentario del Derecho penal significa que este no ha de sancionar todas las conductas lesivas de los bienes que protege, sino solo las modalidades de ataque más peligrosas para los mismos.

## CASA HABITADA

Casa habitada es la ocupada permanentemente por una persona o una familia, aunque temporalmente se hallen ausentes y también la que sirve a dichos fines en fechas inciertas como la casa o piso de veraneo, pudiendo una persona tener varias casas incluso en ciudades distintas y habitarlas en fechas inciertas. La agravación se fundamenta en la mayor peligrosidad ante la posibilidad de encontrar dentro de la casa algún morador, con el riesgo personal que supone además del ataque a su esfera íntima.

**Regulación normativa**: artículo 241.2 CP.

**Jurisprudencia:** STS de 25 de enero de 2002 (*Tol 135706*); SAP de Barcelona de 15 de junio de 2009 (*Tol 1605139*).

## CASO FORTUITO

El caso fortuito determina la inexistencia de delito por ausencia tanto de la acción, cuanto de la culpabilidad, siendo sus requisitos:

1) la producción del hecho ha de ser debida a un mero accidente.

2) el resultado dañoso no ha de ser imputable al sujeto activo a título de dolo ni de culpa.

3) no basta con que el hecho sea imprevisible para el sujeto activo, sino que es preciso que el evento no hubiera podido preverse por cualquier persona de capacidad psíquica normal.

**Regulación normativa:** artículo 5 CP.

**Jurisprudencia:** STS de 28 de febrero de 2000 (*Tol* 11652); SAP de Castellón de 23 de marzo de 2004 (*Tol* 424283).

## CAUSA DE ATIPICIDAD

Si la tipicidad es un elemento positivo del delito, la atipicidad entonces se traduce en un elemento negativo, y es fácil concluir que se da cuando un hecho atribuido a un sujeto no puede ser objeto de sanción por no encajar dentro de una descripción penal.

## CAUSA DE EXCULPACIÓN

En ocasiones el Derecho penal renuncia a exigir, bajo ciertos requisitos, un comportamiento conforme a las normas, y, por tanto, lo excusa, eximiéndole del castigo a pesar de ser un hecho típico y antijurídico.

Son causas de exculpación: el estado de necesidad exculpante y el miedo insuperable.

**Regulación normativa**: artículo 20.5.° y 6.° CP.

**Jurisprudencia:** STS de 6 de marzo de 2003 (*Tol 254096*); SAP de Alicante de 20 de abril de 2009 (*Tol 1579486*).

## CAUSA DE JUSTIFICACIÓN

En sentido técnico significa la exclusión de la antijuricidad de una conducta. Se considera, por tanto, causa de justificación todo aquel supuesto en el que el autor de un hecho tipificado como delito en el Código penal queda exento de responsabilidad criminal por estimarse que tal conducta no es antijurídica.

Son causas de justificación: la legítima defensa, el estado de necesidad justificante y el obrar en cumplimiento de un deber o en el ejercicio legítimo de un derecho, oficio o cargo.

**Regulación normativa:** artículo 20.4.°, 5.° y 7.° CP.

**Jurisprudencia:** SAP de Las Palmas de 9 de diciembre de 2009 (*Tol 1852370*).

## CAUSALISMO

Es una corriente doctrinal en Derecho penal cuya tesis fundamental es considerar el delito como explicado únicamente por la causalidad físico-natural, como un fenómeno natural regido por las leyes de la causalidad externa (la antijuricidad) e interna (la culpabilidad), sin posibilitar la presencia de la libertad. Se trata de un planteamiento ya superado en la doctrina actual.

**Jurisprudencia:** SAP de Murcia de 22 de marzo de 2011 (*Tol 2110002*).

## CHANTAJE

El chantaje consiste en exigir a otro una cantidad o recompensa bajo la amenaza de revelar o difundir hechos referentes a su vida privada o relaciones familiares que no sean públicamente conocidos y puedan afectar a su fama, crédito o interés.

El chantaje es una variante de amenaza condicional de un mal no constitutivo de delito.

**Regulación normativa:** artículo 171.2 y 3 CP.

**Jurisprudencia:** SAP de Burgos de 13 de marzo de 2009 (*Tol 1525911*).

## CIBERACOSO SEXUAL

El ciberacoso sexual, también conocido como *child groo-ming*, consiste en contactar con un menor de 16 años a través de internet, de teléfono o por medio de cualquier otra tecnología de la información y comunicación con la finalidad de concertar un encuentro con el menor a fin de cometer cualquier delito de agresión sexual o para captar o utilizar al menor para la elaboración de material pornográfico o para hacerlo participar en espectáculos exhibicionistas o pornográficos.

El término *chid grooming* se refiere, por tanto, a las accio-nes realizadas deliberadamente con el fin de establecer una relación y un control emocional sobre un menor con el fin de preparar el terreno para la agresión sexual del menor.

**Regulación normativa:** artículo 183 CP.

**Jurisprudencia:** SSTS de 24 de febrero de 2015 (*Tol 4776958*), de 10 de diciembre de 2015 (*Tol 5645263*), de 17 de enero de 2018 (*Tol 6486584*), de 15 de enero de 2020 (*Tol 7698843*); SAP de Málaga de 26 de junio de 2013 (*Tol 4189103*); SAP de Orense de 4 de octubre de 2013 (*Tol 3972492*).

## CHILD GROOMING

*Vid.* Ciberacoso sexual.

## CIRCUNSTANCIA MIXTA DE PARENTESCO

La circunstancia mixta de parentesco resulta aplicable cuando, en atención al tipo delictivo, la acción merece un reproche mayor o menor del que generalmente procede, a causa de la relación parental de que se trate.

Una reiterada jurisprudencia viene deslindando los supuestos en los que la citada circunstancia actuará como agravante o atenuante:

1) el parentesco actuará como agravante en delitos contra las personas y libertad sexual.

2) el parentesco actuará como atenuante en los delitos patrimoniales y contra el honor.

En los delitos contra las personas, su carácter agravante no está basado en la existencia de un supuesto cariño o afectividad entre agresor y ofendido, exigencia que llevaría a su práctica inaplicación como agravante en los delitos violentos, sino en la mayor entidad del mandato contenido en la ley, dirigido a evitar esas conductas en esos casos, en atención precisamente a las obligaciones que resultan de las relaciones parentales. En algunas sentencias se ha afirmado la no aplicación de la circunstancia de parentesco cuando el hecho delictivo carezca de relación alguna con los vínculos familiares. En igual sentido puede decirse cuando la existencia del vínculo sea solamente formal.

**Regulación normativa:** artículo 23 CP.

**Jurisprudencia:** SSTS de 30 de enero de 2009 (*Tol 1441124*), de 3 de febrero de 2009 (*Tol 1463024*), de

2 de febrero de 2016 (*Tol 5642054*), de 29 de septiembre de 2023 (*Tol 9749885*); SAP de Barcelona de 24 de julio de 2014 (*Tol 4500202*).

## CIRCUNSTANCIAS MODIFICATIVAS DE LA RESPONSABILIDAD CRIMINAL

Son los factores que atenúan (*Vid*. Atenuantes) o agravan (*Vid*. Agravantes) la responsabilidad del autor o partícipe en el delito, incidiendo en la medición cuantitativa de la pena.

**Regulación normativa:** artículos 21, 22 y 23 CP.

## CLONACIÓN DE SERES HUMANOS

El Código penal castiga la creación de seres humanos idénticos por clonación u otros procedimientos dirigidos a la selección de la raza. Por clonación se entiende la obtención de individuos con identidad genética.

**Regulación normativa:** artículo 160.3 CP.

## CLONACIÓN DE TARJETAS DE CRÉDITO

La clonación de tarjetas de crédito consiste en captar de las tarjetas utilizadas en los cajeros automáticos, a través de las cámaras micro grabadoras, dispositivos de lectura y copia de las claves de seguridad, los códigos bancarios de las bandas magnéticas de las tarjetas autenticas, y una vez así obtenidos, volcar dichos códigos en soportes vírgenes o tarjetas blancas para realizar reintegros en cajeros automáticos.

**Regulación normativa:** artículo 399 bis CP.

**Jurisprudencia:** SSTS de 28 de mayo de 2008 (*Tol 1333378*), de 11 de abril de 2011 (*Tol 2180907*), de 21 de marzo de 2012 (*Tol 2509385*).

## COACCIONES

Por coacciones se entiende el empleo de toda acción antijurídica de violencia (sea física, intimidatoria o sobre las cosas) con el fin de impedir al sujeto pasivo hacer lo que la Ley no prohíbe, o para obligarle a hacer lo que no quiere, sea justo o injusto.

El delito de coacciones requiere como presupuestos legales:

1) una conducta violenta de contenido material como "vis física" o intimidación como "vis compulsiva", ejercida sobre el sujeto pasivo, ya sea de modo directo o de modo indirecto.

2) la finalidad perseguida, como resultado de la acción, es impedir lo que la ley no prohíbe o efectuar lo que no se quiere, sea justo o injusto.

3) intensidad suficiente de la acción como para originar el resultado que se busca.

4) intención dolosa consistente en el deseo de restringir la libertad ajena, lógica consecuencia del significado que tienen los verbos "impedir" o "compeler".

5) solicitud del acto desde la perspectiva de las normas referentes a la convivencia social y al orden jurídico.

**Regulación normativa**: artículo 172 CP.

**Jurisprudencia:** STS de 15 de julio de 2011 (*Tol 2201137*); SAP de Castellón de 6 de julio de 2008 (*Tol 697280*); SAP de Navarra de 31 de julio de 2014 (*Tol 4492318*).

## COAUTORÍA

La coautoría se aprecia cuando varias personas, de común acuerdo, toman parte en la ejecución de un hecho típico constitutivo de delito. Tal conceptuación requiere, de una parte, la existencia de una decisión conjunta, elemento subjetivo de la coautoría, y un dominio funcional del hecho con aportación al mismo de una acción en la fase ejecutiva, que integra el elemento objetivo. Será coautor quien dirija su acción a la realización del tipo con dominio de la acción, que será funcional si existe la división de funciones entre los intervinientes, pero todas con ese dominio de la acción característico de la autoría. La existencia de una decisión conjunta, elemento subjetivo de la coautoría, puede concretarse en una deliberación previa realizada por los autores, con o sin reparto expreso de papeles, o bien puede presentarse al tiempo de la ejecución cuando se trata de hechos en los que la ideación criminal es prácticamente simultánea a la acción o, en todo caso, muy brevemente anterior a esta. Y puede ser expresa o tácita, lo cual es frecuente en casos en los que todos los que participan en la ejecución del hecho demuestran su acuerdo precisamente mediante su aportación.

No es necesario que cada coautor ejecute, por sí mismo, los actos materiales integradores del núcleo del tipo, pues a la realización del delito se llega, conjuntamente, por la agregación de las diversas aportaciones de los coautores, integradas en el plan común, siempre que se trate de aportaciones causales esenciales y decisivas. En consecuencia, a través del desarrollo del "pactum scaeleris" y del condominio funcional del hecho, cabe integrar en la coautoría, como realización conjunta del hecho, aportaciones no integrantes del núcleo del tipo, que sin embargo contribuyen de forma decisiva a su ejecución.

Cada coautor, sobre la base de un acuerdo, previo o simultáneo, expreso o tácito, tiene el dominio funcional, que es una consecuencia de la actividad que aporta en la fase ejecutiva y que lo sitúa en una posición desde la que domina el hecho al mismo tiempo y juntamente con los demás coautores. Su aportación a la fase de ejecución del delito es de tal naturaleza, según el plan seguido en el hecho concreto, que no resulta prescindible.

Según la teoría del dominio del hecho, son coautores los que realizan una parte necesaria en la ejecución del plan global, aunque sus respectivas contribuciones no reproduzcan el acto estrictamente típico, siempre que, aún no reproduciéndolo, tengan el dominio funcional del hecho, de suerte que sea este, en un sentido muy preciso y literal, un hecho de todos que a todos pertenezca.

La coautoría no es una suma de autorías individuales, sino una forma de responsabilidad por la totalidad del hecho. No puede, pues, ser autor solo el que ejecuta la acción típica, esto es, el que realiza la acción expresada por el hecho rector del tipo, sino también todos los que la dominan en forma conjunta, dominio funcional del hecho.

**Regulación normativa:** artículo 28 CP.

**Jurisprudencia:** SSTS de 21 de enero de 2009 (*Tol 1438895*), de 13 de mayo de 2009 (*Tol 1525305*), de 22 de febrero de 2016 (*Tol 5658049*), de 11 de octubre de 2023 (*Tol 9740801*); SJP de Navarra de 29 de enero de 2014 (*Tol 4224916*).

## COAUTORÍA ADITIVA

Se admiten como supuestos de coautoría lo que se ha denominado participación adhesiva o sucesiva y también coautoría aditiva. Para ello se requiere que, una vez que un autor haya dado comienzo a la ejecución, posteriormente otro u otros ensamblen su actividad a la del primero para lograr la consumación del delito cuya ejecución había sido iniciada por aquél. Los que intervengan con posterioridad han de ratificar lo ya realizado por quien comenzó la ejecución del delito aprovechándose de la situación previamente creada por él, no bastando el simple conocimiento. Es preciso que cuando intervengan los que no hayan concurrido a los actos de iniciación, no se hubiese producido la consumación, puesto que, en este caso, no puede decirse que hayan tomado parte en la ejecución del delito.

**Jurisprudencia:** SSTS de 21 de diciembre de 1992 (*Tol 398111*), de 8 de septiembre de 2003 (*Tol 4920629*).

## CODELINCUENCIA

La mera concurrencia de varias personas en la comisión de un delito constituye, en principio, un supuesto de codelincuencia, y no necesariamente de grupo criminal. Tanto la organización criminal como el grupo criminal vienen a ser algo cualitativamente diferente de los supuestos de codelincuencia, para la que meramente basta el concierto de varias personas para la comisión de un delito específico.

**Jurisprudencia:** STS de 3 de mayo de 2016 (*Tol 5718159*).

## COHECHO

La tipificación del delito de cohecho parte del principio administrativo según el cual ningún funcionario público puede recibir emolumentos por el cumplimiento de la función pública, al ser una de las notas características de la función pública que el abono de sus servicios corra a cargo de los presupuestos generales del Estado.

En la tipificación del delito de cohecho se distingue entre la conducta de quien pretende corromper y la del funcionario que la recibe. En esta distinción se parte de la existencia de un pacto, escrito o no, por el que una persona soborna o acepta el ofrecimiento del funcionario corrupto y otra, el funcionario, quien acepta el presente, o realiza el ofrecimiento determinante de la corrupción. En la doctrina penal clásica se afirmó que "el cohecho es la venta de un acto perteneciente a sus funciones y que por regla general debería ser gratuito". En un sentido contrario, la doctrina mayoritaria actual sostiene, y esta parece la construcción más acorde con la tipificación del Código penal, la naturaleza unilateral del delito de cohecho, por lo que la existencia de dos personas en la realización del acto de corrupción es irrelevante. De hecho, si se descubre la existencia del pacto, dará lugar a dos tipificaciones distintas, la del particular y la del funcionario, bastando que el particular ofrezca la dádiva y que el funcionario la acepte para que cada uno de ellos responda por su respectiva tipicidad. Lo relevante es la conducta del funcionario, que solicita o acepta la dádiva, y la del particular que acepta el ofrecimiento del funcionario u ofrece la dádiva al funcionario. Consecuencia de esta construcción es que el delito de cohecho no requiere la existencia de un pacto, bastando para la tipicidad el acto unilateral de cada uno de los hipotéticos sujetos activos de las respectivas incriminaciones contenidas en el delito de cohecho. En definitiva, la tipificación descansa sobre un hecho de corrupción del funcionario que por un emolumento ilegal realiza un hecho antijurídico, poniendo precio a la función pública mediante la realización de un hecho.

El delito de cohecho protege ante todo el prestigio y eficacia de la Administración Pública, garantizando la probidad e imparcialidad de sus funcionarios y asimismo la eficacia del servicio público encomendado a estos. Se trata, pues, de un delito con el que se pretende asegurar no sólo la rectitud y eficacia de la función pública, sino también garantizar la incolumidad del prestigio de esta función y de los funcionarios que la desempeñan, a quienes hay que mantener a salvo de cualquier injusta sospecha de actuación venal.

**Regulación normativa:** artículos 419 a 427 bis CP.

**Jurisprudencia:** SSTS de 17 de mayo de 2010 (*Tol 1857343*), de 2 de junio de 2010 (*Tol 1894175*), de 14 de marzo de 2012 (*Tol 2494412*); SAP de Las Palmas de 3 de septiembre de 2014 (*Tol 4494030*); SAP de Guadalajara de 15 de diciembre de 2015 (*Tol 5640399*).

## COHECHO ACTIVO

Como reverso del cohecho pasivo, el cohecho activo consiste en una conducta del particular que intenta corromper al funcionario público mediante el ofrecimiento o entrega de dádiva o retribución de cualquier clase para que realice un acto contrario a los deberes inherentes a su cargo o un acto propio de su cargo, para que no realice o retrase el que debiera practicar.

**Regulación normativa:** artículo 424 CP.

**Jurisprudencia:** STS de 1 de julio de 2010 (*Tol 1919524*); SAP de Zamora de 30 de julio de 2014 (*Tol 4494678*); STSJ de Islas Canarias de 3 de septiembre de 2014 (*Tol 4494328*).

## COHECHO PASIVO IMPROPIO

En el cohecho pasivo impropio el funcionario público recibe, acepta el presente, favor o dádiva en consideración a su cargo o para la realización de un acto propio del cargo que no sea contrario a los deberes inherentes al mismo, o como recompensa del ya realizado.

**Regulación normativa:** artículo 422 CP.

**Jurisprudencia:** STS de 17 de mayo de 2010 (*Tol 1833498*); STSJ de la Comunidad Valenciana de 30 de enero de 2012 (*Tol 2392324*).

## COHECHO PASIVO PROPIO

El cohecho pasivo es el realizado por el funcionario público que solicita, recibe o acepta la dádiva, presente, ofrecimiento o promesa a cambio de hacer u omitir algún acto. En el cohecho pasivo propio el funcionario solicita o recibe la dádiva o presente o acepta un ofrecimiento o promesa para la realización, en el ejercicio de su cargo, de una acción u omisión contraria a los deberes del cargo o para la no realización o retraso injustificados del acto que el funcionario debería realizar.

**Regulación normativa:** artículos 419, 420 y 421 CP.

**Jurisprudencia:** SSTS de 2 de junio de 2010 (*Tol 1894175*), de 14 de marzo de 2012 (*Tol 2494412*), de 4 de marzo de 2016, "caso Malaya", (*Tol 5674639*), de 11 de diciembre de 2017, "caso Can Domenge", (*Tol 6478373*).

## COMISIÓN POR OMISIÓN

La comisión por omisión, como forma de ejecución de un delito, consiste en una modificación del mundo exterior que se produce como consecuencia de no haber observado el autor una conducta que le era exigible.

Los requisitos del delito de comisión por omisión son:

1) la producción de un resultado típico.

2) la ausencia de la acción determinada que le era exigida al autor.

3) la capacidad del omitente de realizar voluntariamente la acción que hubiera podido evitar la producción del resultado.

4) la posición de garante del omitente, que ha de nacer, bien de una obligación legal o contractual de actuar, bien de una ocasión de riesgo creada por el omitente.

Se pueden citar como ejemplos de comisión por omisión: la madre que no alimenta a su hijo recién nacido, que resulta muerto; el socorrista de una piscina que no socorre a un niño que se está ahogando, etc.

**Regulación normativa:** artículo 11 CP.

**Jurisprudencia:** SSTS de 29 de enero de 2007 (*Tol 1036579*), de 26 de octubre de 2009 (*Tol 174.855*); de 26 de marzo de 2010 (*Tol 1824583*), de 17 de mayo de 2010 (*Tol 185343*), de 20 de abril de 2016 (*Tol 5698830*), de 11 de octubre de 2023 (*Tol 9740801*).

## COMPLIANCE OFFICER

Es el encargado de cumplimiento de los programas de organización y gestión. El *compliance officer* es un delegado del empresario que se constituye en el defensor de la legalidad en el organigrama empresarial.

El Código penal se refiere a un órgano de cumplimiento (oficial de cumplimiento o *compliance officer*) que, dependiendo del tamaño de la persona jurídica, podrá estar constituido por una o por varias personas, con la suficiente formación y autoridad.

**Regulación normativa:** artículo 31 bis CP.

## COMPLIANCE PROGRAMS

Los *compliance programs* o programas de cumplimiento normativo son modelos de organización y gestión con efecto exonerador de la responsabilidad penal para las personas jurídicas.

Los programas comportan exigencias de naturaleza societaria, propia estructura orgánica corporativa, requieren un alto grado de desarrollo y tienen una evidente finalidad preventiva.

Los modelos de organización y gestión o *corporate compliance programs* no tienen por objeto evitar la sanción penal de la empresa sino promover una verdadera cultura ética empresarial.

**Regulación normativa:** artículo 31 bis CP.

## CÓMPLICE

El cómplice es un auxiliar eficaz y consciente de los planes y actos del ejecutor material, del inductor o del cooperador esencial que contribuye a la producción del fenómeno punitivo mediante el empleo anterior o simultáneo de medios conducentes a la realización del propósito que a aquéllos anima, y del que participa prestando su colaboración voluntaria para el éxito de la empresa criminal en el que todos están interesados. Se trata, no obstante, de una participación accidental y de carácter secundario.

**Regulación normativa:** artículo 29 CP.

## COMPLICIDAD

La complicidad es una contribución a la realización de un delito con actos anteriores o simultáneos a la misma. Para que exista complicidad han de concurrir dos elementos: uno objetivo, consistente en la realización de unos actos relacionados con los ejecutados por el autor del hecho delictivo, que reúnan los caracteres de mera accesoriedad o periféricos; y otro subjetivo, consistente en el necesario conocimiento del propósito criminal del autor y en la voluntad de contribuir con sus hechos de un modo consciente y eficaz a la realización de aquél.

Así, por ejemplo, es cómplice quien entrega al autor de un robo una ganzúa para que pueda forzar la cerradura de la puerta de la vivienda.

**Regulación normativa:** artículo 29 CP.

**Jurisprudencia:** SSTS de 24 de febrero de 2010 (*Tol 1814559*), de 27 de mayo de 2010 (*Tol 1884649*), de 17 de junio de 2016 (*Tol 5757643*), de 18 de septiembre de 2023 (*Tol 9713388*).

## CONCEPTO DE FUNCIONARIO PÚBLICO

El propio Código penal, en su artículo 24.2, da un concepto de funcionario público más amplio que el que utiliza el Derecho administrativo. La cualidad de funcionario público a efectos penales no puede subordinarse, ni hacerse depender de su vinculación o calificación administrativa, ni de las definiciones contenidas en las normas reguladoras de su relación con la Administración Pública, sino que ha de atenderse al apartado 2 del artículo 24 del Código penal que considera funcionario público todo el que por disposición o por nombramiento de autoridad competente participa en el ejercicio de funciones públicas.

Las dos ideas nucleares del concepto de funcionario público desde la perspectiva penal son:

1) existe un concepto propio del orden penal más amplio que el operativo en la esfera administrativa.

2) lo que define la condición de funcionario es la participación en funciones públicas.

El concepto penal de funcionario público es un concepto nutrido de ideas funcionales de raíz jurídico-política, acorde con un planteamiento político-criminal que exige, por la lógica de la protección de determinados bienes jurídicos, atribuir la condición de funcionario en atención a las funciones y fines propios del Derecho penal y que sólo eventualmente coincide con los criterios del Derecho administrativo.

De ello se deriva que, a efectos penales, tan funcionario público es el titular o "de carrera" como el interino o contratado temporalmente, ya que lo relevante es que dicha persona está al servicio de entes públicos, con sometimiento de su actividad al control del Derecho administrativo, aunque carezca de las notas de incorporación definitiva y de permanencia.

**Regulación normativa**: artículo 24.2 CP.

**Jurisprudencia:** SSTS de 27 de enero de 2003 (*Tol 254174*), de 14 de marzo de 2012 (*Tol 2494412*); SAP de Málaga de 18 de diciembre de 2015 (*Tol 5593666*); SJP núm. 9 de Valencia de 25 de marzo de 2003 (*Tol 330436*).

## CONCEPTO FUNCIONAL DE FUNCIONARIO PÚBLICO

En relación con las distintas modalidades de cohecho, el texto punitivo extiende la responsabilidad penal a:

1) cualquier persona que ostente un cargo o empleo legislativo, administrativo o judicial de un país de la Unión Europea o de cualquier otro país extranjero, tanto por nombramiento como por elección.

2) cualquier persona que ejerza una función pública para un país de la Unión Europea o cualquier otro país extranjero, incluido un organismo público o una empresa pública, para la Unión Europea o para otra organización internacional pública.

3) cualquier funcionario o agente de la Unión Europea o de una organización internacional pública.

4) cualquier persona a la que se haya asignado y que esté ejerciendo una función de servicio público que consista en la gestión, en los Estados miembros o en terceros países, de intereses financieros de la Unión Europea o en tomar decisiones sobre esos intereses.

**Regulación normativa:** artículo 427 CP.

## CONCURSO DE DELITOS

Hay concurso de delitos cuando se imputa a una misma persona la comisión de una pluralidad de infracciones penales, como consecuencia de una o varias acciones que lesionan bienes jurídicos diversos, y siempre que aquéllas no hayan sido ya enjuiciadas.

Los requisitos son:

1) pluralidad de infracciones.

2) unidad o pluralidad del objeto valorado por ellas.

3) unidad del sujeto.

4) unidad de enjuiciamiento.

La regla fundamental para conocer si estamos ante un concurso de normas o de delitos ha de ser una valoración jurídica según la cual, si la sanción por uno de los dos delitos fuera suficiente para abarcar la total significación antijurídica del comportamiento punible, nos hallaríamos ante el concurso de normas y, en caso contrario, ante un concurso de delitos, real o ideal.

**Regulación normativa:** artículos 73, 75, 76 y 77 CP.

**Jurisprudencia:** SSTS de 8 de abril de 2010 (*Tol 1837182*), de 6 de mayo de 2010 (*Tol 1889721*).

## CONCURSO DE LEYES

El concurso de leyes, también denominado conflicto aparente de leyes, se produce cuando un mismo supuesto de hecho o conducta unitaria pueden ser subsumidos en dos o más distintos tipos o preceptos penales de los cuales solo uno resulta aplicable porque la aplicación de todos los tipos vulneraría el tradicional principio «ne bis in idem». Así, por ejemplo, la sustracción de una cosa mueble (hurto y robo) o dar muerte a una persona (homicidio y asesinato).

**Regulación normativa:** artículo 8 CP.

**Jurisprudencia:** SSTS de 3 de diciembre de 2009 (*Tol 1762045*), de 20 de mayo de 2010 (*Tol 1879.349*).

## CONCURSO IDEAL

Concurre el denominado concurso ideal de delitos cuando un solo hecho constituye dos o más delitos.

En principio la base del concurso ideal la constituye la identidad del hecho y, en definitiva, la unidad de acción; teniendo en cuenta que cuando la voluntad del sujeto afecta directa y fundamentalmente a la acción, mas no al resultado, previsto, pero no directamente perseguido, es decir, cuando se actúa con «dolo eventual», estamos en presencia de un verdadero concurso ideal. En tal caso, existirá unidad de acción y diversidad de resultados penalmente típicos que deberán castigarse conforme a las reglas de dicho concurso. Un caso paradigmático de concurso ideal es la resistencia a la autoridad causándole lesiones.

**Regulación normativa:** artículo 77.1 y 2 CP.

**Jurisprudencia:** SSTS de 31 de enero de 2000 (Tol 114849), de 3 de marzo de 2012 (Tol 2489468).

## CONCURSO MEDIAL

Concurre el denominado concurso medial de delitos cuando existen dos acciones perfectamente diferenciadas que dan lugar a dos resultados. El concurso medial es una especie o modalidad de concurso real que, más por razones históricas, se asimila al concurso ideal de delitos, con la única peculiaridad de que entre los delitos debe existir una estrecha relación. Es denominado doctrinalmente como "concurso ideal impropio".

El nuevo régimen punitivo del concurso medial consiste en una pena de nuevo cuño que se extiende desde una pena superior a la que habría correspondido en el caso concreto por la infracción más grave, como límite mínimo, hasta la suma de las penas concretas que habrían sido impuestas separadamente por cada uno de los delitos, como límite máximo.

El límite mínimo no se refiere a la pena "superior en grado" de la establecida legalmente para el delito más grave, lo que elevaría excesivamente la penalidad y no responde a la literalidad de lo expresado por el legislador, sino a una pena superior a la que habría correspondido, en el caso concreto, por la infracción más grave.

Un caso paradigmático de concurso medial es la falsedad en documento público para la comisión de un posterior delito de estafa.

**Regulación normativa:** artículo 77.1 y 3 CP.

**Jurisprudencia:** SSTS de 6 de abril de 2016 (*Tol 5687844*), de 25 de mayo de 2016 (*Tol 5739724*), de 17 de febrero de 2016 (*Tol 5651257*), de 19 de enero de 2018 (*Tol 6486657*); SAP de Madrid de 21 de marzo de 2012 (*Tol 2507051*).

## CONCURSO REAL

El denominado concurso real o material de delitos supone la realización de varios hechos, cada uno de los cuales constituye una infracción que es independiente de las demás.

**Regulación normativa:** artículo 73 CP.

**Jurisprudencia:** SSTS de 19 de octubre de 2001 (*Tol 103145*), de 16 de noviembre de 2009 (*Tol 1747844*), de 6 de abril de 2016 (*Tol 5687844*).

## CONDICIÓN OBJETIVA DE PENALIDAD

*Vid.* Condición objetiva de punibilidad.

## CONDICIÓN OBJETIVA DE PERSEGUIBILIDAD

Se trata de una circunstancia que condiciona, no la existencia del delito, sino su persecución procesal, esto es, condiciona el inicio de un procedimiento penal. Es una condición objetiva de perseguibilidad, por ejemplo, la querella del ofendido o de su representante legal en los delitos de calumnia e injuria.

**Jurisprudencia:** AAP de Cádiz de 3 de octubre de 2012 (*Tol 5362777*).

## CONDICIÓN OBJETIVA DE PUNIBILIDAD

La condición objetiva de punibilidad es un requisito que el legislador añade en concretos tipos penales y que no pertenece ni al injusto ni a la culpabilidad, pero condicionan la imposición de una pena.

De la existencia de la condición objetiva de punibilidad depende, no la existencia del hecho, sino su relevancia penal objetiva. Las condiciones objetivas de punibilidad pueden ser propias, si restringen la punibilidad de un hecho que sería punible de no darse la mentada condición; o impropias, si vienen a permitir la sanción.

Es una condición objetiva de punibilidad, por ejemplo, el previo requerimiento o sanción administrativa en el delito de discriminación laboral.

**Jurisprudencia:** SSTS de 3 de mayo de 2002 (*Tol 162106*), de 23 de diciembre de 2004 (*Tol 556686*); SAP de Las Palmas de 23 de diciembre de 2004 (*Tol 519315*).

## CONDUCCIÓN A VELOCIDAD EXCESIVA

El artículo 379 del Código penal con la reforma operada por Ley Orgánica 15/2007, de 30 de noviembre, que entró en vigor el día 2 de diciembre de 2007, introdujo, como novedad, los excesos de velocidad punibles.

Es delito la conducción de un vehículo a motor o ciclomotor a velocidad superior en 60 km/h en vía urbana o en 80 km/h en vía interurbana a la permitida reglamentariamente. Hay, no obstante, que tener en cuenta que los aparatos medidores de la velocidad llamados cinemómetros, regulados en la Orden ITC/155/2020, de 7 de febrero, por la que se regula el control metrológico del Estado de determinados instrumentos de medida, tienen unos márgenes de error, que varían en función del tipo de cinemómetro: en instalación fija o estática, en instalación móvil sobre vehículo y tiempo intervehicular para distancia entre vehículos.

**Regulación normativa:** artículo 379.1 CP.

**Jurisprudencia:** SAP de Tarragona de 3 de diciembre de 2008 (*Tol 1472867*); SAP de Madrid de 9 de diciembre de 2008 (*Tol 1464972*); SJP núm. 2 de Pamplona de 28 de enero de 2008 (*Tol 1390905*); SJP núm. 20 de Madrid de 14 de febrero de 2011 (*Tol 2041254*); SAP de León de 2 de junio de 2014 (*Tol 4429644*).

## CONDUCCIÓN BAJO LA INFLUENCIA DE DROGAS TÓXICAS, ESTUPEFACIENTES, SUSTANCIAS PSICOTRÓPICAS O BEBIDAS ALCOHÓLICAS

Son dos los elementos que caracterizan el delito de conducción bajo la influencia de bebidas alcohólicas o drogas tóxicas: uno, objetivo, consistente en el grado de impregnación alcohólica que padece el sujeto activo y otro, subjetivo, que se refiere a la influencia que tal grado de impregnación alcohólica determina en la conducción. Ahora bien, tal influencia no tiene por qué exteriorizarse en una flagrante infracción de las normas de tráfico visible e inmediata (delito de peligro concreto), apreciada por el agente actuante, o en la producción de un resultado lesivo (delito de resultado), sino que basta el delito de peligro «in abstracto», practicándose, en su caso, la correspondiente prueba de detección alcohólica, y apreciándose por los agentes los signos externos de donde puede deducirse después (mediante prueba indirecta) ese grado de influencia en la conducción. En este sentido, la jurisprudencia señala que no basta el dato objetivo del grado de impregnación alcohólica, sino que es preciso acreditar la influencia que la misma tenga en la conducción, no siendo necesario un peligro concreto, sino únicamente que la «conducción» estuvo «influenciada por el alcohol».

Los requisitos configuradores del tipo se concretan en los siguientes:

1) la dinámica comisiva consiste en el acto de conducir un vehículo a motor por la vía pública bajo la influencia de una ingestión de bebidas alcohólicas o drogas.

2) una influencia concreta en la conducción del vehículo que permita apreciar la alteración y disminución de las facultades físicas y psíquicas del autor, es decir, de su capacidad sensorial y de reacción frente a las circunstancias cambiantes del tráfico.

No cualquier ingestión de bebidas alcohólicas comporta la realización del tipo. Es preciso, pues, que se conduzca el vehículo a motor con las facultades significativamente alteradas o disminuidas a consecuencia del consumo de aquéllas, y este hecho en sí mismo ya supone la lesión al bien jurídico protegido en cuanto el tipo penal es de peligro abstracto.

La conducta delictiva, por tanto, no consiste en un determinado grado de impregnación alcohólica, sino en la conducción de un vehículo a motor bajo la influencia de la bebida alcohólica. Y esa influencia constituye un elemento normativo del tipo penal que consecuentemente requiere una valoración del Juez, en la que este deberá comprobar si en el caso concreto el conductor se encontraba afectado por el alcohol, ponderando todos los motivos de prueba que reúnan los requisitos legales.

Es cierto que la aludida influencia necesita ser acreditada, y que a tal fin no bastan los índices puramente alcoholométricos.

**Regulación normativa:** artículo 379.2 CP.

**Jurisprudencia:** STS de 12 de marzo de 2010 (*Tol 1832993*); SAP de Madrid de 5 de febrero de 2010 (*Tol 1840728*); SAP de La Coruña de 30 de junio de 2014 (*Tol 4487996*).

## CONDUCCIÓN CON MANIFIESTO DESPRECIO POR LA VIDA DE LOS DEMÁS

El delito de conducción con manifiesto desprecio por la vida de los demás fue introducido en el Código penal por la reforma operada por la Ley Orgánica 3/1989 y creado, como explica el propio Preámbulo de la Ley Orgánica, para sancionar conductas muy concretas que en un determinado momento crearon una especial alarma social: los denominados conductores suicidas.

El Código penal sanciona un delito de los que la doctrina denomina de peligro concreto, la conducción de un vehículo a motor o ciclomotor con manifiesto desprecio por la vida de los demás.

Los elementos del citado delito son:

1) conducción de un vehículo a motor entre los cuales se encuentran los llamados ciclomotores. Se trata de un delito de los conocidos como de propia mano. El autor

en sentido estricto ha de ser quien conduzca un vehículo a motor o un ciclomotor.

2) hay que conducir el vehículo con temeridad manifiesta, es decir, la temeridad ha de estar acreditada.

Temeridad significa imprudencia en grado extremo, pero también osadía, atrevimiento, audacia, irreflexión, términos compatibles con el llamado dolo eventual. Es lo contrario a la prudencia o la sensatez.

3) tiene que ponerse en concreto peligro la vida o la integridad de las personas. Se trata de un delito de peligro concreto, esto es, de una infracción en la que ha de acreditarse que existieron personas respecto de las cuales hubo un riesgo para su integridad física, incluso para su vida; personas concretas, aunque pudieran no encontrarse identificadas.

4) el último de los elementos se encuentra en el texto del propio artículo 381, que configura un elemento subjetivo del tipo, además de dolo, cuando señala que ha de obrarse "con manifiesto desprecio por la vida de los demás".

Se trata de un delito de peligro especialmente cualificado, que se ha definido incluso por algunos autores como un tipo intermedio entre el delito de riesgo y la tentativa de homicidio. Precisando la naturaleza de este ilícito la jurisprudencia establece que estamos ante un tipo de delito de peligro abstracto, en el párrafo segundo, y de peligro abstracto-concreto en el primero, cuya conducta consiste en la conducción temeraria con manifiesto desprecio por la vida de los demás.

El tipo penal requiere, en definitiva, una conducción de vehículo a motor con temeridad manifiesta y potencial peligro para la vida o integridad de las personas y desprecio por la eventualidad de resultados lesivos contra la vida o la integridad de las personas.

**Regulación normativa:** artículo 381 CP.

**Jurisprudencia:** SAP de Barcelona de 27 de abril de 2010 (*Tol 1913519*); SAP de Castellón de 18 de mayo de 2010 (*Tol 1938217*).

## CONDUCCIÓN ETÍLICA

El tipo objetivo previsto en el último inciso del artículo 379.2 del Código penal no exige influencia alguna en la conducción de la ingesta de alcohol, sino que es suficiente para su apreciación el dato objetivo de superar el límite legal marcado por encima del cual se considera delito la conducción de vehículos a motor. Se trata de una figura de mera actividad, de riesgo abstracto, que se apreciará con la mera constatación de las tasas indicadas en el tipo penal (una tasa de alcohol en aire espirado superior a 0,60 miligramos por litro o una tasa de alcohol en sangre superior a 1,2 gramos por litro), mediante las pruebas con etilómetros o alcoholímetros homologados y verificados, para cuya concurrencia no es preciso que el conductor del vehículo exteriorice mediante signos externos hallarse influenciado por la previa ingestión de alcohol, ni tampoco que se acredite la influencia del alcohol en la conducción.

De la regulación penal cabe concluir pues, que la comisión del delito de conducción etílica quedará suficientemente acreditada en aquellos supuestos en los que se acredite, sin necesidad de ninguna otra prueba, una conducción con una tasa de alcohol en aire espirado superior a 0,60 mgrs/litro o con una tasa de alcohol en sangre superior a 1,2 mgrs/litro. Acreditadas estas tasas, serán innecesarias otras pruebas en relación con el hecho de que el imputado se encuentre influenciado por la ingesta de bebidas alcohólicas.

La conducción de un vehículo a motor o ciclomotor con una tasa superior a 0,60 miligramos de alcohol por litro de aire espirado requiere la concurrencia y acreditación en juicio de las siguientes exigencias típicas:

1) un acto de conducción de un vehículo a motor o ciclomotor por vía de pública circulación, concretado en el manejo y desplazamiento del mismo, omnicomprensivo de las simples maniobras.

2) la ingesta previa de alcohol en un índice superior a 0,60 miligramos de alcohol por litro de aire espirado, sin que sea preciso, pues, que la ingesta previa de alcohol halle reflejo en la conducción del vehículo como sucede en el tipo penal "bajo la influencia de...", bastando, pues, para la relevancia penal de la conducta que se supere aquella tasa de alcohol ("en todo caso").

**Regulación normativa:** artículo 379.2 CP.

**Jurisprudencia:** SSTS de 15 de junio de 2017 (*Tol 6185691*), de 25 de octubre de 2023 (*Tol 9763953*); SAP de Zaragoza de 28 de mayo de 2009 (*Tol 375235*); SAP de Sevilla de 2 de julio de 2009 (*Tol 1744785*); SAP de Barcelona de 5 de junio de 2014 (*Tol 4485698*).

## CONDUCCIÓN SIN PERMISO O LICENCIA

El Código penal prohíbe conducir sin permiso o licencia, conducción que puede ser por:
1) pérdida total de los puntos.
2) privación judicial.
3) no haber obtenido nunca el permiso o licencia.

La concreción de la acción típica se ciñe al que condujere "(...) en los casos de pérdida de vigencia del permiso o licencia por pérdida total de los puntos asignados legalmente (...) y al que realizare la conducción tras haber sido privado cautelar o definitivamente del permiso o licencia por decisión judicial y al que condujere (...) sin haber obtenido nunca el permiso o licencia de conducción".

La voluntad de incluir en nuestra norma punitiva este delito especial de quebrantamiento es saciar una demanda social de castigo para el gran número de personas que conducen en España sin permiso de conducir, o tras haber perdido todos los puntos anejos al mismo, o simplemente por tenerlo retirado de alguna forma por la autoridad judicial.

La conducción sin permiso tiene, pues, como motivaciones inmediatas que justifican su tipificación normativa el que quien conduce un vehículo a motor o ciclomotor con la pérdida total de puntos o privado del permiso o licencia cautelar o definitivamente por resolución judicial ya ha evidenciado previamente una peligrosidad que ha generado la prohibición de conducir y, por otro lado el que nunca ha tenido el permiso o la licencia también manifiesta, al menos a *priori*, una palpable peligrosidad por falta tanto de conocimientos teóricos como prácticos exigibles a todo conductor, lo que no es tolerable en ningún caso si se quiere defender a todo ciudadano del riesgo de los conductores que lo hacen en tales condiciones.

El artículo 384 tipifica tres conductas, que pueden unificarse en la prohibición de pilotar vehículos a motor o ciclomotores por carecer de permiso o licencia, bien porque se ha perdido el mismo o porque nunca se han tenido los mismos, lo que nos lleva a determinar que estamos en presencia de un delito de peligro abstracto, protegiéndose con tal tipificación la Seguridad Vial, que se concreta en la evitación de un peligro para los usuarios de vía pública en el bien vida e integridad física de los mismos, que se hallarán en riesgo por la peligrosidad ya manifestada del conductor que es privado del permiso o licencia o por la no demostrada pericia o aptitud que se exige a todo el que va a estar a los mandos de un vehículo de motor o ciclomotor.

**Regulación normativa:** artículo 384 CP.

**Jurisprudencia:** SSTS de 20 de diciembre de 2017 (*Tol 6461895*), de 22 de enero de 2018 (*Tol 6484886*); SAP de Vizcaya de 13 de julio de 2009 (*Tol 1743292*); SAP de Santander de 28 de septiembre de 2009 (*Tol 1648541*), SAP de Valencia de 23 de febrero de 2010 (*Tol 1783278*); SAP de La Coruña de 11 de junio de 2014 (*Tol 4488345*).

## CONDUCCIÓN TEMERARIA

El delito de conducción temeraria exige la concurrencia de dos elementos:

1) la conducción de un vehículo a motor o de un ciclomotor con temeridad manifiesta.

2) que con tal modo de conducir se ponga en peligro concreto la vida o la integridad de las personas.

Por conducción temeraria debe entenderse aquella que se realiza infringiendo de forma grave, clara y ostensible las más elementales reglas y cautelas que deben adoptarse en el manejo de vehículos. Temeridad manifiesta supone una notoria desatención a las normas reguladas del tráfico, de forma valorable con claridad por un ciudadano medio.

La conducción temeraria es, en principio, un ilícito administrativo que la Ley de tráfico tipifica como infracción muy grave. No obstante, cuando la temeridad es manifiesta, es decir, patente, clara y con ella se pone en concreto peligro la vida o la integridad de las personas, el ilícito administrativo se convierte en penal y da lugar al delito previsto en el artículo 380 del Código penal.

Conduce temerariamente el vehículo a motor quien incurre en la más grave infracción de las normas de cuidado formalizadas en la Ley de tráfico, circulación de vehículos a motor y seguridad vial.

**Regulación normativa:** artículo 380 CP.

**Jurisprudencia:** SAP de Madrid de 23 de julio de 2010 (*Tol 1933436*); SAP de Albacete de 30 de julio de

2010 (*Tol 1932985*); SAP de Barcelona de 10 de junio de 2014 (*Tol 4485893*).

## CONFESIÓN

*Vid.* Arrepentimiento.

## CONSECUENCIAS ACCESORIAS

Distintas de las penas y de las medidas de seguridad, el Código penal recoge un conjunto de reacciones jurídicas que denomina "consecuencias accesorias" que son el decomiso de los efectos e instrumentos del delito y las ganancias y una serie de medidas aplicables a los delitos cometidos por empresas, organizaciones, grupos o cualquiera otra clase de entidades o agrupaciones de personas que no estén comprendidas en el artículo 31 bis del texto penal.

**Regulación normativa:** artículos 127 a 129 CP.

**Jurisprudencia:** STS de 27 de enero de 2009 (*Tol 1438893*).

## CONSENTIMIENTO

El consentimiento consiste en la aceptación por parte del sujeto pasivo y bajo determinadas condiciones, de que el autor atente contra el bien jurídico del que es titular.

El consentimiento es una causa de justificación que no aparece en el catálogo de eximentes del artículo 20 del

Código penal. Sin embargo, el legislador en algunos preceptos penales concede, expresa o tácitamente, eficacia al consentimiento del titular del bien jurídico protegido. Los requisitos que han de darse en el consentimiento para que actúe como causa de justificación son:

1) facultad de disposición del bien jurídico protegido.

2) capacidad para disponer.

3) ausencia de vicios en el consentimiento.

4) el consentimiento ha de ser previo a la comisión del hecho.

**Jurisprudencia:** SSTS de 27 de marzo de 1990 (*Tol 38568*), de 14 de enero de 2020 (*Tol 7698847*); SAP de Tenerife de 5 de marzo de 2007 (*Tol 1090781*).

## CONSPIRACIÓN PARA DELINQUIR

La conspiración para delinquir se define como un acto de manifestación de la voluntad o resolución manifestada, que pertenece a una fase del "iter criminis" anterior a la ejecución, por lo que se ubica entre la ideación impune y las formas de ejecución imperfecta, asimilándose a los actos preparatorios al no constituir todavía un comienzo de la ejecución, pero diferenciándose de ellos en su naturaleza inmaterial.

La conspiración forma parte de los actos preparatorios punibles y existe cuando dos o más personas se conciertan para la ejecución de un delito y resuelven ejecutarlo, sin que sea necesario que se llegue a la ejecución material, siquiera mínima, del delito.

En realidad, se trata de una coautoría anticipada: en ella se prevé la intervención de todos los conspiradores en la realización material del hecho delictivo, sea cual fuere el cometido o la parte del plan acordado que les haya tocado ejecutar a cada uno de los concertados.

Los requisitos que se exigen para su apreciación son:

1) el concurso de dos o más personas, que reúnan las condiciones necesarias para poder ser autores del delito proyectado.

2) el concierto de voluntades entre ellas o «pactum scaeleris».

3) la resolución ejecutiva de todas y cada una de ellas, o decisión sobre la efectividad de lo proyectado, «resolutio finis».

4) que dicha resolución tenga por objeto la ejecución de un concreto delito de aquellos respecto de los que se sancionan expresamente los actos de conspiración.

5) que exista un lapso de tiempo relevante entre el acuerdo y la realización, que permita apreciar una mínima firmeza de la resolución.

6) como elemento o requisito negativo, la sanción como conspiración requiere que no haya dado comienzo la ejecución delictiva.

**Regulación normativa:** artículo 17.1 CP.

**Jurisprudencia:** STS de 29 de noviembre de 2002 (*Tol 229902*); SAN de 26 de septiembre de 2005 (*Tol 702626*).

## CONSTRUCCIONES NO AUTORIZADAS EN SUELOS PROTEGIDOS

Dentro de la ordenación del territorio y el urbanismo adquiere gran relevancia, por su influencia, el fenómeno de la construcción, sector donde se vienen produciendo altos niveles de corrupción y, dada la importancia que tiene la ordenación racional del territorio, como bien protegido por la Constitución, se hizo necesario darle una protección adecuada en el ámbito penal por medio del artículo 319 del Código penal. El citado precepto castiga a los promotores, constructores o técnicos directores que lleven a cabo obras de urbanización, construcción o edificación no autorizables en suelos destinados a viales, zonas verdes, bienes de dominio público o lugares que tengan legal o administrativamente reconocido su valor paisajístico, ecológico, artístico, histórico o cultural, o por los mismos motivos hayan sido considerados de especial protección.

La conducta descrita por dicho precepto requiere:

1) un elemento normativo: llevar a cabo obras de urbanización, construcción o edificación no autorizables.

2) un elemento locativo: que la construcción se efectúe en alguno de los lugares especialmente protegidos. Dichos lugares especialmente protegidos son:

a) los "suelos destinados a viales, zonas verdes o bienes de dominio público".

b) los "lugares que tengan legal o administrativamente reconocido su valor paisajístico, ecológico, artístico, histórico o cultural, o que por los mismos motivos (por su valor paisajístico, ecológico...) hayan sido considerados de especial protección".

**Regulación normativa:** artículo 319 CP.

**Jurisprudencia:** SSTS de 29 de noviembre de 2006 (*Tol 1018978*), de 27 de noviembre de 2009 (*Tol 1762127*), de 21 de febrero de 2018 (*Tol 6519936*); SAP de Almería de 29 de enero de 2010 (*Tol 1823305*); SAP de Madrid de 23 de marzo de 2012 (*Tol 2516555*); SAP de Cáceres de 11 de enero de 2016 (*Tol 5632752*).

## CONSUMACION

La consumación es la última fase, penológicamente relevante, del «iter criminis» o proceso de ejecución del delito, y tiene lugar cuando, adoptada la resolución de cometer la infracción delictiva, el sujeto lleva a cabo todos los actos ejecutivos que configuran el respectivo delito y, gracias a ellos, consigue los resultados o consecuencias previstas en el Código penal para el delito de que se trate, siendo indiferente que el sujeto activo alcance el fin último por él pretendido, pues esto integra la fase de agotamiento del delito.

En definitiva, la consumación se da cuando se realizan todos los actos exigidos en la conducta descrita en un tipo delictivo; en los delitos que incluyen la producción de un resultado, ésta se identifica con la consumación.

**Regulación normativa:** artículos 15 y 61 CP.

**Jurisprudencia:** SSTS de 6 de octubre de 2009 (*Tol 1639027*), de 6 de julio de 2010 (*Tol 1910179*).

## CONSUMIDORES

El Código penal protege al consumidor y para ello tipifica una serie de conductas que tienen como sujeto pasivo a los consumidores. Dichas conductas afectan a los legítimos intereses económicos de los mismos. A través del delito de desabastecimiento de materias primas o productos de primera necesidad, del delito publicitario o del delito de facturación falsa se protege al consumidor en el ámbito penal.

**Regulación normativa:** artículos 281, 282, 282 bis y 283 CP.

**Jurisprudencia:** STS de 11 de septiembre de 2009 (*Tol* 1213905).

## CONTAMINACIÓN ACÚSTICA

El ruido aparece como uno de los elementos descriptivos del tipo objetivo de los delitos contra el medio ambiente. Desde un punto de vista jurídico, el inicio de la contaminación acústica surge cuando se traspasan los límites máximos tolerables para el ciudadano medio, y esos valores aparecen recogidos en las normas y reglamentaciones jurídicas, sin olvidar que la mera contravención administrativa no es suficiente para generar una conducta delictiva ya que se requiere un riesgo grave de afección del bien jurídico protegido.

Tres elementos configuran el concepto jurídico de ruido: la existencia de un sonido o vibraciones, su procedencia humana, es decir, provocada por la actividad del hombre, y su carácter molesto o nocivo. El ruido viene definido en la normativa comunitaria europea como el sonido exterior no deseado o nocivo generado por las actividades humanas, incluido el ruido emitido por los medios de transporte, por el tráfico rodado, ferroviario y aéreo y por emplazamientos de actividades industriales (Directiva 2002/49/CEE).

La Ley del Ruido 37/2003, de 17 de noviembre, opta por hablar de contaminación acústica que define como la presencia en el ambiente de ruidos o vibraciones, cualquiera que sea el emisor acústico que los origine, que impliquen molestia, riesgo, o daño para las personas, para el desarrollo de actividades o para los bienes de cualquier naturaleza, o que causen efectos significativos sobre el medio ambiente. Dentro del ambiente urbano ha adquirido especial relevancia en orden a establecer medios de control sobre su producción en orden a los derechos de los ciudadanos como la seguridad, la intimidad o la inviolabilidad del domicilio.

**Regulación normativa:** artículos 325, 327 y 328 CP.

**Jurisprudencia:** SSTS de 24 de febrero de 2003 (*Tol 265659*), de 2 de marzo de 2012 (*Tol 2489487*), de 28 de abril de 2016 (*Tol 5731272*); STSJ de Murcia de 15 de mayo de 2014 (*Tol 4281100*).

## CONTAMINACIÓN DE RECURSOS NATURALES

La contaminación de recursos naturales exige para ser considerada delito el concurso de los siguientes elementos:

1) una acción, definida como, "provocar" o "realizar" directa o indirectamente emisiones o vertidos, de cualquier clase, también ruidos, en la atmósfera, el suelo o las aguas terrestres o marítimas.

2) un elemento normativo, que consiste en la infracción de norma medioambiental, es decir norma protectora del medio ambiente, nacional, autonómica, local o bien de la Comunidad Económica Europea.

3) la producción de un resultado típico consistente en la creación de un riesgo de grave perjuicio para la salud de las personas o de causar daños sustanciales o perjudicar gravemente el equilibrio de los sistemas naturales.

4) el tipo subjetivo se integra por el conocimiento del grave riesgo originado por la conducta, activa u omisiva, en una gama que va desde la pura intencionalidad de causar el efecto al dolo eventual, según el nivel de representación de la alta probabilidad de que se produjera esa grave situación de peligro. En todo caso, el artículo 331 del Código penal prevé expresamente la posibilidad de que estos delitos se puedan cometer por imprudencia grave.

**Regulación normativa:** artículos 325, 327 y 328 CP.

**Jurisprudencia:** SSTS de 5 de noviembre de 2009 (*Tol 1769909*), de 14 de enero de 2016 (*Tol 5620985*); SAP de Madrid de 13 de enero de 2012 (*Tol 2436504*).

## CONTRABANDO

El contrabando consiste en importar o exportar mercancías de lícito comercio sin presentarlas para su despacho en las oficinas de aduanas o en los lugares habilitados por la Administración aduanera, en realizar operaciones de comercio, tenencia o circulación de mercancías no comunitarias de lícito comercio sin cumplir los requisitos legalmente establecidos para acreditar su lícita importación o destinar al consumo las mercancías en tránsito con incumplimiento de la normativa reguladora de este régimen aduanero, establecida en los artículos 62, 63, 103, 136, 140, 143, 144, 145, 146 y 147 del Reglamento (CE) n.º 450/2008, del Parlamento Europeo y del Consejo, de 23 de abril de 2008, por el que se establece el Código Aduanero Comunitario (Código Aduanero Modernizado), y sus disposiciones de aplicación, así como en el Convenio TIR de 14 de noviembre de 197, siempre que el valor de los bienes, mercancías, géneros o efectos sea igual o superior a 150.000 euros. Asimismo cometen delito de contrabando los que exporten o expidan bienes que integren el Patrimonio Histórico Español sin la autorización de la Administración competente cuando esta sea necesaria o realicen operaciones de importación, exportación, comercio, tenencia o circulación de géneros estancados o prohibidos, incluyendo su producción o rehabilitación, sin cumplir los requisitos establecidos en las leyes o de especímenes de fauna y flora silvestres y sus partes y productos, de especies recogidas en el Convenio de Washington, siempre que el valor de los bienes, mercancías, géneros o efectos sea igual o superior a 50.000 euros.

Cometen, asimismo, delito de contrabando cuando el objeto del mismo sean drogas tóxicas, estupefacientes, sustancias psicotrópicas, armas, explosivos, agentes biológicos o toxinas, sustancias químicas tóxicas y sus precursores, o cualesquiera otros bienes cuya tenencia constituya delito, o cuando el contrabando se realice a través de una organización, con independencia del valor de los bienes, mercancías o géneros. En el caso de tratarse de labores de tabaco el valor ha de ser igual o superior a 15.000 euros.

También comete delito de contrabando quien, en ejecución de un plan preconcebido o aprovechando idéntica ocasión, realiza una pluralidad de acciones u omisiones de las citadas anteriormente en las que el valor de los bienes, mercancías, géneros o efectos aisladamente considerados no alcance los límites cuantitativos de 150.000, 50.000 ó 15.000 euros, pero cuyo valor acumulado sea igual o superior a dichos importes.

**Regulación normativa:** LO 12/1995, de 2 de diciembre, de represión del contrabando, modificada por la LO 6/2011, de 30 de junio.

**Jurisprudencia:** SSTS de 22 de enero de 2008 (*Tol 1303032*), de 17 de septiembre de 2008 (*Tol 1384031*).

## COOPERACIÓN NECESARIA

La cooperación necesaria es una de las formas de favorecimiento del hecho ajeno.

Debe apreciarse la cooperación necesaria cuando se colabora con el ejecutor directo aportando una conducta sin la cual el delito no se habría cometido. Es decir, cuando se colabora de una manera decisiva de tal modo que sin esta aportación el delito sería difícilmente o imposible de cometer.

**Regulación normativa:** artículo 28.b) CP.

**Jurisprudencia:** STS de 22 de diciembre de 2009 (*Tol 1776373*); SAP de Asturias de 3 de junio de 2010 (*Tol 1905827*).

## COOPERADOR NECESARIO

El cooperador necesario es un participe que contribuye con su colaboración a la ejecución del hecho. Su aportación debe ser indispensable, precisándose dos elementos: acuerdo de voluntades.
contribución, activa u omisiva, pero eficaz y transcendente.
El cooperador necesario acredita su imprescindibilidad cuando dada la estructura del hecho delictivo se puede sostener, sin vacilaciones, que, si retira su aportación, la ejecución es imposible.

**Regulación normativa:** artículo 28.b) CP.

**Jurisprudencia:** SSTS de 2 de junio de 2021 (*Tol 8466272*), de 9 de enero de 2023 (*Tol 9339783*), de 18 de octubre de 2023 (*Tol 9750895*).

## COOPERADOR NO NECESARIO

*Vid.* Cómplice.

## CORRUPCIÓN DE MENORES

El delito denominado de "corrupción de menores" consiste en hacer participar a un menor de edad o a una persona con discapacidad necesitada de especial protección en un comportamiento de naturaleza sexual que perjudique su evolución o el desarrollo de su personalidad.

**Regulación normativa:** artículo 188 CP.

**Jurisprudencia:** SSTS de 13 de abril de 2010 (*Tol 1898653*), de 6 de mayo de 2010 (*Tol 1865071*), de 31 de mayo de 2016 (*Tol 5745574*), de 6 de mayo de 2021 (*Tol 8425321*).

## CORRUPCIÓN EN EL DEPORTE

El tipo penal de "corrupción en el deporte", "fraude deportivo" o "amaño de partidos" sanciona a los directivos, administradores, empleados o colaboradores de una entidad deportiva, así como a los deportistas, árbitros o jueces, respecto de las conductas que tengan por finalidad predeterminar o alterar de manera deliberada y fraudulenta el resultado de una prueba, encuentro o competición deportiva de especial relevancia económica o deportiva.

**Regulación normativa:** artículo 286 bis.4 CP.

**Jurisprudencia:** SAN de 11 de mayo de 2022 (*Tol 8985065*); STS de 13 de enero de 2023, "caso Osasuna", (*Tol 9372795*); SAP de Navarra de 23 de abril de 2020 (*Tol 7920126*); SAP de Valencia de 29 de diciembre de 2020 (*Tol 8266662*); SAP de Barcelona de 12 de diciembre de 2022 (*Tol 9312941*).

## CORRUPCIÓN EN LOS NEGOCIOS

Se trata del pago de sobornos para obtener ventajas competitivas. La idea principal en este ámbito es que la garantía de una competencia justa y honesta pasa por la represión de los actos encaminados a corromper a los administradores de entidades privadas de forma similar a lo que se hace a través del delito de cohecho, porque con estos comportamientos, que exceden de la esfera de lo privado, se rompen las reglas de buen funcionamiento del mercado. La importancia del problema es grande si se repara en la repercusión que pueden tener las decisiones empresariales, no solo para sus protagonistas inmediatos, sino para otras muchas personas.

Obviamente, las empresas públicas o las empresas privadas que presten servicios públicos serán sometidas a la disciplina penal del cohecho obviando, por voluntad legal, la condición formal de funcionario que ha de tener al menos una de las partes.

**Regulación normativa:** artículo 286 bis a 286 quáter CP.

**Jurisprudencia:** AAN de 26 de octubre de 2015 (*Tol 5619582*); STS de 22 de abril de 2021 (*Tol 8431924*); SAP de Barcelona de 23 de febrero de 2010 (*Tol 1852082*).

## CORRUPCIÓN PÚBLICA

La Comunicación de la Comisión al Parlamento Europeo y al Consejo sobre una política de la Unión en materia de lucha contra la corrupción, de 21 de mayo de 1996, en su punto 2 define la corrupción pública como "todo abuso de poder o irregularidad cometida en un proceso de decisión a cambio de un incentivo o ventaja indebidos".

La corrupción pública empieza cuando el poder que ha sido entregado por el Estado a una persona a título de administrador público —o sea, para gestionarlo de acuerdo con los intereses generales— no se utiliza correctamente al desviarse su ejercicio, defraudando la confianza de sus mandantes, para obtener un enriquecimiento personal.

## COSTAS PROCESALES

Las costas procesales son todos los gastos judiciales que resultan imprescindibles para el avance y desarrollo del proceso. Las costas procesales comprenden los derechos e indemnizaciones ocasionados en las actuaciones judiciales, e incluyen siempre los honorarios de la acusación particular en los delitos solo perseguibles a instancia de parte. El sujeto responsable del pago de las costas procesales es el condenado.

**Regulación normativa:** artículos 123 y 124 CP; artículos 239 a 246 LECrim.

**Jurisprudencia:** STS de 20 de febrero de 2006 (*Tol 862878*).

## CREACIÓN DE UN GRAVE RIESGO PARA LA CIRCULACIÓN

Se trata de menoscabar las condiciones de uso de la vía a través de un comportamiento capaz de crear un grave riesgo para la circulación. El riesgo ha de ser ocasionado a través de: colocación de obstáculos imprevisibles, derramamiento de sustancias inflamables o deslizantes, mutación, sustracción o anulación de las señales o de cualquier otro medio. Por ejemplo, arrojar piedras desde un paso elevado sobre una autopista.

Asimismo, se contempla una segunda modalidad típica capaz de crear un grave riesgo para la circulación consistente en no desplegar la actividad demandada para reponer la vía a las condiciones de seguridad exigibles.

**Regulación normativa:** artículo 385 CP.

**Jurisprudencia:** SAP de La Coruña de 8 de noviembre de 2010 (*Tol 2037321*).

## CRIMINOLOGÍA

La criminología es una ciencia empírica e interdisciplinar que tiene por objeto el crimen, el delincuente, la

víctima y el control social del comportamiento delictivo, y que aporta una información válida, contrastada y
fiable sobre la génesis, dinámica y variables del crimen,
así como su prevención eficaz, las formas y estrategias de
reacción al mismo y las técnicas de intervención positiva
en el infractor.

## CUERPO DEL DELITO

Por cuerpo del delito debe entenderse según la rúbrica
general que antecede al artículo 334 de la Ley de Enjuiciamiento Criminal: las armas, instrumentos o efectos de cualquier clase que puedan tener relación con el
delito y se hallen en el lugar en que este se cometió, en
sus inmediaciones, en poder del reo o en otra parte. Este
concepto procesal amplio, que viene a mezclar el cuerpo y los instrumentos, precisa de una mayor concreción
técnica y así la doctrina considera, bien que son todas las
materialidades relativamente permanentes sobre las cuales o mediante las cuales se cometió el delito, así como
también cualquier otra cosa que sea efecto inmediato del
delito mismo o que se refiera a él de tal modo que pueda
ser utilizado para su prueba.

El verdadero cuerpo del delito doctrinalmente sería la
persona o cosa objeto del delito. Más moderadamente se
distingue entre cuerpo material del delito, sobre el que
recae este; cuerpo del delito accidental, que se incorpora
a los autos como piezas de convicción; cuerpo del delito
por situación que tienen relación con el mismo, por el

lugar, por entrar en el mismo sitio del delito, en las inmediaciones, en poder del reo o de tercero.

La jurisprudencia apenas ha tenido ocasión de pronunciarse en general, haciéndolo sobre delitos concretos: en el hurto, el que se aprovecha de la leña cortada, el que adquiere libros y manuscritos procedentes de sustracción, o alhajas, metales, abrigos, caballerías hurtadas. En el robo, los títulos robados, la cantidad robada. En el delito de homicidio, el cadáver, viniendo así a sostener la noción legal procesal de los artículos 334 y siguientes de la Ley de Enjuiciamiento Criminal.

**Regulación normativa**: artículos 334 a 367 LECrim.

**Jurisprudencia:** STS de 8 de junio de 2010 (*Tol* 1877823).

## CULPA

El concepto de culpa se vincula con la voluntaria omisión del deber de cuidado que debe ser observado por toda persona medianamente prudente y diligente, en el desenvolvimiento y desarrollo de una actividad social estimada como peligrosa y de la que puede derivarse causalmente una lesión o daño, que resulte objetivamente previsible para cualquier persona normal.

El término "culpa" no debe confundirse con el término "culpabilidad" que se exige para poder responder por un delito.

## CULPA CONSCIENTE

Existe culpa consciente cuando el autor no se representa como probable la producción del resultado, porque confía en que no se originará, debido a la pericia que despliega en su acción o la inidoneidad de los medios para causarlo. En otras palabras: obra con culpa consciente quien reconoce el peligro de la situación, pero confía en que no dará lugar al resultado lesivo. Si el sujeto deja de confiar en ello, concurre ya el dolo eventual (*Vid.* Dolo eventual).

En la culpa consciente no se acepta como probable el hipotético daño, debido a la pericia que el agente cree desplegar, o bien confiando en que los medios son inidóneos para producir aquél, aún previendo conscientemente el mismo.

**Jurisprudencia:** STS de 20 de mayo de 2004 (*Tol 448671*); SAP de Ciudad Real de 11 de enero de 2012 (*Tol 2504460*); SAP de Barcelona de 23 de abril de 2012 (*Tol 2549556*).

## CULPA INCONSCIENTE

La culpa inconsciente supone que no solo no se quiere el resultado lesivo, sino que ni siquiera el sujeto prevé su posibilidad al no advertir el peligro. El autor no prevé la producción del resultado, pero lo hubiera podido prever si hubiera actuado con la diligencia debida.

## CULPABILIDAD

La culpabilidad consiste en la infracción de las obligaciones personales impuestas por el Derecho. La idea de culpabilidad expresa el reproche que el Derecho atribuye a una persona por haber infringido las normas jurídicas, ya sea a título de dolo o de culpa.

**Regulación normativa**: artículo 5 CP.

## CUMPLIMIENTO DE UN DEBER Y EJERCICIO LEGÍTIMO DE UN DERECHO, OFICIO O CARGO

La eximente de cumplimiento de un deber y ejercicio legítimo de un derecho, oficio o cargo constituye una cláusula de cierre del total sistema jurídico que impide que la aplicación de preceptos normativos que establecen deberes, derechos o funciones sociales pueda verse confrontada con la incidencia en figuras típicas penales. Es totalmente lógico que, cuando se actúe en cumplimientos de esos deberes, derechos o funciones, los que los ejerciten no se encuentren implicados en una situación definida como antijurídica y punible.

El cumplimiento de un deber y el ejercicio legítimo de un derecho, oficio o cargo es una eximente que exige para su aplicación los requisitos siguientes:

1) que el sujeto activo sea una autoridad o un funcionario público autorizado por las disposiciones correspon-

dientes a hacer uso de medios violentos en el ejercicio de los deberes de su cargo.

2) que el posible delito se haya producido en el ejercicio de las funciones del cargo correspondiente.

3) que para el cumplimiento del deber concreto en cuyo ámbito está desarrollando su actividad, le sea necesario hacer uso de la violencia (necesidad en abstracto), porque, sin tal violencia, no le sería posible cumplir con la obligación que en ese momento le incumbe.

Si falta cualquiera de estos tres primeros requisitos que constituyen la esencia de esta eximente, no cabe su aplicación, ni siquiera como eximente incompleta.

4) que la violencia concreta utilizada sea la menor posible para la finalidad pretendida, esto es, por un lado, que se utilice el medio menos peligroso y, por otro lado, que ese medio se use del modo menos lesivo posible, todo ello medido con criterios de orden relativo, es decir, teniendo en cuenta las circunstancias concretas del caso, entre ellas las posibilidades de actuación de que dispusiera el agente de la autoridad (necesidad en concreto).

5) proporcionalidad de la violencia utilizada en relación con la situación que origina la intervención de la fuerza pública.

**Regulación normativa**: artículo 20.7.º CP.

**Jurisprudencia:** SSTS de 15 de enero de 2003 (*Tol 254131*), de 20 de diciembre de 2007 (*Tol 1245310*).

## CYBERBULLING

El término *cyberbulling* es una extensión del acoso en los medios tecnológicos, por teléfono o por internet, por el cual una persona, el acosador, trata de minar y socavar la autoestima de otra persona, el acosado o *bullied*, enviándole mensajes amenazantes, intimidatorios o chantajistas a través de servicios de e-mail o mensajería instantánea —tipo chat o messenger—, sms o las redes sociales.

Se trata, por tanto, de una conducta agresiva e intencional llevada a cabo por un individuo o por un grupo, mediante el uso de dispositivos electrónicos, de manera repetida y a lo largo del tiempo sobre una víctima que no puede defenderse por sí misma fácilmente.

# D

## DÁDIVA

El concepto de dádiva, a efectos del delito de cohecho, no se debe entender como sinónimo de regalo, sino como ventaja obtenida por el funcionario a cambio de un acto del servicio de su competencia o contrario a sus deberes funcionariales. Este concepto de dádiva se vincula con el bien jurídico que protegen estos delitos: la confianza en la objetividad de las decisiones de los funcionarios y en su no venalidad. Es indudable entonces que este bien jurídico resulta lesionado cuando el funcionario recibe ventajas patrimoniales, o de otra especie, que aparecen a los ojos de los ciudadanos como contrapartida por prestaciones consistentes en actuaciones públicas propias o no de su competencia.

Como es obvio este concepto de dádiva no requiere ni carácter definitivo de la ventaja, en el sentido de regalo, ni clandestinidad y ocultamiento. Por lo tanto, un préstamo gratuito de dinero cuyo importe es ingresado en la cuenta corriente del autor, cumple totalmente con las exigencias del concepto de dádiva.

**Jurisprudencia:** STS de 6 de noviembre de 1993 (*Tol 401697*).

## DAÑOS

Por daño se entiende no sólo la destrucción total o parcial de la cosa, o la inutilización o la falta de funcionalidad de la misma, sino también todo deterioro o menoscabo de la cosa evaluable económicamente, es decir, por daños hay que entender toda destrucción, deterioro o menoscabo que se produce en una cosa, con evidente ánimo de dañar y que motiva en el titular de la misma un perjuicio patrimonial.

Los elementos precisos para su existencia son:

1) una acción realizada por el sujeto activo.

2) la intención o voluntad por parte del sujeto activo consistente en menoscabar o causar un perjuicio en un bien o un objeto de propiedad ajena.

3) la producción o la causación de un resultado dañoso.

4) una relación de causalidad directa y eficaz entre la acción llevada a cabo por el sujeto y el resultado dañoso.

**Regulación normativa**: artículos 263 a 267 CP.

**Jurisprudencia:** STS de 17 de abril de 2009 (*Tol 1514420*); SAP de Albacete de 15 de junio de 2010 (*Tol 1908851*).

## DEBER OBJETIVO DE CUIDADO

Es el cuidado exigido en la vida social para la realización de la conducta peligrosa de que se trate como, por ejemplo, conducir un vehículo a motor.

## DEBER SUBJETIVO DE CUIDADO

Es el deber objetivo de cuidado individualizado conforme a las circunstancias del caso concreto y a los conocimientos, previsibilidad y capacidades del sujeto en cuestión.

## DECOMISO

La Ley Orgánica 1/2015 ha procedido a la sustitución del término "comiso" por el término "decomiso". El decomiso es una consecuencia accesoria prevista en el artículo 127 del Código penal que consiste en una expropiación judicial que recae sobre los efectos y los instrumentos del delito y que puede ser adoptada como medida cautelar durante la instrucción sumarial o como

pena accesoria en la sentencia de condena. El decomiso
nunca puede ser desproporcionado.

El fundamento de esta consecuencia accesoria no ha sido
puesto en cuestión en la medida que es absolutamente
lógico desposeer al delincuente de los objetos obtenidos
mediante el delito y confiscarle los instrumentos empleados para su comisión. Cuestión distinta es la ampli-
tud que el legislador, sobre todo como consecuencia de
la delincuencia económica moderna, ha establecido en
los últimos tiempos en relación con el mismo.

Se distingue entre:

1) el decomiso directo: decomiso de bienes, medios o
instrumentos con que se haya preparado o ejecutado el
delito, así como las ganancias que provengan del mismo.

2) el decomiso ampliado: se caracteriza porque los bienes o efectos decomisados provienen de otras actividades ilícitas del sujeto condenado, distintas a los hechos
por los que se le condena y que no han sido objeto de
una prueba plena.

3) el decomiso sin condena: cuando no se puede llegar a
la condena por causas distintas, pero queda acreditada la
situación patrimonial ilícita.

4) el decomiso de bienes de terceros: bienes, efectos o ganancias de terceros que los hayan adquirido conociendo
su origen ilícito o cuando hubieran podido sospechar el
mismo de haber actuado de forma diligente.

**Regulación normativa:** artículos 127, 127 bis, 127
ter y 127 quater CP.

**Jurisprudencia:** SSTS de 7 de enero de 2009 (*Tol 1432466*), de 8 de marzo de 2010 (*Tol 1818177*), de 27 de mayo de 2010 (*Tol 1884649*).

## DEFORMIDAD

El concepto de deformidad al que se refieren los artículos 149 —deformidad grave— y 150 —deformidad sin adjetivos— del Código penal viene configurado por los siguientes elementos:

1) irregularidad física, es decir, anomalía en el cuerpo del lesionado.

2) permanente, esto es, que continúe después de la curación de las lesiones correspondientes y sin perspectiva de que pudiera desaparecer. No es obstáculo para la concurrencia de este elemento el que haya sido eliminada la deformidad por medio de intervención quirúrgica o que pudiera serlo con la que en el futuro pudiera realizarse.

3) visible en el sentido de que pueda detectarse a simple vista, aunque se encuentre en un lugar habitualmente cubierto por la vestimenta del sujeto.

4) tal irregularidad física, permanente y visible ha de tener una cierta entidad cuantitativa, de modo que produzca una desfiguración o fealdad, para lo cual ordinariamente habrá de considerarse el lugar del cuerpo en el que se encuentra.

Se considera irrelevante la edad, el sexo, la profesión u otras circunstancias personales de la víctima, para determinar si esta deformidad existe o no a los efectos de su inclusión en los artículos 149 ó 150 del Código penal, circunstancias que podrán tener su importancia a la hora de determinar la cuantía de la correspondiente responsabilidad civil.

**Regulación normativa:** artículos 149 y 150 CP.

**Jurisprudencia:** SSTS de 9 de abril de 2003 (*Tol 276418*), de 15 de octubre de 2004 (*Tol 506916*), de 4 de abril de 2014 (*Tol 4218676*), de 30 de junio de 2016 (*Tol 5775455*); SAP de Las Palmas de 8 de mayo de 2007 (*Tol 1160930*).

## DEFRAUDACIÓN A LA SEGURIDAD SOCIAL

La defraudación a la Seguridad Social consiste:

1) en primer lugar, en la acción u omisión del sujeto activo tendente a eludir el pago de las cuotas de la Seguridad Social y conceptos de recaudación conjunta, obtener indebidamente devoluciones de las mismas o disfrutar de deducciones por cualquier concepto de forma indebida. El término elusión ha de ser entendido como incumplimiento del deber de satisfacer la cuota debida a la Seguridad Social dejando a la Tesorería de la misma en desconocimiento de los datos o hechos que fundamentan su devengo y cuantía.

Para que la defraudación a la Seguridad Social constituya delito la cuantía de las cuotas defraudadas o de las devoluciones o deducciones indebidas han de exceder de 50.000 euros.

2) en segundo lugar, en obtener el disfrute de prestaciones del sistema de la Seguridad Social, prolongar indebida-

mente el mismo o facilitar a otros su obtención, por medio del error provocado mediante la simulación o tergiversación de hechos, o la ocultación consciente de hechos de los que tenía el deber de informar, causando con ello un perjuicio a la Tesorería General de la Seguridad Social.

**Regulación normativa:** artículos 307, 307 bis y 307 ter CP.

**Jurisprudencia:** SSTS de 15 de noviembre de 2007 (*Tol 1235269*), de 27 de octubre de 2009 (*Tol 1768823*), de 5 de octubre de 2017 (*Tol 6388474*), de 22 de abril de 2021 (*Tol 8416633*); SAP de Las Palmas de 23 de diciembre de 2004 (*Tol 519315*); SAP de Barcelona de 7 de diciembre de 2006 (*Tol 1081061*).

## DEFRAUDACIÓN TRIBUTARIA

La defraudación tributaria consiste en la acción u omisión del sujeto activo tendente a eludir el pago de los tributos, cantidades retenidas o que se hubieran debido de retener o ingresos a cuenta de retribuciones en especie, obtener indebidamente devoluciones o disfrutar de beneficios fiscales de la misma forma.

Para que la defraudación tributaria constituya delito la cuantía de la cuota defraudada, el importe no ingresado de las retenciones o ingresos a cuenta o de las devoluciones o beneficios fiscales indebidamente obtenidos o disfrutados han de exceder de 120.000 euros.

**Regulación normativa:** artículos 305 y 305 bis CP.

**Jurisprudencia:** SSTS de 6 de octubre de 2006 (*Tol 1014240*), de 29 de septiembre de 2009 (*Tol 1627864*), de 9 de junio de 2016 (*Tol 5745426*); SAP de Valencia de 10 de noviembre de 2009 (*Tol 1721345*); SAP de Barcelona de 29 de diciembre de 2017, "caso Palau", (*Tol 6473659*).

## DEFRAUDACIONES DE FLUIDO ELÉCTRICO Y ANÁLOGAS

El Código penal castiga la defraudación, entre otros elementos, de energía eléctrica, gas, agua, telecomunicaciones, siempre que para ello se utilice alguno de los medios siguientes:

1) valiéndose el sujeto activo de mecanismos instalados para realizar la defraudación.

2) alterando maliciosamente las indicaciones o aparatos contadores.

3) empleando cualesquiera otros medios clandestinos.

Así, por ejemplo, constituye un delito de defraudación de fluido eléctrico y análogas el enganchar la luz particular al alumbrado público.

**Regulación normativa**: artículo 255 CP.

**Jurisprudencia:** SAP de León de 20 de enero de 2005 (*Tol 554949*); SAP de Jaén de 21 de mayo de 2009 (*Tol 1454678*); SAP de Valladolid de 12 de septiembre de 2011 (*Tol 2259031*).

## DELITO

El delito es la conducta castigada por la Ley con una pena. El Código penal define el delito como la acción u omisión dolosa o imprudente penada por la Ley. La definición que maneja la doctrina es la siguiente: toda conducta humana externa, típica, antijurídica y culpable. El delito presupone la existencia de una voluntad que puede exteriorizarse en un hacer o en no hacer, o, lo que es lo mismo, en una acción o una omisión, por ello, tanto la doctrina científica como la jurisprudencia han venido reconociendo la inexistencia de delito en los supuestos de falta de acto, entendido este en su acepción omnicomprensiva de las acciones y omisiones, como acontece en aquellos supuestos en los que habiéndose producido un resultado dañoso o lesivo que tenga por causa un movimiento corporal humano este carezca de significación jurídico penal por deberse más que a un impulso anímico a un estímulo fisiológico o corporal sin intervención de la conciencia, por haberse producido la transmisión del estímulo de un centro sensorio a uno motor generador del movimiento corporal o dando lugar a los llamados actos reflejos o acciones en «corto circuito», como acontece, entre otros, en los supuestos de reacciones instintivas ante el terror o el dolor.

**Regulación normativa**: artículo 10 CP.

**Jurisprudencia:** STS de 23 de septiembre de 1983 (*Tol* *6494*).

## DELITO COMPUESTO

El delito compuesto es aquel cuya consumación requiere la realización de varias acciones. Por ejemplo, el delito de robo con violencia o intimidación en las personas es un delito compuesto que exige la concurrencia de dos o más acciones: la sustracción de una cosa mueble y la violencia o intimidación en las personas.

## DELITO COMÚN

Se habla de delito común cuando su autor puede ser cualquier persona. Por ejemplo, el homicidio es un delito común ya que cualquier persona puede matar a otro al no exigir el tipo penal cualidad alguna en el sujeto activo para cometer el homicidio.

**Jurisprudencia:** STS de 25 de mayo de 2004 (*Tol 448609*).

## DELITO CONTINUADO

Estamos en presencia de un delito continuado cuando una pluralidad de acciones que en sí mismas ya tienen sentido típico son aunadas bajo una sola denominación dotada de sentido típico propio.

La construcción del delito continuado se sustenta sobre: pluralidad de acciones con un mismo sujeto activo.

2) un dolo unitario o designio único derivado de un plan preconcebido, o aprovechamiento de idéntica ocasión.

3) homogeneidad en la lesión del bien jurídico protegido.

4) semejanza del precepto penal violado y

5) conexión espaciotemporal.

Por ejemplo, comete un delito de hurto continuado el cajero de un banco que se apropia en distintas ocasiones de diferentes cantidades, siguiendo un designio unitario o bien aprovechando circunstancias parecidas.

**Regulación normativa**: artículo 74 CP.

**Jurisprudencia:** SSTS de 13 de junio de 2003 (*Tol 294360*), de 10 de junio de 2010 (*Tol 1883826*), de 3 de mayo de 2016 (*Tol 5718351*); SAP de Alicante de 27 de febrero de 2008 (*Tol 1415541*).

## DELITO DE ACCIÓN

Se denominan delitos de acción aquéllos en que la ley prohíbe la realización de una conducta que se estima nociva. La violación es un delito de acción.

**Jurisprudencia:** STS de 5 de junio de 2009 (*Tol 1554234*).

## DELITO DE CONVERGENCIA

Se denomina delito de convergencia a la conducta delictiva en la que concurren dos o más personas para conseguir el mismo objeto ilícito. Por ejemplo, la delincuencia organizada es un delito de convergencia.

## DELITO DE LESA HUMANIDAD

El delito de lesa humanidad fue introducido en el Código penal español por la Ley Orgánica 15/2003. Se define como un delito contra la comunidad internacional y se compone de una serie de conductas básicas, de las cuales la causación dolosa de la muerte de otra persona o las detenciones ilegales, ya eran delictivas como delitos ordinarios con anterioridad. Su elevación a la naturaleza de delitos contra la comunidad internacional encuentra justificación en las circunstancias añadidas que integran el elemento de contexto y que son, según el artículo 607 bis del Código penal: el que los hechos concretos se cometan como parte de un ataque generalizado y sistemático contra la población civil o una parte de ella, o bien cuando se cometan por razón de la pertenencia de la víctima a un grupo o colectivo perseguido por motivos políticos, raciales, nacionales, étnicos, culturales, religiosos, de género, discapacidad u otros motivos universalmente reconocidos como inaceptables con arreglo al derecho internacional o bien, se cometan en el contexto de un régimen institucionalizado de opresión y dominación sistemáticas de un grupo racial sobre uno o más grupos raciales y con la intención de mantener ese régimen.

De todos modos, las circunstancias descritas, muy similares a las contenidas en los instrumentos internacionales, superpuestas a hechos ya de por sí constitutivos de delitos, son las que convierten a estos en crímenes contra la Humanidad, incrementando el contenido de injusto, lo que repercute en una mayor pena; planteando la cuestión de su imprescriptibilidad; y permitiendo afirmar que los Estados deben proceder a su persecución y castigo.

**Regulación normativa**: artículo 607 bis CP.

**Jurisprudencia:** STS de 1 de octubre de 2007 (*Tol 1584858*); SAN de 19 de abril de 2005 (*Tol 642226*).

## DELITO DE LESIÓN

Cuando el tipo penal requiere la lesión del bien jurídico protegido se alude a delito de lesión. Este tipo de delitos se caracterizan por destruir, menoscabar o lesionar el bien jurídico protegido por el tipo. Ejemplo de delito de lesión es el homicidio.

**Jurisprudencia:** SSTS de 4 de julio de 2003 (*Tol 305494*), de 5 de julio de 2005 (*Tol 697824*).

## DELITO DE MEDIOS DETERMINADOS

Es aquel delito en el que el legislador ha acotado expresamente las modalidades comisivas. Por ejemplo, es un delito de medios determinados la estafa donde el legislador exige que la acción se concrete en forma de engaño, o el robo con fuerza en las cosas que solo cabe realizarlo si se emplea alguna de las formas de fuerza que se describen en el artículo 238 del Código penal.

## DELITO DE MERA ACTIVIDAD

Es aquel tipo penal cuya descripción y contenido material se agota en la realización de una conducta, sin que se precise la producción de un resultado separado espacio-temporalmente de esta.

Los delitos de mera actividad no admiten las formas imperfectas de comisión.

Por ejemplo, el delito de allanamiento de morada es un delito de mera actividad porque el tipo solo exige la realización de la acción típica, esto es, la entrada o permanencia en domicilio ajeno contra la voluntad de su propietario.

**Jurisprudencia:** SSTS de 7 de mayo de 2008 (*Tol 1370019*), de 27 de octubre de 2017 (*Tol 6413682*), de 1 de octubre de 2023 (*Tol 9740801*); SAP de Valencia de 2 de marzo de 2009 (*Tol 1579496*).

## DELITO DE OMISIÓN

Son delitos de omisión aquéllos en que se ordena actuar en un determinado sentido que se considera beneficioso y se castiga el no hacerlo. Los delitos de omisión pueden ser de omisión propia o de omisión impropia.

Los delitos de omisión de mera actividad reciben el nombre de delitos de omisión propia o pura, pues en ellos se describe solo un no hacer independientemente de si de ese no hacer se sigue o no un resultado. Ejemplo de delito de omisión propia es el delito de omisión del deber de socorro.

Por el contrario, los delitos de omisión en que se ordena evitar un determinado resultado se denominan de omisión impropia o de comisión por omisión.

**Jurisprudencia:** STS de 10 de marzo de 2005 (*Tol 622929*); SAP de Castellón de 25 de noviembre de 2009 (*Tol 1783275*).

## DELITO DE PELIGRO

La denominación «delito de peligro» sirve para designar aquella acción prevista en el ordenamiento jurídico penal de la que es probable que pudiera resultar lesionado el correspondiente bien jurídico, no siendo necesario, por tanto, que esa lesión se llegue a verificar en la realidad.

El delito de peligro es, en definitiva, aquel tipo penal cuyo contenido de injusto reside en la creación de un riesgo para un bien jurídico y no en la producción de un daño. La finalidad perseguida mediante los delitos de peligro es evitar la producción de daños catastróficos e irreparables, por ello mismo el legislador no espera para intervenir a que se produzca el daño o la lesión, sino que adelanta su intervención al momento de la aparición concreta del peligro o, incluso, a la simple realización de la conducta considerada normativamente peligrosa.

Los delitos de peligro admiten, al menos, dos formas: delitos de peligro concreto y de peligro abstracto.

**Jurisprudencia:** STS de 4 de noviembre de 2009 (*Tol 1747871*); SAP de Córdoba de 9 de diciembre de 2008 (*Tol 1624945*).

## DELITO DE PELIGRO ABSTRACTO

En los delitos de peligro abstracto, el peligro constituye la razón que induce al legislador a criminalizar una determinada conducta, a pesar de que el tipo penal no exige un peligro como elemento típico. Si en los delitos de peligro concreto el tipo requiere como resultado de la acción la proximidad de una concreta lesión, en los delitos de peligro abstracto, por el contrario, no se exige tal resultado de proximidad de una lesión de un concreto bien jurídico, sino que basta la peligrosidad de la conducta. Ejemplo de delito de peligro abstracto es la conducción bajo la influencia de bebidas alcohólicas.

**Jurisprudencia:** SSTS de 17 de noviembre de 1997 (*Tol 407795*), de 19 de mayo de 2003 (*Tol 275626*), de 15 de diciembre de 2003 (*Tol 345084*).

## DELITO DE PELIGRO CONCRETO

El delito de peligro concreto es aquel en el que la exigencia del peligro para un bien jurídico determinado viene contenida en la literalidad del propio tipo penal, como elemento expreso que lo configura. En los delitos de peligro concreto son dos los elementos que generalmente se emplean en su caracterización: la presencia expresa del peligro en la literalidad del tipo y, en consecuencia, la necesaria labor del Juez de verificarlo en cada caso particular. Ejemplo de delito de peligro concreto es la conducción temeraria que exige el concreto peligro para la vida o integridad física de las personas

**Jurisprudencia:** STS de 3 de diciembre de 2007 (*Tol 1223041*); SAP de Barcelona de 21 de enero de 2003 (*Tol 295515*); SAP de Madrid de 21 de marzo de 2012 (*Tol 2511597*).

## DELITO DE PELIGRO HIPOTÉTICO

Una tercera categoría de delitos de peligro la integran los denominados delitos de peligro abstracto-concreto o también llamados delitos de peligro hipotético. En estas modalidades delictivas de peligro hipotético o potencial no se tipifica en sentido propio un resultado concreto de peligro, sino un comportamiento idóneo para producir peligro para el bien jurídico protegido. En estos supuestos la situación de concreto peligro no es elemento del tipo, pero sí lo es la idoneidad del comportamiento realizado para producir dicho peligro. Un ejemplo de delito de peligro hipotético es el artículo 365 del Código penal sobre adulteración de aguas potables o sustancias alimenticias con sustancias infecciosas u otras que puedan ser gravemente nocivas para la salud.

**Jurisprudencia:** SSTS de 1 de abril de 2003 (*Tol 276405*), de 7 de octubre de 2003 (*Tol 316505*).

## DELITO DE PROPIA MANO

Los delitos de propia mano exigen contacto corporal —como sucede en el acceso carnal en el delito de violación— o la realización personal del tipo —como sucede en la conducción bajo la influencia de bebidas alcohólicas—. Los delitos de propia mano son, por tanto, aquellos en los que solo pueden ser autores propiamente dichos quienes realizan una determinada acción corporal o personal, sin perjuicio de que puedan existir partícipes en sentido amplio a título de inductores, cooperadores necesarios o cómplices (no coautores ni autores mediatos), lo mismo que ocurre con los conocidos como delitos especiales propios (por ejemplo, los delitos genuinos de los funcionarios públicos, como la prevaricación).

**Jurisprudencia:** SSTS de 2 de marzo de 2006 (*Tol 867082*), de 14 de julio de 2010 (*Tol 1908803*).

## DELITO DE RESULTADO

El delito de resultado requiere que la acción vaya seguida de la causación de un resultado separable espacio-temporalmente de la conducta.

Los delitos de resultado admiten, a diferencia de los delitos de mera actividad, las formas imperfectas de ejecución, al concurrir una acción que produce una modificación de una situación preexistente, el resultado típico. Por ejemplo, el homicidio es un delito de resultado al exigir el resultado "muerte".

**Jurisprudencia:** SSTS de 25 de mayo de 2004 (*Tol 448609*), de 23 de enero de 2009 (*Tol 1441108*), de 27 de octubre de 2017 (*Tol 6413682*).

## DELITO DE RESULTADO CORTADO

Es aquel delito en el que la intención del autor al ejecutar la acción típica se dirige a realizar un resultado independiente de él, no siendo necesario que el resultado perseguido llegue a producirse efectivamente.

Un ejemplo de delito de resultado cortado es el delito contra la propiedad intelectual que se consuma tan pronto se realiza una actividad inserta en el ciclo de distribución del producto, no requiriendo ni la venta efectiva del objeto, ni siquiera la efectiva puesta a disposición del público.

**Jurisprudencia:** SSTS de 21 de diciembre de 2001 (*Tol 130130*), de 18 de enero de 2019 (*Tol 6999073*).

## DELITO DE TENDENCIA

En los delitos de tendencia el sujeto actúa con el fin de que se produzca un resultado ulterior. Así, por ejemplo, el delito de estafa.

## DELITO ESPECIAL

Delito especial es aquel que exige que el ejecutor reúna una cualificación específica para poder ser autor, esto es, el sujeto activo del delito especial solo puede serlo aquella persona que, además de realizar la acción típica, tenga las cualidades exigidas en el tipo. Por ejemplo, un funcionario público respecto al delito de malversación de caudales públicos.

Los delitos especiales se dividen en propios e impropios. Son delitos especiales propios los que describen una conducta que solo es punible a título de autor si es realizada por ciertos sujetos, de modo que los demás que la ejecuten no puedan ser autores ni de este ni de ningún otro delito común que castigue para ellos la misma conducta. Es un delito especial propio, por ejemplo, la prevaricación judicial.

Por el contrario, los delitos especiales impropios guardan correspondencia con un delito común, del que puede ser autor el sujeto no cualificado que realiza la acción. Por ejemplo, el delito de malversación de caudales públicos por parte de funcionario público. En el supuesto de una persona no funcionario que sustrae dinero público cometerá un delito de apropiación indebida.

**Jurisprudencia:** STS de 11 de julio de 2008 (*Tol 1353103*); SAP de Madrid de 24 de febrero de 2010 (*Tol 1866312*).

## DELITO GRAVE

El delito grave es aquel que la ley castiga con pena grave (*Vid.* Pena grave).

**Regulación normativa**: artículo 13.1 CP.

## DELITO IMPOSIBLE

El delito imposible es cuando:
1) los medios utilizados no son los adecuados para ejecutar el hecho. Por ejemplo, pretender matar a alguien con una

pistola de juguete, verter una cantidad insuficiente de veneno en la bebida de la víctima. En estos casos es imposible la ejecución por la propia idoneidad de los medios utilizados. 2) se actúa sobre la inexistencia de objeto. Por ejemplo, querer matar a un cadáver. Es imposible la ejecución de matar a alguien que ya está muerto.

**Jurisprudencia:** STS de 30 de marzo de 2021 (*Tol* 8381506).

## DELITO LEVE

El delito leve es aquel que la ley castiga con pena leve (*Vid*. Pena leve).

**Regulación normativa**: artículo 13.3 CP.

**Jurisprudencia:** STS de 31 de mayo de 2017 (*Tol* 6155987); SAP de Madrid de 27 de enero de 2021 (*Tol* 8496930).

## DELITO MASA

El delito masa concurre cuando las infracciones contra el patrimonio revisten notoria gravedad y perjudican a una generalidad de personas.
Las premisas de aplicación del delito masa son, por tanto, dos:
1) una generalidad de personas.
2) notoria gravedad del perjuicio.

La doctrina ha interpretado esa generalidad de personas como mayoría o muchedumbre, realzando más el término en su contenido indeterminado que en el de pluralidad de personas; es decir, no solo debe haber un gran número de personas, sino también que estén indeterminadas precisamente por ello.

Se aprecia el delito masa en supuestos de estafas inmobiliarias, el caso de las preferentes, etc.

**Regulación normativa**: artículo 74.2 CP.

**Jurisprudencia:** STS de 25 de noviembre de 2004 (*Tol 544300*); SAP de La Rioja de 8 de abril de 2008 (*Tol 1376297*).

## DELITO MENOS GRAVE

El delito menos grave es aquel que la ley castiga con pena menos grave (*Vid*. Pena menos grave).

**Regulación normativa**: artículo 13.2 CP.

## DELITO MIXTO O ALTERNATIVO

Es aquel delito en el que el tipo contiene, bajo la misma pena, diversas modalidades de conducta, bastando que se realice una de ellas. Por ejemplo, es un delito mixto o alternativo el delito de allanamiento de morada que prevé dos conductas: entrar y mantenerse.

## DELITO PERMANENTE

Es aquel delito que una vez consumado se perpetúa en el tiempo, siendo un único delito. Ejemplos: detenciones ilegales, sustracción de menores.

Una vez producida la consumación, el comportamiento típico, omisivo o activo, continúa realizándose ininterrumpidamente. Así, en el caso del delito de secuestro, hasta poner en libertad al secuestrado o víctima.

**Jurisprudencia:** STS de 21 de mayo de 2021 (*Tol 8519695*).

## DELITO PLURIOFENSIVO

Se entiende por delito pluriofensivo aquel delito que afecta a varios bienes jurídicos. Por ejemplo, el delito de extorsión es un delito pluriofensivo porque la conducta típica lesiona dos bienes jurídicos, la libertad y el patrimonio.

**Jurisprudencia:** SAP de Vizcaya de 16 de mayo de 2001 (*Tol 107289*); SAP de Valencia de 17 de noviembre de 2005 (*Tol 865234*).

## DELITO PRIVADO

El delito privado únicamente es perseguible a instancia de parte, es decir, mediante querella del ofendido o de su representante legal. El procedimiento continúa a iniciativa del ofendido o de su representante legal. En nuestro Código penal tiene este carácter privado, por ejemplo, el delito de calumnia.

## DELITO PÚBLICO

Es aquel delito que es perseguible de oficio, mediante la acusación del Ministerio Fiscal, con independencia de la voluntad de los perjudicados. El delito de asesinato o el delito de robo son delitos públicos.

## DELITO PUTATIVO

Mientras que el eje del delito imposible es un error concerniente a la realización del tipo objetivo, el delito putativo encierra la estimación, también errónea, de la punición de determinado comportamiento, lo que suele descansar, a su vez, en la equivocada creencia de hallarse tipificado. En el delito putativo, en definitiva, el autor cree estar cometiendo un delito, cuando, realmente, su comportamiento es irrelevante desde el punto de vista jurídico-penal, por ejemplo, el sujeto cree que el adulterio es delito. En estos casos, el principio de legalidad impide cualquier exigencia de responsabilidad penal.

**Jurisprudencia:** STS de 12 de abril de 1989 (*Tol 166388*).

## DELITO RESULTATIVO

El delito resultativo es aquel que no acota las modalidades que puede revestir la manifestación de voluntad ya que basta cualquiera que sea idónea para la producción del resultado típico. En el delito de homicidio el legislador no realiza una enumeración de los medios para matar, sino que cualquier medio que lleve al resultado de muerte conforma el tipo del homicidio.

## DELITO SEMIPÚBLICO

El delito semipúblico es aquel que exige denuncia previa del agraviado o de su representante legal para poder ser perseguido. Presentada la denuncia, el procedimiento continúa de oficio. El delito de violación es un ejemplo de delito semipúblico.

**Jurisprudencia:** STS de 27 de mayo de 2005 (*Tol 667710*).

## DELITO SIMPLE

El delito simple es aquel que se consuma con la realización de una única acción. Por ejemplo, es delito simple el delito de hurto que se consuma con la sustracción de la cosa mueble ajena.

## DELITO UNIOFENSIVO

El delito uniofensivo es el que afecta a un único bien jurídico. Por ejemplo, el delito de homicidio es un delito uniofensivo al afectar solamente a la vida.

## DELITOS CONTRA LA LIBERTAD RELIGIOSA

El legislador ha considerado pertinente otorgar protección penal al derecho fundamental a la libertad religiosa. La conducta descrita en el tipo objetivo consiste en impedir, interrumpir o perturbar los actos, funciones, ceremonias o manifestaciones de la confesión religiosa de que se trate.

Lo que podría ser una desmesurada extensión de la conducta típica, según la literalidad del texto, se corrige por dos vías. De un lado, la propia ley exige que se actúe con violencia, amenaza, tumulto o vías de hecho, de manera que el impedimento, la interrupción o la perturbación ocasionada de cualquier otra forma no sería delictiva. Y, de otro lado, la doctrina ha exigido con buen criterio que cualquiera de esos resultados presente cierta relevancia, que debe establecerse teniendo en cuenta las características del caso, especialmente, el tiempo de duración, la forma en la que se ha causado y la forma en la que cesó. Ello permite excluir del tipo los supuestos en que por breves instantes se causa una pequeña interrupción o una perturbación, que cesa inmediatamente y que pueda considerarse menor. Incluso algunas conductas que, formalmente, pudieran calificarse como impeditivas, por momentos muy breves, del acto religioso, si cesan inmediatamente, podrían entenderse no delictivas.

En cuanto al tipo subjetivo, el precepto no exige una especial intención en el sujeto. A diferencia del artículo 524, en el 523 no se exige que la actuación se ejecute "en ofensa" de los sentimientos religiosos, por lo que bastará el dolo genérico. Es decir, es exigible que el sujeto sepa que con su proceder está impidiendo, interrumpiendo o perturbando, de forma relevante, un acto, función, ceremonia o manifestación de esa confesión religiosa, y que a pesar de ese conocimiento ejecute la acción. Igualmente es preciso que conozca las características del lugar en el que se ejecuta la conducta como lugar de culto.

**Regulación normativa**: artículo 523 CP.

**Jurisprudencia:** STS de 19 de diciembre de 2017 (*Tol 6462019*).

## DELITOS CONTRA LOS DERECHOS DE LOS CIUDADANOS EXTRANJEROS

El Código penal castiga la ayuda, a sabiendas de las condiciones de ilegalidad, al extranjero que no sea nacional de un Estado miembro de la Unión Europea a entrar o transitar por España. Conducta que no será castigada cuando el objetivo perseguido por el autor fuere únicamente prestar ayuda humanitaria a la persona de que se trate. Asimismo, castiga la ayuda a una persona que no sea nacional de un Estado de la Unión Europea para permanecer en España vulnerando la legislación sobre estancia de extranjeros, pero solo cuando dicha ayuda esté movida por ánimo de lucro.

**Regulación normativa**: artículo 318 bis CP.

**Jurisprudencia:** SSTS de 23 de abril de 2021 (*Tol 8463636*), de 27 de mayo de 2021 (*Tol 8454802*).

# DELITOS DE ODIO O *HATE CRIMES*

El concepto de delito de odio (*hate crimes*, en la terminología internacional) que más fortuna ha tenido es el formulado por la Organización para la Seguridad y la Cooperación en Europa (OSCE) que en el Consejo de Ministros celebrado en Maastrich en diciembre de 2003 definió el mismo como "toda infracción penal, incluidas las cometidas contra las personas y la propiedad, cuando la víctima, el lugar o el objeto de la infracción son seleccionados a causa de su conexión, relación, afiliación, apoyo o pertenencia real o supuesta a un grupo que pueda estar basado en la "raza", origen nacional o étnico, el idioma, el color, la religión, la edad, la minusvalía física o mental, la orientación sexual u otros factores similares, ya sean reales o supuestos".

Conforme a esta definición, un delito de odio consta de dos elementos:

1) es un acto penalmente tipificado como delito en la legislación nacional.

2) ha sido cometido con motivación prejuiciosa, es decir, la víctima ha sido escogida por su pertenencia, real o percibida, a un grupo que el autor desprecia, rechaza u odia o bien por razones de género, aporofobia, enfermedad o discapacidad.

**Regulación normativa**: artículos 510 y siguientes CP.

**Jurisprudencia:** SSTS de 14 de diciembre de 2018 (*Tol 6957658*), de 4 de febrero de 2019 (*Tol 7059518*); STSJ de Madrid de 19 de mayo de 2022 (*Tol 9002807*); SAP

de Valencia de 20 de mayo de 2019 (*Tol 7254635*); SAP
de Navarra de 20 de febrero de 2023 (*Tol 9458043*).

## DELITOS ELECTORALES

La Ley Orgánica de Régimen Electoral General ampara
el proceso electoral mismo, castigando aquellos comportamientos que dificultan o impidan la libertad de decisión de los electores o falseen el resultado electoral. En
el catálogo de delitos se encuentran: delitos por abuso
de oficio o falsedad, delito por infracción de los trámites para el voto por correo, delito por emisión de varios
votos o emisión sin capacidad, delitos por abandono o
incumplimiento en las Mesas electorales, delitos en materia de propaganda electoral o delitos en materia de encuestas electorales.

**Regulación normativa**: artículos 139 y siguientes Ley
Orgánica 5/1985, de 19 de junio, de Régimen Electoral
General.

## DENEGACIÓN DE ASISTENCIA SANITARIA

La modalidad de omisión descrita en el artículo 196 del
Código penal es un tipo específico de omisión del deber
de socorro que requiere los siguientes elementos:
1) conocimiento de una determinada situación clínica
que exige una asistencia sanitaria que el sujeto activo está
obligado a prestar.
2) voluntaria denegación de dicha asistencia.

3) originación de un riesgo grave para la salud del paciente, derivado de la denegación de la asistencia sanitaria.

**Regulación normativa**: artículo 196 CP.

**Jurisprudencia:** STS de 29 de noviembre de 2001 (*Tol 129097*); SAP de Soria de 5 de junio de 2003 (*Tol 350542*); SAP de La Rioja de 26 de abril de 2010 (*Tol 3636676*).

## DERECHO PENAL

El Derecho penal es el conjunto de normas jurídicas que definen determinadas conductas como delito y disponen la imposición de penas o medidas de seguridad a quienes lo cometen. El Derecho penal es, por tanto, el conjunto de las reglas jurídicas establecidas por el Estado, que asocian el crimen, como hecho, a la pena, como legítima consecuencia.

## DERECHO PENAL DE AUTOR

En el sistema del Derecho penal de autor la pena se vincula directamente a la peligrosidad del autor que, a su vez, para justificar la pena, debe ser reconducida a la culpabilidad por la conducción de vida. Lo decisivo para este sistema es el reproche que se hace al autor por haberse convertido en una personalidad criminal.

El Derecho penal de autor y la teoría de los tipos de autor que propusieron los penalistas nacionalsocialistas castigaban al "homicida", no el "homicidio", al "ladrón", no el "hurto", etc.

# DERECHO PENAL DEL ENEMIGO

El Derecho penal del enemigo (*Feindstrafrecht,* en alemán) fue elaborado en 1985 por el catedrático alemán Günter Jakobs y alcanzó una gran repercusión internacional en 2001, a raíz de los atentados del 11-S en Estados Unidos, cuando las personas que cometían determinados delitos —como actos de terrorismo y, en menor medida, el narcotráfico o la criminalidad organizada— eran consideradas enemigas del Estado. Su idea continúa la senda que inició Jean Jacques Rousseau en El contrato social, publicado en 1762, al afirmar que todo malhechor, atacando el derecho social, se convierte por sus delitos en rebelde y traidor a la patria; cesa de ser miembro de ella al violar sus leyes y le hace la guerra. La conservación del Estado es entonces incompatible con la suya; es preciso que uno de los dos perezca, y al aplicarle la pena de muerte al criminal, es más como a enemigo que como a ciudadano.

Con el Derecho penal del enemigo el Estado no trata simplemente de castigar a los delincuentes, sino de luchar contra sus enemigos, recurriendo para ello a un Derecho penal especial y excepcional que se caracterizaría por tres señas de identidad:

1) aumento de la gravedad de las penas más allá de la idea de la proporcionalidad, lo que puede significar aplicar penas de prisión de larga duración a hechos de escasa gravedad, o por lo menos no tan graves como para justificar la imposición de penas tan graves.

2) abolir o reducir los derechos fundamentales y garantías procesales del imputado, como el derecho al debido proceso, a no declarar contra sí mismo, a la asistencia de letrado, o también la admisión de pruebas conseguidas ilegalmente, derogar la competencia de Juez natural y crear Tribunales especiales, permitir que las autoridades políticas o administrativas, sin intervención judicial, puedan decidir el internamiento o el arresto por tiempo indefinido de personas meramente sospechosas.

3) criminalización de conductas que no suponen un verdadero peligro para bienes jurídicos y adelantar la intervención del Derecho penal, aún antes de que la conducta llegue al estadio de ejecución de un delito, penalizando simples manifestaciones ideológicas, producto del derecho a la libertad de expresión, convirtiendo en delito hechos como mostrar simpatía hacia ciertas ideologías, sobre todo si éstas coinciden con las que defienden los grupos radicales terroristas, aunque los que muestren esa afinidad o simpatía ideológica no defiendan el empleo de la violencia para alcanzarlas.

Jakobs estableció una definición de Derecho penal del enemigo en contraposición al Derecho penal del ciudadano. Para este autor el Derecho penal del ciudadano deberá esperar a que el ciudadano exteriorice su conducta para poder reaccionar, pero el Derecho penal del enemigo actuará en una fase previa a la comisión del delito debido a la alta peligrosidad de las acciones del sujeto que hacen necesaria una intervención más temprana. El delincuente es identificado como un enemigo muy peligroso, por lo que se justifica la intervención pronta.

**Jurisprudencia:** STS de 29 de diciembre de 2010 (*Tol 2017457*); SAN de 2 de julio de 2015 (*Tol 5189713*); SAP de A Coruña de 11 de septiembre de 2017 (*Tol 6371071*); SJP núm. 7 de Palma de Mallorca de 10 de diciembre de 2012 (*Tol 4688584*).

## DERECHO PENAL DEL HECHO

En el sistema del Derecho penal del hecho la pena se vincula al hecho antijurídico, pero lo decisivo para la penalidad es, en primer lugar, el reproche que se hace al autor por la comisión de un hecho delimitado en sus elementos. El Derecho penal español es un Derecho penal del hecho o de acto: solo el comportamiento humano traducido en actos externos puede ser calificado de delito y motivar una reacción penal.

## DESAPARICIÓN FORZADA DE PERSONAS

Quien tiene detenida a una persona debe custodiarla con la diligencia exigible a la situación y si no le devuelve la libertad, cuando pudo y debió hacerlo, el Ordenamiento Jurídico puede con absoluta ortodoxia reaccionar con la mayor energía e imponer penas graves no porque se sospeche que se ha dado muerte al detenido, sino porque se tiene seguridad de que no le dio la libertad de la que ilegalmente estaba privado. Se castiga así penalmente no a quien se sospecha que ha matado a la persona detenida, sino a quien se prueba que no la ha puesto en libertad.

**Regulación normativa**: artículo 166 CP.

**Jurisprudencia:** ATC de 28 de noviembre de 1990; STS de 25 de junio de 1990 (*Tol 6457*); SAP Barcelona de 24 de julio de 2014 (*Tol 4500202*).

# DESCUBRIMIENTO Y REVELACIÓN DE SECRETOS

El artículo 197 del Código penal contiene varias conductas en una compleja redacción y sanciona en primer lugar al que se apodere de los papeles, cartas, mensajes de correo electrónico o cualesquiera otros documentos o efectos personales de otra persona, al quien interceptare las comunicaciones de otro y al que utilizare artificios técnicos de escucha, transmisión, grabación o reproducción del sonido o la imagen o de cualquier otra señal de comunicación, en todos los casos sin su consentimiento y con la finalidad de descubrir sus secretos o vulnerar su intimidad.

Se trata de conductas distintas que no precisan que el autor llegue a alcanzar la finalidad perseguida. En los dos primeros casos requiere sin embargo un acto de apoderamiento o de interceptación efectivos, mientras que en el supuesto de utilización de artificios basta con la creación del peligro que supone su empleo con las finalidades expresadas para la consumación de la infracción penal.

También sanciona a quien, sin estar autorizado, se apodere, en perjuicio de tercero, de datos reservados de carácter personal o familiar de otro, que se hallen regis-

trados en ficheros o soportes informáticos, electrónicos
o telemáticos, o en cualquier otro tipo de archivo o registro público o privado. Así como a quien simplemente
acceda a ellos por cualquier medio sin estar autorizado.

Al ser el bien jurídico protegido la intimidad individual,
aunque la idea de secreto puede ser más amplia, como
conocimientos solo al alcance de unos pocos, en realidad los secretos deben estar vinculados precisamente a
la intimidad pues esa es la finalidad protectora del tipo.

**Regulación normativa**: artículos 197 a 201 CP.

**Jurisprudencia:** SSTS de 30 de abril de 2007 (*Tol
1106835*), de 10 de febrero de 2009 (*Tol 1459594*),
de 3 de febrero de 2016 (*Tol 5636262*), de 21 de junio
de 2016 (*Tol 5763053*), de 24 de febrero de 2020 (*Tol
7784389*), de 22 de abril de 2021 (*Tol 8413824*).

## DESISTIMIENTO

El desistimiento es la conducta de quien, habiendo ini-
ciado ya directamente y por actos exteriores la realización
de un delito, no continúa la misma, sea abandonando la
ejecución —desistimiento pasivo—, sea contribuyendo
a evitar activamente la consumación —desistimiento
activo—.

La figura del desistimiento voluntario, como forma imperfecta de ejecución del ilícito, ha sido definida como la
interrupción que el autor realiza por obra de su espontá-
nea y propia voluntad del proceso dinámico del delito,
evitando así su culminación o perfección, presentándose

como una causa de atipicidad de la tentativa, cuya impunidad se ha pretendido justificar en la desaparición de la situación de peligro del bien jurídico protegido en el cese de la intranquilidad social, así como en la pérdida de la intensidad en la voluntad delictiva.

El artículo 16 del Código penal, que regula el desistimiento voluntario y establece la exención de responsabilidad penal cuando el mismo se produzca, exige precisamente que el desistimiento de la consumación de un delito que ya se ha empezado a ejecutar sea libre y voluntario, es decir, que por la voluntad del agente, éste no termina de realizar los actos que llevarían a la consumación del ilícito. Por ello mismo, cuando la interrupción de la acción ejecutiva no obedece exclusivamente a su voluntad, sino a obstáculos surgidos en la ejecución del hecho que impiden su continuación —sean éstos insuperables o relativos—, el desistimiento debe reputarse involuntario y, por consiguiente, excluido del apartado segundo del artículo 16 del Código penal e incardinable en el primer epígrafe del precepto que regula el delito intentado. Es, por tanto, requisito indispensable del desistimiento que el mismo se deba a la exclusiva voluntad del sujeto activo para que se pueda beneficiar de su eficacia de exención de responsabilidad, y esa voluntad deberá reunir los siguientes requisitos:

1) la omisión de parte de los actos precisos para la consumación del delito.

2) voluntariedad en la decisión de no querer continuar con el *iter criminis* emprendido.

3) carácter definitivo de tal omisión o suspensión.

**Regulación normativa**: artículo 16 CP.

**Jurisprudencia:** SSTS de 15 de marzo de 2007 (*Tol 1049927*), de 22 de mayo de 2009 (*Tol 1567568*).

# DESÓRDENES PÚBLICOS

Los desórdenes públicos consisten en alterar el orden causando lesiones y desperfectos, mediante violencia o intimidación, con el fin de atentar contra la paz pública. El delito se puede cometer en grupo o individualmente, pero amparados en un grupo.

La Ley Orgánica 14/2022, de 22 de diciembre ha reformado el delito y diferencia varias modalidades, tanto por la entidad de la finalidad perseguida en el ataque, como por la gravedad de los medios empleados, y siempre que se trate de un sujeto plural.

Los elementos necesarios del delito son: la actuación en grupo, la finalidad de atentar contra la paz pública y la existencia de violencia o intimidación.

La finalidad de los desórdenes es atentar contra la paz pública, entendida esta como la normalidad de la convivencia con un uso pacífico de los derechos, especialmente los derechos fundamentales

**Regulación normativa**: artículo 557 CP.

**Jurisprudencia:** STS de 13 de octubre de 2009 (*Tol 1641308*), de 11 de enero de 2017 (*Tol 5933392*); SJP núm. 22 de Barcelona de 29 de octubre de 2009 (*Tol 1631664*).

## DESPOBLADO

El despoblado, agravante que ha perdido en el Código penal de 1995 su especial y tradicional "nomen iuris", aunque continúa siéndolo dentro del núm. 2.º del artículo 22 como circunstancia "de lugar" que debilita la defensa del ofendido o facilita la impunidad del delincuente, ha sido interpretado por la jurisprudencia como circunstancia cuyo fundamento se encuentra en el mayor reproche que merece la conducta de quien busca, para la comisión de un acto delictivo, un lugar en el que la víctima va a encontrarse en una situación de desamparo e imposibilidad de recibir ayuda, dimensión objetiva que es completada con la subjetiva o teleológica que consiste en la búsqueda o aprovechamiento por el agente del elemento objetivo para una más fácil ejecución del delito.

El aprovechamiento de las circunstancias de lugar requiere como requisitos:

1) el desarrollo o comisión del delito en un lugar despoblado que equivale a paraje solitario, a distancia de núcleos o puntos habitables.

2) la situación de despoblado debe favorecer efectivamente la indefensión del ofendido, facilitando la ejecución del plan criminal: no tiene solo connotaciones topográficas, sino que exige ciertas condiciones de aislamiento o soledad y desasistencia o desamparo, no entrando en juego cuando deviene indiferente para la proyección del propósito del sujeto.

3) ánimo de prevalerse el culpable de las condiciones favorables emanantes de la situación de desamparo de la

víctima, bien aprovechándose de las mismas, bien buscándolas de propósito en su planificación delictiva.

**Regulación normativa**: artículo 22.2.º CP.

**Jurisprudencia:** STS de 14 de mayo de 2010 (*Tol 1866707*).

## DESTRUCCIÓN DE COSA PROPIA

El delito de daños en cosa propia realizado por el propietario de la misma requiere que aquel destruya, inutilice o dañe intencionadamente una cosa propia que presta un servicio de utilidad social o cultural.

**Regulación normativa**: artículo 289 CP.

**Jurisprudencia:** STS de 7 de febrero de 2012 (*Tol 2451875*).

## DESVALOR DE ACCIÓN

El desvalor de acción hace referencia a la conducta desaprobada por el Ordenamiento Jurídico, al comportamiento guiado por la voluntad de modo doloso o imprudente.

Se trata de un juicio negativo que se le hace a la conducta misma por no estar acorde a lo que el orden jurídico indica. Es, en definitiva, la desaprobación de una conducta en base a su peligrosidad para el bien jurídico protegido. Por ejemplo, en el delito de robo la acción de tomar mediante la fuerza la cosa ajena constituye el desvalor de la conducta, el desvalor de acción o hacer.

**Jurisprudencia:** STS de 27 de octubre de 1989 (*Tol 2378335*).

## DESVALOR DE RESULTADO

El desvalor de resultado hace referencia a la lesión o puesta en peligro de un bien jurídico penal en determinadas condiciones. Este resultado ha de ser imputable a una conducta desvalorada por su peligrosidad. Es, en definitiva, la desaprobación de la conducta en base a la lesión o puesta en peligro del bien jurídico.

**Jurisprudencia:** STS de 22 de mayo de 1991 (*Tol 2418401*).

## DETENCIÓN ILEGAL

La detención ilegal es una infracción instantánea que se produce desde el momento en que la detención o el encierro tienen lugar. La detención ilegal ha de moverse obligatoriamente alrededor del significado que quiera atribuirse a los verbos del texto penal: detener y encerrar. En ambos casos se priva al sujeto pasivo de la posibilidad de trasladarse de lugar según su voluntad, limitándose ostensiblemente el derecho a la deambulación en tanto se impide de alguna manera el libre albedrío en la proyección exterior y física de la persona humana.

"Encerrar" equivale a situar a una persona en un lugar cerrado, mueble o inmueble. Mientras que "detener" hace referencia a la aprehensión de una persona a la que se le priva de la facultad de alejarse en un espacio abierto, ya sea atándola, golpeándola, etc.

El delito se proyecta desde tres perspectivas: el sujeto activo que dolosamente limita la deambulación de otro, el sujeto pasivo que anímicamente se ve constreñido en contra de su voluntad y, por último, el tiempo como factor determinante de esa privación de libertad, aunque sea evidente que la consumación se origina desde que la detención se produce.

**Regulación normativa**: artículo 163 CP.

**Jurisprudencia:** SSTS de 30 de noviembre de 2004 (*Tol 526578*), de 13 de marzo de 2012 (*Tol 2495455*).

## DÍAS-MULTA

En el ámbito penal, la pena de multa se impone, salvo que la ley disponga otra cosa, mediante el denominado sistema de días-multa, de origen escandinavo, que requiere una doble operación. En primer lugar, en atención a la gravedad del delito y la culpabilidad del delincuente, se impone a este la obligación de pagar un número determinado de días-multa. En segundo lugar, y atendiendo a la capacidad económica del sujeto activo, se fija el importe o cantidad dineraria que habrá de abonar durante cada uno de esos días, teniendo en cuenta para ello exclusivamente la situación económica del reo, deducida de su patrimonio, ingresos, obligaciones y cargas familiares y demás circunstancias personales del mismo.

Esta cantidad económica que ha de abonarse cada día es lo que se denomina cuota diaria que podrá oscilar entre los dos y los cuatrocientos euros, excepto en el caso de las multas impuestas a las personas jurídicas, en las que la cuota diaria mínima es de 30 euros y la máxima de 5.000 euros. En caso de ausencia de datos económicos se impone, generalmente, la cuota mínima.

Esta norma general, solo tiene las excepciones específicamente establecidas por el Código penal en el artículo 52, al contemplar la posibilidad de que el mismo texto punitivo disponga otro sistema de fijación de la multa, calculándola en proporción al daño causado, el valor del objeto del delito o el beneficio reportado por el mismo. En estos casos, los órganos juzgadores podrán recorrer toda la extensión que la ley permita para imponerla, considerando, con objeto de precisar en cada caso su cuantía, no solo las circunstancias atenuantes y agravantes del hecho, sino principalmente la situación económica del culpable.

**Regulación normativa**: artículos 50 y 52 CP.

**Jurisprudencia:** SSTS de 9 de noviembre de 2009 (*Tol 1726718*), de 19 de mayo de 2010 (*Tol 1866740*).

## DILACIONES INDEBIDAS

En caso de producirse dilaciones extraordinarias e indebidas en la tramitación del procedimiento, siempre que no puedan imputarse al comportamiento procesal del acusado y no guarden proporción con la complejidad de la causa, existirá vulneración del derecho a un proceso sin dilaciones indebidas, lo que puede dar lugar a la aplicación de la atenuante de dilaciones indebidas.

Los requisitos de esta circunstancia atenuante son los siguientes:

1) que la dilación sea indebida, es decir, que se haya producido un lapso temporal en la tramitación de la causa, y que el mismo no tenga apoyo legal alguno.

2) que sea extraordinaria, lo que ha de interpretarse tanto en clave temporal como en relación con las circunstancias concurrentes en el caso concreto enjuiciado, en especial la complejidad de la causa y el número de implicados en la misma.

3) que no sea atribuible al propio imputado, merced, por ejemplo, a la interposición de recursos meramente dilatorios, incomparecencias injustificadas, suspensiones del juicio oral, rebeldía procesal, etc.

4) que afecten a la tramitación propiamente de la causa, no al tiempo transcurrido entre la perpetración de los hechos y su enjuiciamiento, en el caso de que la actividad de investigación se haya prolongado en exceso hasta que se permita la identificación del imputado, y comience propiamente el proceso penal contra él.

Hasta la reforma del Código penal por Ley Orgánica 5/2010, la jurisprudencia consideraba la notoria e incuestionable gravedad de las dilaciones como constitutiva de una atenuante analógica.

**Regulación normativa**: artículo 21.6.º CP.

**Jurisprudencia:** SSTS de 17 de marzo de 2010 (*Tol 1825116*), de 5 de mayo de 2010 (*Tol 1847447*), de 3 de mayo de 2016 (*Tol 5718351*), de 11 de diciembre de 2017, "caso Can Domenge", (*Tol 6478373*), de 3 de junio de 2021 (*Tol 8496009*); SAP de Sevilla de 31 de mayo de 2023 (*Tol 9611645*).

## DILIGENCIA DEBIDA

Es el cuidado que hay que poner al realizar una acción para evitar producir un resultado delictivo (*Vid.* Deber de cuidado).

## DISCAPACIDAD

Se entiende por discapacidad aquella situación en que se encuentra una persona con deficiencias físicas, mentales, intelectuales o sensoriales de carácter permanente que, al interactuar con diversas barreras, puedan limitar o impedir su participación plena y efectiva en la sociedad, en igualdad de condiciones con los demás.

**Regulación normativa**: artículo 25 CP.

## DISCRIMINACIÓN

*Vid.* Agravante por discriminación.

## DISCURSO DEL ODIO O *HATE SPEECH*

Vinculado con el delito de odio se sitúa el denominado "discurso del odio", término tomado del inglés "hate speech", que consiste en cometer delitos que requieran para su apreciación la manifestación de algún tipo de discurso, ya sea verbalmente o por escrito.

La Recomendación núm. (97) 20, del Comité de Ministros del Consejo de Europa, de 30 de octubre de 1997, define el discurso del odio o *hate speech* como "toda forma de expresión que difunda, incite, promueva o justifique el odio racial, la xenofobia, el antisemitismo u otras formas de odio basadas en la intolerancia".

**Regulación normativa**: artículo 510 CP.

**Jurisprudencia:** SSAN de 1 de octubre de 2015 (*Tol 5495324*), de 18 de julio de 2016 (*Tol 5776695*), de 26 de enero de 2017 (*Tol 5950309*); SSTS de 2 de noviembre de 2016 (*Tol 5861245*), de 9 de febrero de 2018 (*Tol 6511003*); SJP núm. 1 de Pamplona de 11 de octubre de 2016 (*Tol 5850778*).

## DISFRAZ

El disfraz es una circunstancia agravante. Disfraz equivale a todo medio, artificio o procedimiento merced al cual se desfiguran, alteran o enmascaran el semblante, facciones, faz o rostro del agente o agentes, su indumentaria habitual o su apariencia exterior, de tal modo que se imposibilite, o se dificulte grandemente o en grado sumo su identificación o la comprobación de su personalidad. No obstante, no podrá operar la agravante si el enmascaramiento es parcial, imperfecto o demasiado rudimentario, no velando totalmente la faz o no impidiendo el inmediato reconocimiento e identificación del sujeto, exigiéndose para ello eficacia en el uso del disfraz, es decir, que el mismo sea de una cierta entidad logrando, efectivamente, desfigurar las facies o el aspecto externo y habitual del sujeto para impedir o dificultar su identidad y posterior reconocimiento.

**Regulación normativa**: artículo 22.2.º CP.

**Jurisprudencia:** SSTS de 20 de abril de 2010 (*Tol 1889187*), de 13 de mayo de 2010 (*Tol 1865800*), de 7 de abril de 2016 (*Tol 5687772*), de 21 de abril de 2021 (*Tol 8409879*).

## DISTRACCIÓN DEL CURSO DE LAS AGUAS

El Código penal castiga la distracción del curso de las aguas, lo que supone la realización de alguna modificación material en el cauce, que produce la desviación total o parcial del caudal.

**Regulación normativa**: artículo 247 CP.

**Jurisprudencia:** SAP de La Coruña de 6 de abril de 2010 (*Tol 1864897*).

## DIVULGACIÓN NO AUTORIZADA DE IMÁGENES O GRABACIONES ÍNTIMAS OBTENIDAS CON EL CONSENTIMIENTO DE LA PERSONA AFECTADA

*Vid. Sexting.*

## DOCTRINA "PAROT"

La doctrina "Parot" es el nombre con el que se conoce la sentencia dictada por el Tribunal Supremo el 28 de febrero de 2006 en la que, aprovechando la resolución de un recurso presentado por el etarra Henri Parot, se modificó el mecanismo para la aplicación de las redenciones de las penas.

Según la doctrina "Parot" los beneficios penitenciarios se aplican a cada una de las condenas que tenga el interno de forma individual y no al cómputo máximo de cumplimiento de las penas que marca la ley. La aplicación de esta doctrina ha permitido hacer efectivo un mayor tiempo del cumplimiento de las condenas.

Posteriormente la doctrina "Parot" fue declarada ilegal por el pleno del Tribunal Europeo de Derechos Humanos quien consideró, en su resolución de 21 de octubre de 2013, que la interpretación sobre beneficios penitenciarios que habían realizado nuestros Tribunales vulneraba el Convenio Europeo de Derechos Humanos. Con esta resolución se ponía fin a la conocida como doctrina "Parot".

**Jurisprudencia:** STEDH de 21 de octubre de 2013 (*Tol 3968744*); STC 29 de marzo de 2012 (*Tol 2498154*); SAN de 25 de octubre de 2013 (*Tol 3975992*); SSTS de 28 de febrero de 2006 (*Tol 817538*), de 29 de octubre de 2009 (*Tol 1768843*), de 30 de enero de 2012 (*Tol 2454215*); SAP de Valencia de 29 de noviembre de 2013 (*Tol 4020516*).

## DOCUMENTO

Se considera documento a efectos penales todo soporte material que exprese o incorpore datos, hechos o narraciones con eficacia probatoria o cualquier otro tipo de relevancia jurídica.

Con arreglo a esta fórmula legal, la interpretación literal del artículo 26 del Código penal resulta insatisfactoria para la jurisprudencia y, por ello, se impone hallar otra. Así puede decirse que documento a efectos penales es el resultado de combinar un soporte material y datos, hechos o narraciones; caracterizándose aquélla por las notas siguientes:

1) en primer término, el documento, al ser una materialización, debe de constar en un soporte indeleble.

Por ello, se suele considerar el documento escrito como el documento por antonomasia. Ahora bien, hoy no se ven razones que impidan conferir tal condición a documentos diversos del documento escrito. Por lo tanto, si el documento tiene que constituirse mediante una declaración humana de forma razonablemente perdurable, pues de lo contrario no podría entrar en el tráfico jurídico y su finalidad probatoria no llegaría a conseguirse, no se ve obstáculo para reservar solo al papel la posibilidad de ser soporte físico de la corporeización de dicha declaración. Cualquier otro soporte de idéntica vocación indeleble puede ser susceptible de considerarse documento y, por tanto, ser objeto de falsificación; así, una grabación en vídeo, o cinematográfica o sonora (disco o cinta magnetofónica). Lo que sucederá es que algunos de estos soportes, en ocasiones, pueden ser poco fiables. Su susceptibilidad de manipulación (sin que se advierta la misma) puede ser grande. Ahora bien, si en el caso concreto esa posibilidad no se ha podido dar, no existe obstáculo para admitir un documento así materializado. Hoy día, empero, la pretendida fiabilidad del papel ha desaparecido y todos los documentos son igualmente vulnerables, por lo que ese pretendido requisito no puede ser «conditio sine qua non» para dejar de admitir lo que es de uso común en el tráfico jurídico.

2) otra nota es que tenga procedencia humana. Se trata de que el contenido del documento resulte atribuible a una persona. En principio, es indiferente si se trata de una manifestación de voluntad (un testamento, por ejemplo) o una declaración de conocimiento (un acta de una sesión del Consejo de Administración, un certificado médico...), mientras su autor sea un ser humano. Ello tendrá como consecuencia necesaria que se haya de establecer un autor determinado o, cuando menos, determinable. Queda así, de entrada, excluido el documento anónimo, es decir, el que no se puede atribuir con seguridad a nadie por no constar expresamente su autor. Sin

embargo, dado que el autor es determinable y no determinado, no será anónimo el documento cuando de este
pueda derivarse cuál es el autor; pero la deducción ha de
serlo por el sentido, no por mediar mecanismos diversos
(prueba grafológica, huellas dactilares...) de acceso no
generalizado ni generalizable.

3) también el contenido de la declaración debe ser comprensible de acuerdo con los usos sociales, es decir, significativa en sí misma. Así, un documento extranjero,
que surta efectos en España, es documento y su falsedad
punible, pues solo es necesaria, en ocasiones, su traduc-
ción; en cambio, un escrito en clave, encriptado, no es un
documento a estos efectos, pues se pretende con su con-
fección todo lo contrario: que no signifique nada para
quien no esté en posesión de la correspondiente clave, es
más, no se desea su ingreso en el tráfico jurídico.

4) también se requiere la entrada en el tráfico jurídico.
Si el documento no entra (o no está concebido para entrar: documento encriptado) o, aun entrando, le faltan
características esenciales (procedencia humana, autor
determinable) o no significa nada (sopa de letras) no es-
taremos ante un documento en el sentido de objeto de
protección jurídico penal. Ello no impide que cualquier
objeto pueda integrarse en otro documento, formando
así un complejo, cuya alteración entonces sí será la de un
documento.

5) por último, el documento válido es el documento original y no tienen tal carácter las copias ni fotocopias. Sin
embargo, esta afirmación es cada vez más relativa al aumentar el tráfico jurídico y, por tanto, el número de do-

cumentos. Así, ya de antiguo a algunos documentos no originales se les reconoce «ex lege» valor documental bajo ciertas condiciones; tal es el caso de, por ejemplo, la copia de una demanda —artículo 525 LECrim— o la copia autenticada por un sujeto provisto de fe pública (secretarios judiciales, notarios, corredores de comercio...). La práctica forense ha ido imponiendo la aceptación de fotocopias como documentos válidos salvo que se requiera expresamente el cotejo (artículo 597 LECrim); lo mismo sucede con las traducciones privadas de los documentos extranjeros (artículo 601 LECrim).

Una fotocopia simple carece de toda fuerza de convicción para servir de medio de prueba de un hecho jurídico, pues es un medio inadecuado al no ser un original documental.

A partir de tal concepto, no son documentos, aunque se hallen documentadas en la causa bajo fe pública judicial, las pruebas de otra naturaleza, como la testifical, ni la pericial, salvo los supuestos excepcionales en que se trate de un dictamen único o varios coincidentes de modo absoluto, y que el juzgador haya incorporado su contenido a la narración histórica de modo fragmentario o en absoluta contradicción con las reglas de la lógica y la racionalidad, así como las actas del juicio oral.

**Regulación normativa**: artículo 26 CP.

**Jurisprudencia:** SSTS de 29 de octubre de 1998 (*Tol 109307*), de 24 de junio de 2010 (*Tol 1898921*); SAP de Les Illes Balears de 19 de marzo de 2012 (*Tol 2481750*).

## DOGMÁTICA JURÍDICO-PENAL

La dogmática jurídico-penal trata de averiguar el contenido de las normas penales, sus presupuestos, sus consecuencias, de delimitar los hechos punibles de los impunes, de conocer, en definitiva, qué es lo que la voluntad general expresada en la ley quiere castigar y cómo quiere hacerlo. La dogmática jurídico-penal al señalar límites y definir conceptos hace posible una aplicación segura y calculable del Derecho penal, hace posible sustraerle a la irracionalidad, a la arbitrariedad y a la improvisación.

**Jurisprudencia:** STS de 29 de enero de 1982 (*Tol 2309936*).

## DOLO

Tradicionalmente el dolo se definió a partir de dos elementos: conocimiento y voluntad. Sin embargo, este concepto tradicional de dolo derivado de las teorías de la voluntad ha sido progresivamente matizado por la jurisprudencia del Tribunal Supremo, que ha evolucionado hacia planteamientos próximos a los de las teorías cognitivas conforme a las cuales la esencia del dolo reside en la no motivación del individuo por la representación de la realización del tipo objetivo o, como indican modernamente las teorías del riesgo, por el conocimiento de los elementos que caracterizan la acción como generadora de un peligro jurídicamente desaprobado para un determinado objeto protegido.

La evolución del concepto de dolo ha ido, por tanto, desde la definición clásica del dolo como conocimiento y voluntad por el autor de la realización del tipo penal, a la definición moderna que pone el acento no tanto en la voluntad de querer la realización de la acción descrita en el tipo, sino en el conocimiento del riesgo que para los bienes jurídicos supone la acción del sujeto, y que a pesar de ello continúa con tal acción, porque en el fondo le es indiferente la producción del resultado.

Esta evolución se aprecia ya en el caso Bultó, en la que se afirmaba el carácter doloso de la acción de los autores al haber sido estos conscientes del peligro concreto que generaban con su acción, conocimiento este del que el Tribunal derivaba una evidente indiferencia hacia el bien jurídico protegido, y se confirma en muchas otras resoluciones en las que el Tribunal Supremo reduce progresivamente la relevancia para la caracterización del dolo del elemento volitivo y culmina con la afirmación siguiente: obrará con dolo el autor que haya tenido conocimiento de dicho peligro concreto jurídicamente desaprobado para los bienes jurídicos, pues habrá tenido el conocimiento de los elementos del tipo objetivo que caracterizan, precisamente, al dolo. El conocimiento de la peligrosidad concreta es suficiente para la definición del dolo de una conducta determinada (de hecho, este conocimiento siempre se había considerado en la práctica suficiente para el dolo eventual).

En definitiva, quien conoce suficientemente el peligro concreto generado por su acción, que pone en riesgo específico a otro y, sin embargo, actúa conscientemente, obra con dolo pues sabe lo que hace, y de dicho conocimiento y actuación puede inferirse racionalmente su aceptación del resultado, que constituye consecuencia natural, adecuada y altamente probable de la situación de riesgo en que deliberadamente ha colocado a la víctima.

**Regulación normativa**: artículos 5 y 10 CP.

**Jurisprudencia:** SSTS de 20 de octubre de 2009 (*Tol 1726661*), de 26 de enero de 2010 (*Tol 1808655*), de 21 de mayo de 2014 (*Tol 4366500*), de 31 de octubre de 2023 (*Tol 9772488*), de 2 de noviembre de 2023 (*Tol 9780361*).

## DOLO DE CONSECUENCIAS DIRECTAS

*Vid.* Dolo directo de segundo grado.

## DOLO DIRECTO DE PRIMER GRADO

El autor quiere realizar precisamente el resultado en los delitos de resultado o la acción típica en los delitos de mera actividad. Hay dolo directo de primer grado cuando el autor quiere matar y mata.

**Jurisprudencia:** STS de 21 de mayo de 2014 (*Tol 4366500*); SAP de Las Palmas de 11 de noviembre de 2007 (*Tol 1623351*).

## DOLO DIRECTO DE SEGUNDO GRADO

El autor no quiere directamente una de las consecuencias que se va a producir, pero la admite como necesariamente unida al resultado principal que pretende. Por ejemplo, el sujeto quiere incendiar una casa y efectivamente lo hace aun sabiendo que dentro duerme una persona mayor e impedida para moverse que necesariamente morirá en el incendio. El sujeto no busca con su acción, el incendio, la muerte del anciano, pero lo acepta como necesariamente unida al resultado principal que pretende que no es otro que incendiar una vivienda.

**Jurisprudencia:** STS de 21 de mayo de 2014 (*Tol 4366500*).

## DOLO EVENTUAL

Actúa con dolo eventual el que conozca o se represente la existencia en su acción de un peligro serio e inmediato de que se produzca el resultado y, además, se conforme con tal producción y decida ejecutar la acción asumiendo la eventualidad de la producción de tal resultado. Si el autor conocía el peligro concreto jurídicamente desaprobado y si, no obstante ello, obró en la forma en que lo hizo, su decisión equivale a la ratificación del resultado. Se trata de aquellas conductas en las que el autor quiere realizar la acción típica que lleva a la producción del resultado o que realiza la acción típica, representándose la posibilidad de la producción del resultado.

Se admite la existencia de dolo cuando el autor somete a la víctima a situaciones peligrosas que no tiene la seguridad de controlar, aunque no persiga el resultado típico, esto es, el dolo eventual no se excluye simplemente por la esperanza de que no se producirá el resultado o porque este no haya sido deseado por el autor.

El dolo eventual deviene tan reprochable como el dolo directo, pues ambas modalidades carecen de trascendencia diferencial a la hora de calibrar distintas responsabilidades criminales pues, en definitiva, todas las formas de dolo tienen en común la manifestación consciente y especialmente elevada de menosprecio del autor por los bienes jurídicos vulnerados por su acción.

**Regulación normativa**: artículos 5 y 10 CP.

**Jurisprudencia:** SSTS de 10 de diciembre de 2009 (*Tol 1768818*), de 21 de mayo de 2014 (*Tol 4366500*), de 29 de marzo de 2016 (*Tol 5682210*), de 27 de enero de 2022 (*Tol 8791221*).

## *DOLUS GENERALIS*

El autor cree haber consumado el delito, cuando en realidad produce la consumación por un hecho posterior. Es un ejemplo de *dolus generalis* el siguiente: el autor golpea fuertemente a su víctima con el propósito de matarla. Creyendo que ha conseguido su propósito y para deshacerse del cadáver, lo arroja a un río, donde la víctima muere ahogada.

**Jurisprudencia:** SSTS de 18 de diciembre de 2003 (*Tol 348588*); de 6 de febrero de 2013 (*Tol 3250574*).

## DOMINIO DEL HECHO

Para diferenciar entre autoría y participación se recurre al criterio del dominio del hecho según el cual, es autor quien domina finalmente la realización del delito, es decir, quien decide en líneas generales el sí y el cómo de su realización.

La teoría del dominio del hecho considera que es autor el que, reuniendo los elementos personales o especiales de la autoría exigidos por algunos tipos penales y cumpliendo los demás elementos del tipo, determina objetiva y positivamente el curso del suceso.

**Jurisprudencia:** SSTS de 27 de septiembre de 2001 (*Tol 130211*), de 14 de octubre de 2010 (*Tol 1994636*), de 10 de marzo de 2011 (*Tol 2083462*).

## DOPAJE DEPORTIVO

La lucha por un deporte limpio llevó en 2006 a incluir en el Código penal el delito de dopaje deportivo que consiste en, sin justificación terapéutica, prescribir, proporcionar, dispensar, suministrar, administrar, ofrecer o facilitar a deportistas federados no competitivos, deportistas no federados que practiquen el deporte por recreo, o deportistas que participen en competiciones organizadas en España por entidades deportivas, sustancias o grupos farmacológicos prohibidos, así como métodos no reglamentarios, destinados a aumentar sus capacidades físicas o a modificar los resultados de las competiciones y pongan en peligro la vida o la salud de los deportistas.

El delito de dopaje deportivo criminaliza al llamado entorno más cercano al deportista, en detrimento de la consideración de este como sujeto activo del delito. El legislador español ha desechado la opción de otros países, como Italia o Bélgica, que sitúan al deportista en el epicentro de la autoría.

**Regulación normativa**: artículo 362 quinquies CP.

**Jurisprudencia:** SAP de Madrid de 30 de enero de 2012 (*Tol 2485332*); SAP de León de 20 de abril de 2023 (*Tol 9697294*); SJI núm. 31 de Madrid de 8 de marzo de 2007 (*Tol 1044010*); SJP núm. 6 de Valencia de 10 de octubre de 2012.

## DROGA

Droga tóxica y estupefaciente son términos de igual contenido semántico. Han de considerarse como venenos más o menos letales, los derivados de la adormidera, como el opio y sus alcaloides, morfina, heroína, diodina, metadona, o codeína, los del arbusto de coca, hoja de coca o cocaína, los del cornezuelo de centeno como el L.S.D. 25, los provenientes de setas u hongos como la psicocibilina o del cactus del peyote como la mezcalina, todos ellos gravemente nocivos para la salud, por incidir directamente sobre el sistema nervioso central con creación de dependencia más o menos rápida o por provocar imágenes sin base sensorial previa que, de registrarse de modo continuo, pueden perturbar definitiva e irreversiblemente los mecanismos, estructuras y procesos mentales de enjuiciamiento o los derivados de la planta del cannabis en sus distintas modalidades, hojas y flores desecadas, marihuana y grifa inflorescencias terminales como la granja y las charas, resina del hachís y concentrado del hachís como el aceite sea este verde, oscuro o rojo, todos ellos drogas blandas.

**Regulación normativa**: artículos 368 y siguientes CP.

**Jurisprudencia**: SAN de 20 de octubre de 2023 (*Tol 9776632*); SSTS de 16 de junio de 2010 (*Tol 1894850*), de 1 de julio de 2010 (*Tol 1900453*), de 14 de julio de 2010 (*Tol 1908803*).

## DROGADICCIÓN

Lo característico de la drogadicción, a efectos penales, es que incida como un elemento desencadenante del delito, de tal manera que el sujeto activo actúe impulsado por la dependencia de los hábitos de consumo y cometa el hecho, bien para procurarse dinero suficiente para satisfacer sus necesidades de ingestión inmediata o trafique con drogas con objeto de alcanzar posibilidades de consumo a corto plazo y al mismo tiempo conseguir beneficios económicos que le permitan seguir con sus costumbres e inclinaciones. Esta compulsión que busca salida a través de la comisión de diversos hechos delictivos es la que merece la atención del legislador y de los Tribunales, valorando minuciosamente las circunstancias concurrentes en el autor y en el hecho punible.

Las distintas posibilidades que ofrece el Código penal al drogodependiente que ha cometido un hecho delictivo, a los efectos de apreciar una circunstancia que elimine o disminuya su responsabilidad criminal, son:

1) eximente por intoxicación plena Esta exención de la responsabilidad penal viene prevista en el número 2.º del artículo 20 del Código penal y se refiere a quien se halle en estado de intoxicación plena por el consumo de drogas tóxicas, estupefacientes, sustancias psicotrópicas u otras que produzcan efectos análogos, siempre que no haya sido buscado con el propósito de cometerla o no se hubiese previsto o debido prever su comisión, o se halle bajo la influencia de un síndrome de abstinencia, a causa de su dependencia de tales sustancias, que le impida comprender la ilicitud del hecho o actuar conforme a esa comprensión (efecto psicológico).

Para que los efectos sobre la responsabilidad puedan alcanzar un carácter extintivo se requiere, pues, que se produzca una intoxicación plena o que el sujeto obre bajo un síndrome de abstinencia por su dependencia a las drogas que, en ambos casos, anule su capacidad de comprensión de la ilicitud o de actuar conforme a esa comprensión.

Podrá apreciarse la eximente completa en supuestos de extraordinaria dependencia psíquica y física del sujeto agente que elimine totalmente sus facultades de inhibición.

2) eximente incompleta por drogadicción. Cuando el sujeto obra bajo el síndrome de abstinencia por su dependencia a las drogas, pero sin que esté totalmente anulada su capacidad de culpabilidad, pues puede resistirse a la comisión del hecho delictivo aunque con gravísimas dificultades para ello. Supuesto en los que su capacidad de comprender la ilicitud del hecho o de actuar conforme a esta comprensión está sensiblemente disminuida o alterada. Es decir, se apreciará la eximente incompleta en los supuestos de intoxicación semiplena o síndrome de abstinencia no totalmente inhabilitante. Y también puede venir determinada dicha eximente incompleta bien por la gravedad de los efectos que provoca la adicción a determinadas drogas (y concretamente a la heroína), cuando es prolongada, o reciente pero muy intensa, bien en aquellos casos en que la drogodependencia se asocia a otras causas deficitarias del psiquismo del agente, como pueden ser leves oligofrenias, psicopatías y trastornos de la personalidad, bien cuando se constata que en el acto enjuiciado incide una situación próxima al síndrome de abstinencia, momento en el que la compulsión hacia los actos destinados a la consecución de la droga se hace más intensa, disminuyendo profundamente la capacidad del agente para determinar su voluntad.

3) atenuante por drogadicción. El artículo 21.2 del Código penal incluye entre las circunstancias atenuantes la de actuar el culpable a causa de su grave adicción a las sustancias mencionadas en el número 2.º del artículo anterior. Se configura la atenuación por la incidencia de la adicción en la motivación de la conducta criminal

en cuanto es realizada "a causa" de aquélla. El beneficio de la atenuación solo tiene aplicación cuando existe una relación entre el delito cometido y la carencia de drogas que padece el sujeto. Esa adicción grave debe condicionar su conocimiento de la licitud (conciencia) o su capacidad de actuar conforme a ese conocimiento (voluntad).

El consumo de sustancias estupefacientes, aunque sea habitual, no permite la aplicación de una atenuación, no se puede, pues, solicitar la modificación de la responsabilidad criminal por el simple hábito de consumo de drogas ni basta con ser drogadicto en una u otra escala, de uno u otro orden para pretender la aplicación de circunstancias atenuantes, porque la exclusión total o parcial o la simple atenuación de estos toxicómanos, ha de resolverse en función de la imputabilidad, o sea de la incidencia de la ingestión de la droga en las facultades intelectivas y volitivas del sujeto. En consecuencia, los supuestos de adicción a las drogas que puedan ser calificados como menos graves o leves, no constituyen atenuación, ya que la adicción grave es el supuesto límite para la atenuación de la pena por la dependencia a las drogas.

**Regulación normativa**: artículos 20.2.º y 21.2.º CP.

**Jurisprudencia:** SSTS de 4 de marzo de 2002 (*Tol 156372*), de 7 de mayo de 2002 (*Tol 162130*), de 27 de enero de 2012 (*Tol 2469425*).

# E

## ECOCIDIO

Se entiende por ecocidio cualquier acto ilícito o arbitrario perpetrado a sabiendas de que existen grandes probabilidades de que cause daños graves que sean extensos o duraderos al medio ambiente.

## ECRIS

ECRIS, el Sistema Europeo de Información de Antecedentes Penales, se creó en 2012 con base en la Decisión marco 2009/315/JAI del Consejo y la Decisión 2009/316/JAI del Consejo. Su objetivo es permitir un intercambio eficaz de información entre Estados miembros sobre condenas penales dictadas en la Unión Europea.

En la actualidad, los Estados miembros intercambian cada año en toda la Unión Europea a través de ECRIS unas 288.000 solicitudes de información sobre condenas penales previas.

## EDAD PENAL

Las penas y medidas de seguridad previstas en el Código penal solamente se aplican a las personas mayores de 18 años. A las personas mayores de 14 años y menores de 18 responsables de la comisión de delitos solo les será

de aplicación el régimen previsto en la Ley Orgánica
5/2000, de 12 de enero, reguladora de la responsabilidad penal de los menores, Ley que podrá ser también de
aplicación a los mayores de 18 años y menores de 21 que
cometan un hecho delictivo.

**Regulación normativa**: artículos 19 y 69 CP.

**Jurisprudencia:** SAP de Barcelona de 20 de diciembre
de 2008 (*Tol 1467517*); SAP de León de 29 de abril de
2009 (*Tol 1525390*).

## EDAD DEL CONSENTIMIENTO SEXUAL

La reforma de 2015 elevó a dieciséis la anterior edad de
trece años para el consentimiento sexual. De esta manera, la realización de actos de carácter sexual con menores
de dieciséis años es considerada, en todo caso, delito,
salvo que se trate de relaciones consentidas con una persona próxima al menor por edad y grado de desarrollo o
madurez física o psicológica.
La Directiva 2011/93/UE, relativa a la lucha contra los
abusos sexuales y la explotación sexual de los menores y
la pornografía infantil, define la edad del consentimiento sexual como la "edad por debajo de la cual, de conformidad con el Derecho Nacional, está prohibido realizar
actos de carácter sexual con un menor".

**Regulación normativa**: artículo 183 bis CP.

## EDIFICIO O LOCAL ABIERTOS AL PÚBLICO

Se entiende por edificio o local abiertos al público todo lugar destinado a una actividad que se desarrolla con puertas abiertas para que pueda entrar quien lo desee: un restaurante, un cine, un teatro, etc. Lo realmente decisivo para su aplicación es el libre acceso.

El fundamento de la agravación de un delito cometido en edificio o local abiertos al público radica tanto en la peligrosidad por la existencia de público y el abuso de la confianza por parte del sujeto activo del delito al serle permitido el acceso al local.

**Regulación normativa**: artículo 241.1 y 242.2 CP.

**Jurisprudencia:** SSTS de 2 de febrero de 1998 (*Tol 8434*), de 3 de septiembre de 1998 (*Tol 205238*), de 21 de diciembre de 2009 (*Tol 1768817*).

## ELEMENTO DESCRIPTIVO DEL TIPO

Para formular el tipo penal el legislador se vale de elementos descriptivos y de elementos normativos. Los elementos descriptivos del tipo son conceptos tomados del lenguaje cotidiano y son susceptibles de una constatación fáctica. Los elementos descriptivos del tipo designan objetos del mundo exterior aprehensibles por los sentidos como, por ejemplo, persona, matar, enfermedad, etc.

**Jurisprudencia:** SSTS de 23 de junio de 1988 (*Tol 2351862*), de 19 de abril de 2002 (*Tol 3449164*).

## ELEMENTO NORMATIVO DEL TIPO

Los elementos normativos del tipo se refieren a hechos que solo pueden pensarse e imaginarse bajo el presupuesto de una norma. Los elementos normativos aluden a una realidad determinada por una norma jurídica: llave falsa, suelo no urbanizable, etc., por ello implican siempre una valoración y, por tanto, un cierto grado de subjetivismo. La existencia de elementos normativos en el tipo como, por ejemplo, la ajenidad de la cosa en los delitos de hurto o robo lleva a tener que acudir al Derecho civil que define el concepto de propiedad.

**Jurisprudencia:** SSTS de 22 de octubre de 1991 (*Tol 2424057*), de 19 de noviembre de 2004 (*Tol 582768*).

## ELEMENTOS SUBJETIVOS DEL TIPO

Elementos subjetivos del tipo o del injusto son todos aquellos requisitos de carácter subjetivo distintos al dolo que el tipo penal exige para su realización. Constituye, por ejemplo, un elemento subjetivo del tipo o del injusto, el ánimo de lucro presente en el delito de hurto.

Por tanto, los elementos subjetivos del tipo son todos aquellos requisitos de carácter intencional distintos del dolo a los que en ocasiones recurre el legislador para describir los tipos penales.

**Jurisprudencia:** STS de 20 de septiembre de 2010 (*Tol 1967392*).

## EMBRIAGUEZ

La intoxicación por bebidas alcohólicas se halla contemplada juntamente con la derivada del consumo de drogas e integra la eximente del núm. 2.º del artículo 20 cuando determine una disminución de las facultades psíquicas tan importante que impida al autor del hecho delictivo comprender la ilicitud del mismo o actuar conforme a esa comprensión, siempre que la embriaguez no hubiese sido buscada de propósito para cometer la infracción penal, y que no se hubiese previsto o debido prever su comisión.

Cuando la pérdida de las facultades intelectivas o volitivas del autor, a consecuencia de la embriaguez, sin privarle de la capacidad de comprender la ilicitud del acto o de actuar conforme a tal comprensión, disminuya de forma importante tal capacidad de comprensión y de decisión, deberá apreciarse la eximente incompleta de intoxicación etílica, al amparo del núm. 1.º del artículo 21 del Código penal, en relación con el núm. 2.º del artículo 20 del mismo cuerpo legal, o la simple atenuante del artículo 21.2.º cuando el culpable actúe a causa de su grave adicción al consumo de bebidas alcohólicas, o bien la atenuante analógica del artículo 21.7.ª cuando la disminución de la voluntad y de la capacidad de querer sea leve, cualquiera que sean las circunstancias que la motivan, que deberá traducirse igualmente en una disminución de su capacidad cognoscitiva y volitiva, apreciada judicialmente.

**Regulación normativa**: artículos 20.2.º y 21.2.º y 7.º CP.

**Jurisprudencia:** STS de 13 de mayo de 2004 (*Tol 449346*); SAP de Valencia de 29 de abril de 2008 (*Tol 1372445*).

# ENAJENACIÓN MENTAL

La enajenación mental es uno de los casos que excluye la imputabilidad. La enajenación mental existe cuando el sujeto que, al tiempo de cometer el delito, a causa de cualquier anomalía o alteración psíquica, no puede comprender la ilicitud del hecho o actuar conforme a esa comprensión.

Si en el Derecho penal se exige el entendimiento, la intención, el propósito, la voluntad y el discernimiento, clara está la importancia de conocer cualquier supuesto de perturbación que de alguna forma limite tales pronunciamientos. El problema está en las dificultades que ofrece la patología, en cada supuesto de caso concreto cuando estudia las enfermedades mentales, primero en el diagnóstico y después en el pronóstico, si se quiere diferenciar la auténtica enfermedad mental de lo que, también en el contexto de la anormalidad, solo se desenvuelve medicamente como simple síndrome o síntoma intranscendente, cuando no como momentánea afección de órganos o funciones concretas, supuestos en los cuales no puede hablarse penalmente de responsabilidad penal disminuida o anulada.

**Regulación normativa**: artículo 20.1.° CP.

**Jurisprudencia:** STS de 4 de mayo de 2010 (*Tol 1868924*); SAP de Álava de 17 de diciembre de 2008 (*Tol 1482627*).

## ENALTECIMIENTO DEL TERRORISMO

El enaltecimiento o la justificación públicos de los delitos de terrorismo o de quienes hayan participado en su ejecución, o la realización de actos que entrañen descrédito, menosprecio o humillación de las víctimas de los delitos terroristas o de sus familiares es un delito castigado con la pena de prisión de uno a tres años y multa.
De esta manera la legitimación de las acciones terroristas o la exculpación o minimización de su significado antidemocrático y de la violación de derechos fundamentales que comportan deja de ser una simple manifestación ideológica para convertirse en un acto de colaboración con el terrorismo.

**Regulación normativa**: artículo 578 CP.

**Jurisprudencia:** SSAN de 11 de noviembre de 2010 (*Tol 2008817*), de 31 de marzo de 2014 (*Tol 4153064*), de 11 de diciembre de 2017 (*Tol 6452503*), de 15 de enero de 2018 (*Tol 6483536*); SSTS de 14 de marzo de 2012 (*Tol 2494306*), de 17 de febrero de 2016 (*Tol 5643618*), de 31 de enero de 2018 (*Tol 6492518*), de

9 de febrero de 2018 (*Tol 6511003*), de 15 de febrero
de 2018 (*Tol 6513752*); AJCI núm. 2 de 6 de febrero de
2016 (*Tol 5642512*).

## ENCUBRIMIENTO

A partir de la entrada en vigor del Código penal de 1995
el encubrimiento ha dejado de ser un grado genérico de
participación en los delitos regulado junto con la autoría y la complicidad, para pasar a configurarse como un
delito autónomo en el artículo 451 dentro del Capítulo
III del Título XX, «Delitos contra la Administración
de Justicia».

El encubrimiento es un delito autónomo cuyos elementos integrantes son:

1) sujeto activo: no pueden ser encubridores los que hayan tenido intervención como autores o cómplices en la
comisión de un delito.

2) elemento objetivo:

a) tiempo. La conducta encubridora ha de tener lugar
después de perpetrado un hecho punible, ya que los
actos posteriores que hayan sido concertados antes o
al tiempo de cometerse un delito vienen siendo unáni-
memente considerados por la doctrina y el Tribunal Supremo como formas de participación «ex post facto»
(cooperación necesaria o complicidad).

b) formas de conducta. Cualquier intervención posterior al delito no es punible como encubrimiento, sino
tan solo aquellas que adopten alguna de las formas típicas, que enumera el artículo 451 del Código penal en-

tre las que se encuentran, ocultar, alterar o inutilizar el cuerpo, los efectos o los instrumentos de un delito, para impedir su descubrimiento.

**Regulación normativa**: artículos 451 a 454 CP.

**Jurisprudencia:** SSTS de 28 de febrero de 2008 (*Tol 1311943*), de 4 de junio de 2010 (*Tol 1884406*).

## ENRIQUECIMIENTO ILÍCITO

La Ley Orgánica 14/2022 introduce por primera vez en nuestro ordenamiento jurídico el delito de enriquecimiento ilícito para reforzar la lucha contra la corrupción en materia de enriquecimiento ilícito al castigar la posesión de bienes injustificados. El delito se configura como un delito de desobediencia. De este modo, para incurrir en el tipo penal no basta con poseer un patrimonio cuyo origen no sea explicable a partir de los ingresos declarados, sino que debe existir un requerimiento previo por parte de los organismos administrativos o judiciales competentes para la comprobación de dicho patrimonio. Solo ante la negativa a detallar a dichos órganos el origen de un incremento patrimonial o de una cancelación de deudas o ante una explicación manifiestamente falsa sobre los mismos se incurriría en el tipo penal.

Por tanto, se castiga a la autoridad que, durante el desempeño de su función o cargo y hasta cinco años después de haber cesado en ellos, hubiera obtenido un incremento patrimonial o una cancelación de obligaciones o deudas por un valor superior a 250.000 euros respecto a sus ingresos acreditados, y se negara abiertamente a dar el debido cumplimiento a los requerimientos de los órganos competentes destinados a comprobar su justificación.

**Regulación normativa**: artículo 438 bis CP.

# ENSAÑAMIENTO

El ensañamiento es una circunstancia agravante que consiste en ocasionar intencionadamente a la víctima un sufrimiento mayor que el que es necesario para cometer el delito. Se trata del aumento deliberado e inhumano del dolor causado al sujeto pasivo.

En la agravante de ensañamiento se ha de distinguir un elemento objetivo, caracterizado por la efectiva causación de unos males innecesarios, esto es, aquellos resultados de la acción que no sean necesarios a la finalidad perseguida por el autor. Y otro subjetivo, por el que el autor del hecho asume la innecesariedad de su acción, el carácter deliberado del exceso. El autor, deliberadamente, asume que la acción que desarrolla ya no persigue la realización del delito sino persigue un aumento del dolor causado con actos innecesarios a la ejecución del delito.

En relación con el aspecto subjetivo no es necesaria la comprobación de una especial frialdad del autor ni tampoco que la acción vaya dirigida exclusivamente a la causación de mayor dolor. Solo es necesario que el autor haya tenido un conocimiento directo del dolor que causa.

En definitiva, se trata "en la complacencia en la agresión —por "brutal" o salvaje que haya sido la agresión— en la forma realizada, con la finalidad de aumentar deliberadamente el dolor del ofendido.

**Regulación normativa**: artículo 22.5.º CP.

**Jurisprudencia:** SSTS de 18 de junio de 2006 (*Tol 1002322*), de 18 de octubre de 2006 (*Tol 1002322*), de 29 de junio de 2009 (*Tol 1580531*), de 4 de mayo de 2010 (*Tol 1868924*), de 9 de julio de 2014 (*Tol 4468110*), de 7 de abril de 2016 (*Tol 5687772*), de 11 de diciembre de 2017 (*Tol 6471013*), de 4 de octubre de 2023 (*Tol 9731770*), de 10 de noviembre de 2023 (*Tol 9777573*).

## ENTREGA VIGILADA DE DROGAS

Por entrega vigilada se entiende la técnica consistente en permitir que remesas ilícitas o sospechosas de drogas tóxicas, sustancias psicotrópicas u otras sustancias prohibidas, los equipos, materiales, así como los bienes y ganancias procedentes de las actividades delictivas tipificadas en los artículos 301 a 304 y 368 a 373 del Código penal, circulen por territorio español o salgan o entren en él sin interferencia obstativa de la autoridad o sus agentes y bajo su vigilancia, con el fin de descubrir o identificar a las personas involucradas en la comisión de algún delito relativo a dichas drogas, sustancias, equipos, materiales, bienes y ganancias, así como también prestar auxilio a autoridades extranjeras en esos mismos fines.

El Juez de Instrucción competente y el Ministerio Fiscal, así como los Jefes de las Unidades Orgánicas de Policía Judicial, centrales o de ámbito provincial, y sus mandos superiores podrán autorizar la circulación o entrega vigilada de drogas tóxicas, estupefacientes o sustancias psicotrópicas, así como de otras sustancias prohibidas. Esta medida deberá acordarse por resolución fundada, en la que se determine explícitamente, en cuanto sea posible, el objeto de autorización o entrega vigilada, así como el tipo y cantidad de la sustancia de que se trate. Para adoptar estas medidas se tendrá en cuenta su necesidad a los fines de investigación en relación con la importancia del delito y con las posibilidades de vigilancia.

**Regulación normativa**: artículo 263 bis LECrim.

## ERROR

El artículo 14 del Código penal distingue entre el error de tipo (o de hecho), que afecta al supuesto de hecho previsto por la norma, y el error de prohibición (de derecho, según la terminología anterior), que atañe a la propia existencia de la norma que prohíbe la realización del hecho.

**Regulación normativa**: artículo 14 CP.

## ERROR DE PROHIBICIÓN

Existe error de prohibición cuando el autor cree que actúa lícitamente. Doctrinalmente, se ha distinguido en-

tre un error de prohibición directo, el que recae sobre
la norma de prohibición, o indirecto, el que recae sobre
la esencia, límites o presupuestos de las causas de justificación.

El error de prohibición se constituye, como reverso de
la conciencia de la antijuridicidad, como un elemento
constitutivo de la culpabilidad y exige que el autor de
la infracción penal concreta ignore que su conducta es
contraria a derecho o, expresado de otro modo, que actúe en la creencia de estar obrando lícitamente. No cabe
extenderlo a los supuestos en los que el autor crea que
la sanción penal era de menor gravedad y tampoco a los
supuestos de desconocimiento de la norma concreta infringida. Únicamente se excluye, o atenúa, la responsabilidad cuando se cree obrar conforme a derecho.

El error de prohibición puede ser vencible o invencible.
La calificación del error como vencible conlleva la aplicación de la pena inferior en uno o dos grados. Si el error
es calificado como invencible, queda excluida la responsabilidad criminal.

Corresponde a quien lo alega, y su defensa, exponer las
condiciones que hacen que en el sujeto concreto concurre el supuesto de exclusión de la responsabilidad penal,
o su atenuación, por la concurrencia del error; y su razonabilidad deberá ser extraída de condicionamientos
particulares que concurran en el sujeto, y bien entendido
que resulta inverosímil y, por lo tanto, inadmisible la in-
vocación del error de prohibición cuando se trata de infracciones de carácter natural o elemental, cuya ilicitud
es notoriamente evidente y de comprensión y constancia

generalizada como sucede, por ejemplo, con el homicidio o el robo.

**Regulación normativa**: artículo 14.3.º CP.

**Jurisprudencia:** SSTS de 30 de mayo de 2007 (*Tol 1106888*), de 4 de marzo de 2010 (*Tol 1798207*).

## ERROR DE PROHIBICIÓN DIRECTO

Tiene lugar cuando se desconoce la existencia de la norma prohibitiva como tal.

## ERROR DE PROHIBICIÓN INDIRECTO

Tiene lugar cuando sabiendo que la conducta en cuestión está prohibida con carácter general, se cree, erróneamente, que en el caso concreto está permitida, por tener una apreciación errónea sobre la existencia, los límites o los presupuestos objetivos de una causa de justificación que autorice la acción.

## ERROR DE TIPO

Constituye el error de tipo un conocimiento equivocado o juicio falso sobre alguno o todos los elementos descritos en el tipo delictivo.

Son fundamentales para apreciar cualquier tipo de error jurídico en la conducta del infractor, las condiciones psicológicas y de cultura del mismo, las posibilidades de recibir instrucción y asesoramiento o de acudir a medios que le permitan conocer la trascendencia jurídica de su conducta. También la naturaleza del hecho delictivo, sus características y las posibilidades que de él se desprenden. El error de tipo puede ser vencible o invencible. La calificación del error como vencible conlleva que la infracción sea castigada en su caso, como imprudente. Si el error es calificado como invencible, queda excluida la responsabilidad criminal.

La concurrencia del error siempre es el resultado de una valoración del Juez tras el estudio de todas las circunstancias concurrentes en el caso, teniendo en cuenta la condición de cualquier persona media y perteneciente al entorno socio-cultural de los protagonistas del hecho.

**Regulación normativa**: artículo 14.1.° y 2.° CP.

**Jurisprudencia:** SSTS de 9 de mayo de 2007 (*Tol 1081771*), de 2 de noviembre de 2009 (*Tol 1726688*).

## ERROR EN EL GOLPE

*Vid. Aberratio ictus.*

## ERROR INVENCIBLE

El error invencible es aquel error que el sujeto no hubiese logrado evitar ni aun aplicando la diligencia debida. El error es invencible en cuanto a inevitable.

**Regulación normativa**: artículo 14 CP.

## ERROR SOBRE EL OBJETO DE LA ACCIÓN

Se trata de un error sobre la cualidad o identidad del objeto o persona sobre los que recae la acción. El caso más importante lo constituye el error *in persona*, en donde el autor confunde a la víctima, tomándola por otra persona.

## ERROR SOBRE LA RELACIÓN DE CAUSALIDAD

El sujeto quería causar el resultado y este se produce efectivamente, pero de manera distinta a la prevista por el autor. El autor apuñala brutalmente en el corazón a su víctima, quien muere a consecuencia del golpe que recibe en la caída.

## ERROR VENCIBLE

El error vencible es aquel error que hubiese podido evitarse si el sujeto hubiera observado el debido cuidado, por lo que puede considerarse error "imprudente".
Es vencible el error cuando el conocimiento equivocado o juicio falso se hubiera podido evitar.

**Regulación normativa**: artículo 14 CP.

## ESCALAMIENTO

El escalamiento es una de las modalidades de fuerza en las cosas para acceder o salir del lugar donde está la cosa mueble objeto de la protección, radicando su fundamento en la peligrosidad que revela la astucia, destreza y habilidad utilizada por el sujeto activo del delito para el desapoderamiento de la cosa mueble.

La jurisprudencia reiterada del Tribunal Supremo ha venido marcando una definida tendencia a rechazar cualquier interpretación extensiva, no estrictamente normativa, de una circunstancia cuyos efectos agravatorios sobre la calificación jurídica del hecho son evidentes.

Son dos las notas que caracterizan al escalamiento. De una parte, el acceso o salida de forma ilícita del lugar donde está la cosa mueble. De otra, el quebrantamiento de las defensas expresamente colocadas por el propietario de la cosa para evitar su sustracción.

**Regulación normativa**: artículo 238.1 CP.

**Jurisprudencia:** STS de 30 de abril de 2002 (*Tol 162788*); SAP de Cádiz de 29 de junio de 2001 (*Tol 108820*); SAP de Las Palmas de 8 de febrero de 2011 (*Tol 2177573*); SAP de Las Palmas de 18 de mayo de 2012 (*Tol 2629556*).

## ESPIONAJE

El espionaje consiste:

1) en la entrega al enemigo de documentos o de información relevante que sean idóneas para una agresión a España o para permitir el avance de las tropas enemigas, o bien

2) en procurar, falsear, inutilizar o revelar información clasificada como reservada o secreta, susceptible de perjudicar la seguridad nacional o la defensa nacional.

**Regulación normativa**: artículos 583.3.º y 584 CP.

**Jurisprudencia:** SAP de Madrid de 11 de febrero de 2010 (*Tol 1781122*).

## ESTADO DE NECESIDAD

La eximente de estado de necesidad —causa de exclusión del injusto cuando se trata de conflicto entre bienes o intereses de igual valor, teniendo su fundamento en el principio de protección del interés preponderante, o, causa excluyente de la culpabilidad cuando se trata de conflictos entre bienes o deberes de igual entidad o rango, (principio de inexigibilidad de otra conducta)— precisa, ante todo, de una situación de necesidad, sin la que es no es posible entrar en el examen de los otros requisitos que el propio precepto exige.

Aunque el Código penal no defina lo que se entienda por "necesidad" en la concreta aplicación de la eximente, se señala por la doctrina y la jurisprudencia, tradicionalmente, que surge la necesidad cuando se produce un conflicto urgente, real y efectivo, grave, actual, inminente, inaplazable, absoluto (por ser el único camino o medio de evitar el mal) que amenaza inevitablemente sobre el necesitado encontrándose el bien en trance de destrucción o perecimiento, siendo este estado de necesidad un requisito básico e imprescindible tanto para la eximente completa como para la eximente incompleta, equivaliendo a una situación de conflicto actual o inminente y total entre dos bienes, en el cual la salvación de uno exige el sacrificio del otro o la infracción de un deber.

Así pues, el estado de necesidad exige para su apreciación, con prioridad lógica a la concurrencia de los tres requisitos que se enumeran en el artículo 20.5 del Código penal, que el sujeto se encuentre en una situación objetiva de necesidad. Situación objetiva de necesidad que está integrada por tres elementos básicos:

1) que el sujeto esté amenazado por el peligro actual o inminente de sufrir un mal propio o ajeno.

2) que la acción realizada, lesionando un bien jurídico ajeno o infringiendo un deber sea el único modo —o el menos lesivo— de evitar el mal que amenaza.

3) que el sujeto actúe "en" estado de necesidad, o lo que es igual, motivado por el conflicto derivado de dicha situación.

Se admite por la jurisprudencia que el mal no solo sea propio del que realiza la acción protectora, sino que se contempla la posibilidad de actuar en ayuda de la situación angustiosa de otra persona que se ve sometida a un peligro grave e inminente.

Una vez acreditada la existencia de esta situación de necesidad derivada de la existencia de un bien en peligro

real, efectivo, grave e inminente, habrán de concurrir, además, el resto de requisitos establecidos por el Código penal para la apreciación del estado de necesidad, esto es:
1) que el mal que se trate de evitar no sea menor que el causado por el necesitado.
2) que la situación de necesidad no haya sido provocada intencionadamente por el sujeto y
3) que el necesitado no tenga, por razón de su oficio o cargo, obligación de sacrificarse.

Aparte de los elementos citados, se pone el acento por la jurisprudencia en dos conceptos fundamentales que informan el núcleo de esta circunstancia: la proporcionalidad y la necesidad. Respecto de la proporcionalidad del mal causado, si el mal que se pretende evitar es de superior o igual entidad que la gravedad que entraña el delito cometido para evitarlo, y no hay otro remedio humanamente aceptable, la eximente debe ser aplicada de modo completo; si esa balanza comparativa se inclina mínimamente en favor de la acción delictiva y se aprecian en el agente poderosas necesidades, la circunstancia modificativa debe aceptarse con carácter parcial (eximente incompleta); pero si ese escalón comparativo revela una diferencia muy apreciable, no puede ser aplicable en ninguna de sus modalidades.

Y por lo que al elemento de la necesidad se refiere, la apreciación de esta circunstancia exige que el mal que se pretende evitar sea real, grave y actual o inminente, y también la comprobación de que el agente haya agotado todos los medios alternativos lícitos para soslayar ese mal antes de acudir a la vía delictiva, de tal manera que, fracasados aquéllos, no quepa otra posibilidad humanamente razonable que el delito, pues a nadie se le puede exigir la heroicidad o el martirio en este ámbito.

Cabría añadir que la constatación de la concurrencia de estos elementos, si bien se ha de efectuar desde la óptica del hombre medio, requiere, por un lado, considerarlos al tiempo de ocurrir los hechos, esto es con un juicio coetáneo, colocándose el Juez en el lugar y situación en que, según los hechos probados, se hallaba el acusado, pues obviamente, un juicio *ex post*, con mayor serenidad, siempre acaba descubriendo alguna posibilidad alternativa.

**Regulación normativa**: artículo 20.5.º CP.

**Jurisprudencia:** SSTS de 29 de septiembre de 2004 (*Tol 514753*), de 6 de mayo de 2010 (*Tol 1879210*); SAP de Ciudad Real de 3 de diciembre de 2009 (*Tol 1788664*).

## ESTADO PASIONAL

*Vid*. Arrebato.

## ESTADOS DE INCONSCIENCIA

Los estados de inconsciencia determinan la ausencia de comportamiento humano voluntario. En estos casos los actos que se realizan no dependen de la voluntad y por consiguiente no pueden considerarse acciones penalmente relevantes. Estados de inconsciencia son, entre otros, el sueño, el sonambulismo o la embriaguez letárgica.

**Jurisprudencia:** SSTS de 31 de marzo de 2006 (*Tol 890427*), de 22 de octubre de 2008 (*Tol 1401673*).

## ESTAFA

La estafa en el ámbito penal no constituye un concepto coincidente con el sentido coloquial o vulgar con que se utiliza en el ámbito social, sino que se trata de un concepto normativo explicitado "ex lege", con precisión de todos sus elementos típicos esenciales en el artículo 248 del Código penal.

Comete, pues, estafa quien "con ánimo de lucro utiliza engaño bastante para producir error en otro, induciéndole a realizar un acto de disposición en perjuicio de sí mismo o de tercero" lo que implica la concurrencia y acreditación en juicio de:

1) un engaño bastante, esto es, idóneo objetiva y subjetivamente.

2) para provocar error en la persona a la que se dirige, error que naturalmente debe ser susceptible de

3) inducirle a realizar un acto de disposición patrimonial.

4) con perjuicio propio o de tercero.

5) todo ello llevado a cabo por el autor del engaño con la finalidad de obtener una ventaja económica o lucro de contenido patrimonial, a costa del patrimonio del sujeto engañado o de un tercero.

Dicha definición legal, en una rigurosa interpretación dogmática, jurisprudencialmente acotada de modo reiterado, implica que para otorgar relevancia penal a hechos patrimonialmente lesivos, deben concurrir todos y cada uno de los elementos que la integran en orden sucesivo y concatenado, de manera que la ausencia de uno de ellos exonera definitivamente al órgano jurisdiccional de fijar o determinar la existencia de los restantes, trabándose, en consecuencia, la posibilidad de exigir responsabilidad por aquellos hechos en sede defraudatoria si no se constata dicha concatenación sucesiva.

La existencia de una conducta engañosa previa (esto es, guiada por dolo antecedente), la entidad y gravedad de la misma (engaño bastante) por un lado, y la concatenación típica entre este, el error, el acto de disposición y el perjuicio, son los puntos claves diferenciadores del ilícito penal y del ilícito civil patrimonial, de modo que sin aquél o sin la obligada conexión antedicha, aun existiendo perjuicio, no cabe hablar de estafa a efectos penales.

**Regulación normativa**: artículos 248, 249, 250, 251 y 251 bis CP.

**Jurisprudencia:** SSTS de 25 de enero de 2007 (*Tol 1036594*), de 16 de julio de 2008 (*Tol 1353133*), de 3 de mayo de 2016 (*Tol 5718351*), de 21 de junio de 2016 (*Tol 5761795*), de 11 de diciembre de 2017 (*Tol 6460385*), de 26 de enero de 2018 (*Tol 6499029*), de 24 de mayo de 2019 (*Tol 7271619*), de 3 de junio de 2021 (*Tol 8473289*), de 27 de enero de 2022 (*Tol 8804308*); SAP de La Rioja de 8 de abril de 2008 (*Tol 1376297*); SAP de Las Palmas de 31 de diciembre de 2009 (*Tol 1862708*); SAP de Zaragoza de 15 de abril de 2010 (*Tol 1892344*); SAP de Castellón de 8 de enero de 2016 (*Tol 5608357*).

## ESTAFA DE INVERSORES

La estafa de inversores requiere la comisión de una conducta falsaria por parte de una empresa a través de su administrador de hecho o de derecho, con el fin de captar irregularmente inversores o depositantes, de colocar activos financieros o de hacerse, de cualquier otro modo, con financiación.

La conducta típica en este delito introducido por la reforma penal de 2010, como consecuencia de los graves escándalos financieros ocurridos, consiste en una conducta falsaria en relación con la información regulada que las empresas deben difundir. Este falseamiento puede llevarse a cabo bien haciendo constar informes favorables falsos o incorrectos o bien silenciando hechos desfavorables en folletos, resúmenes, informes o en las propias páginas web de la entidad emisora de la información.

Ejemplo paradigmático de estafa de inversores lo constituye el llamado caso de las participaciones preferentes.

**Regulación normativa**: artículo 282 bis CP.

**Jurisprudencia:** STS de 11 de marzo de 2020 (*Tol 7922117*); AJCI de 24 de junio de 2013, de 17 de septiembre de 2014.

## ESTAFA IMPROPIA

La estafa impropia castiga al que habiendo enajenado una cosa mueble o inmueble como libre, "la gravare o enajenare nuevamente antes de la definitiva transmisión al adquirente, en perjuicio de este o de un tercero."

Los requisitos que requiere este tipo penal son:

1) que haya existido una primera enajenación.

2) que sobre la misma cosa antes enajenada haya existido una segunda enajenación "antes de la definitiva transmisión al adquirente", es decir, antes de que el primer adquirente se encuentre con relación a la cosa adquirida en una posición jurídica tal que el anterior titular ya no esté capacitado para realizar un nuevo acto de disposición en favor de otra persona.

3) perjuicio de otro, que puede ser el primer adquirente o el segundo, según quién sea el que en definitiva se quede con la titularidad de la cosa doblemente enajenada, para lo cual hay que tener en cuenta lo dispuesto en el artículo 1.473 del Código Civil.

4) además, ha de concurrir el dolo como en todos los delitos dolosos, consistente en este caso en haber actuado el acusado en tales hechos con conocimiento de la concurrencia de esos tres requisitos objetivos antes expuestos: la existencia de esas dos enajenaciones sucesivas sobre la misma cosa y del mencionado perjuicio.

**Regulación normativa**: artículo 251.2 CP.

**Jurisprudencia:** STS de 2 de febrero de 2016 (*Tol 5639585*).

## ESTAFA PROCESAL

La llamada estafa procesal, subtipo de estafa agravada, se caracteriza porque el sujeto pasivo engañado es en realidad el titular del órgano jurisdiccional a quien, a través de una maniobra procesal idónea, se le induce a seguir un procedimiento y/o a dictar una resolución que perjudica los intereses económicos de la otra parte o de un tercero.

En la estafa procesal no coincide la persona del engañado, quien por el error inducido realiza el acto de disposición en sentido amplio (el Juez), con quien en definitiva ha de sufrir el perjuicio (el particular afectado).

La jurisprudencia también ha estimado que puede producirse el fraude procesal cuando el engañado no es el Juez sino la parte contraria, a la cual, por determinadas argucias realizadas dentro del procedimiento, ordinariamente pruebas falsas o por simulación de un contrato, se le impulsa a que se allane, desista, renuncie, llegue a una transacción o, en cualquier caso, determine un cambio de su voluntad procesal como solución más favorable, lo que se denomina estafa procesal impropia.

**Regulación normativa**: artículo 250.7.º CP.

**Jurisprudencia:** SSTS de 15 de febrero de 2012 (*Tol 2473261*), de 31 de mayo de 2016 (*Tol 5747744*), de 17 de junio de 2016 (*Tol 5760477*); SAP de Albacete de 1 de marzo de 2012 (*Tol 2489985*).

## ESTRAGOS

El delito de estragos consiste en la causación de daños materiales o siniestros catastróficos a gran escala mediante el empleo de cualquier medio de elevada potencia destructiva, siempre que ello comporte un peligro abstracto o concreto para la vida o integridad de las personas, lo que constituye el elemento diferencial con el delito de daños.

**Regulación normativa**: artículos 346 y 347 CP.

**Jurisprudencia:** SSAN de 25 de noviembre de 2009 (*Tol 1761632*), de 28 de julio de 2011 (*Tol 2204036*).

## ESTUPEFACIENTES

El término estupefaciente —como objeto del delito contra la salud pública— viene a definir todas aquellas sustancias cuyo consumo, además de generar un mayor o menor grado de dependencia, es capaz de provocar el sueño (soporíferos) y se aplica, normalmente, a los narcóticos y a los analgésicos más potentes.

**Regulación normativa**: artículo 368 CP.

**Jurisprudencia:** STS de 25 de febrero de 2010 (*Tol 1783791*).

## EUTANASIA

El vocablo "eutanasia" proviene de la palabra griega "eu"
—bueno— y thanatos" —muerte; es decir una muerte
buena, feliz, sin dolor ni padecimientos.

Por eutanasia se entiende la ayuda prestada a una persona gravemente enferma, por su deseo o por lo menos en
atención a su voluntad presunta, para posibilitarle una
muerte humanamente digna en correspondencia con sus
propias convicciones. Se trata de un comportamiento
que, de acuerdo con la voluntad o interés de otra persona
que padece una lesión o enfermedad incurable, generalmente mortal, que le causa graves sufrimientos y afecta a
su calidad de vida, da lugar a la producción, anticipación
o no aplazamiento de la muerte del afectado.

La Organización Mundial de la Salud define la eutanasia
como "la acción del médico que provoca deliberadamente la muerte del paciente".

En el tema de la eutanasia se enfrentan dos corrientes:
los que consideran que la vida es un bien absoluto e in-
disponible.

2) los que entienden que debe de primar por encima de
todo el principio de calidad de vida.

La Ley Orgánica 3/2021, de 24 de marzo, de regulación
de la eutanasia ha modificado el apartado 4 del artículo 143 en el que se castiga al que causa o coopera activamente con actos necesarios y directos a la muerte de
una persona que sufra un padecimiento grave, crónico
e imposibilitante o una enfermedad grave e incurable,
con sufrimientos físicos o psíquicos constantes e inso-

portables, por la petición expresa, seria e inequívoca de la misma, Se castiga, por tanto, la eutanasia activa, no la pasiva, como por ejemplo sería desconectar el aparato que mantiene con vida a una persona que se encuentra en estado de coma irreversible.

A reglón seguido ha introducido un nuevo apartado 5 en el que exime de responsabilidad penal a quien causare o cooperare activamente a la muerte de otra persona cumpliendo lo establecido en la Ley Orgánica reguladora de la eutanasia.

**Regulación normativa**: artículo 143.4 y 5 CP.

**Jurisprudencia:** STC de 22 de marzo de 2023 (*Tol 9493276*); SAP de Madrid de 21 de enero de 2008 (*Tol 1233205*); SAP de Lleida de 4 de abril de 2022 (*Tol 9362013*); SAP de Tarragona de 4 de agosto de 2022 (*Tol 9441177*); S. Jutjat d'Instrucció nº 5 de Tarragona de 6 de julio de 2022 (*Tol 9152080*).

## EVASIÓN

Es la acción del sentenciado o preso de escapar de un establecimiento penitenciario haciendo uso de la violencia o intimidación en las personas o fuerza en las cosas o tomando parte de un motín.

**Regulación normativa**: artículo 469 CP.

**Jurisprudencia:** STS de 16 de febrero de 1998 (*Tol 77823*).

## EXACCIONES ILEGALES

Las exacciones ilegales consisten en la exigencia de pago, demandando el funcionario la contribución al ciudadano bajo la apariencia de que la misma es debida legalmente, o que su cuantía es la determinada con arreglo a las normas reguladoras de la tarifa correspondiente.

**Regulación normativa**: artículo 437 CP.

**Jurisprudencia:** SSTS de 29 de octubre de 2004 (*Tol 538298*), de 31 de marzo de 2016 (*Tol 5680987*); STSJ de Asturias de 19 de marzo de 2015 (*Tol 4786299*).

## *EXCEPTIO VERITATIS*

En Derecho penal, si el acusado de calumnia o injuria demuestra la verdad de los hechos por el imputados, queda exento de responsabilidad criminal, por tratarse de un caso de atipicidad.

En los supuestos de calumnia, tal previsión se aplica con carácter incondicionado, en tanto que en los supuestos de injuria, el Código penal solo contempla la aplicación de la *exceptio veritatis* en los casos en que la injuria se refiere a funcionarios públicos sobre hechos concernientes al ejercicio de sus cargos o a la comisión de infracciones administrativas. Ello, no obstante, la jurisprudencia estima aplicable la *exceptio veritatis* en las injurias entre particulares, cuando los hechos atribuidos tienen proyección o relevancia pública.

**Regulación normativa:** artículos 207 y 210 CP.

**Jurisprudencia:** STS de 29 de enero de 2009 (*Tol 1452540*); SAP de Valencia de 5 de septiembre de 2007 (*Tol 1265569*); SAP de Lugo de 22 de julio de 2014 (*Tol 4477919*).

## EXCLUSIÓN SOCIAL

La idea que patrocina la agravante es sancionar las acciones y sentimientos de "exclusión social" que llevan aparejada una discriminación a otras personas por considerarlas diferentes a lo que el sujeto autor del delito considera cuáles deben ser los patrones que deben seguir las personas para poder convivir con ellos en una localidad. Ello integra el posible odio a personas por razón de sexo, género, con discapacidad, pero, también, la pertenencia en este caso al colectivo, lo que determina una "ideología", o una forma de ser o pensar que no es aceptada por el autor del delito, con la pretensión finalística ya desarrollada y que forma parte de una "ideología excluyente", proyectada en la ideología del sujeto a quien se quiere y pretende odiar y discriminar.

**Regulación normativa:** artículo 22.4 CP.

**Jurisprudencia:** STS de 9 de octubre de 2019, "caso Alsasua", (*Tol 7531451*), *vid.* el voto particular.

## EXCUSA ABSOLUTORIA

Se denominan excusas absolutorias a aquel conjunto de circunstancias legalmente establecidas por razones de política criminal que, de concurrir en la comisión de un hecho típico, antijurídico y culpable, determinan la no imposición de una pena y, en consecuencia, la exclusión de toda responsabilidad criminal. Las excusas absolutorias pertenecen al ámbito de la punibilidad.

El Código penal contempla varias excusas absolutorias: de parientes, en el cohecho, en delitos contra la Hacienda Pública, etc. Por ejemplo, la razón de ser de la excusa absolutoria en los delitos contra el patrimonio que no impliquen violencia ni intimidación entre los parientes, incluidos en la excusa absolutoria del artículo 268 del Código penal, se encuentra en una razón de política criminal que exige no criminalizar actos efectuados en el seno de grupos familiares unidos por fuertes lazos de sangre en los términos descritos en el artículo 268, porque ello puede provocar una irrupción del sistema *per se* dentro del grupo familiar poco recomendable que perjudicaría la posible reconciliación familiar, estaría en contra de la filosofía que debe inspirar la actuación penal de mínima intervención y *ultima ratio*, siendo preferible desviar el tema a la jurisdicción civil que supone una intervención menos traumática y más proporcionada a la exclusiva afectación de intereses económicos como los únicos cuestionados, de ahí que se excluya los apoderamientos violentos o intimidatorios en los que quedan afectados valores superiores a los meramente económicos como son la vida, integridad física o psíquica, la libertad y seguridad.

**Regulación normativa**: artículos 268, 426, 305.4, 307.3 CP.

**Jurisprudencia:** STS de 30 de abril de 2003 (*Tol* 276376); SAP de Alicante de 21 de junio de 2003 (*Tol* 302791).

## EXHIBICIONISMO

El exhibicionismo consiste en la ejecución, ante menores de edad o personas con discapacidad necesitadas de especial protección, de actos de exhibición obscena, entendiendo por tales, bien las conductas de exposición del cuerpo humano desnudo, bien la ejecución de actos personales de carácter sexual.

No se exige un dolo específico de involucrar al menor en su contexto sexual, basta simplemente que se realice esa conducta a su vista. El bien jurídico protegido no es otro que el derecho del menor a no sufrir injerencias no deseadas en una esfera de la intimidad tan exclusiva de su persona, a no verse, por tanto, inmerso en una acción o escena sin su consentimiento, con posible perjuicio en su indemnidad sexual y en el ejercicio futuro de su libertad en este aspecto de su intimidad.

El artículo 185, en contra de lo que ocurría con sus precedentes legislativos, no trata ya de proteger la decencia pública, el pudor, como concepto general, sino que tiende a proteger a la infancia pues, tratándose de personas cuya personalidad se encuentra aun en formación, la contemplación o la realización de actos de elevada proyección sexual o erótica —realización del acto sexual desnudos en presencia de un menor— puede serles tremendamente perjudicial, incluso traumático, en su desarrollo evolutivo, dado que no cuentan con móviles de desarrollo, habilidades psicológicas o madurez adecuadas para manejar la situación o cuadro sensorial que determinada realidad les impone.

**Regulación normativa**: artículos 185 y 186 CP.

**Jurisprudencia:** SSTS de 28 de junio de 2004 (*Tol 483632*), de 6 de octubre de 2005 (*Tol 731710*); SAP de Madrid de 6 de julio de 2001 (*Tol 101323*); SAP de La Coruña de 17 de febrero de 2012 (*Tol 2490462*).

## EXIMENTE

Son eximentes todos aquellos supuestos de hecho taxativamente fijados en el artículo 20 del Código penal, cuya concurrencia determina la exclusión de toda responsabilidad criminal, por tratarse de causas de inimputabilidad —como, por ejemplo, la alteración en la percepción— o de justificación —como, por ejemplo, la legítima defensa—.

**Regulación normativa**: artículo 20 CP.

**Jurisprudencia:** SSTS de 3 de abril de 2000 (*Tol 38536*), de 16 de junio de 2010 (*Tol 1894692*).

## EXIMENTE INCOMPLETA

La eximente incompleta es una circunstancia atenuante de la responsabilidad criminal que resulta aplicable en los casos en que, cometido un delito, no concurren todos los requisitos necesarios establecidos en los distintos supuestos del artículo 20 del Código penal, sino tan sólo algunos de ellos, para eximir de responsabilidad criminal. Por ejemplo, se apreciará la legítima defensa como eximente incompleta en el caso de que el agredido se exceda en la violencia empleada para defenderse.

**Regulación normativa**: artículo 21.1.º CP.

**Jurisprudencia:** STS de 3 de diciembre de 2013 (*Tol 4074939*).

## EXPLOTACIÓN SEXUAL

*Vid.* Trata de seres humanos.

## EXPROPIACIÓN ILEGAL

El artículo 33 de la Constitución establece que nadie podrá ser privado de sus bienes y derechos sino por causa justificada de utilidad pública o interés social, mediante la correspondiente indemnización y de conformidad con lo dispuesto por las leyes. Dicha previsión se traduce en el Código penal con el castigo a la autoridad o funcionario público que expropie a una persona de sus bienes fuera de los casos permitidos y sin cumplir los requisitos legales. No se trata, por tanto, de proteger la propiedad, sino de evitar, mediante la sanción penal, la expropiación fuera de los casos y del procedimiento previsto en las leyes.

**Regulación normativa**: artículo 541 CP.

**Jurisprudencia:** SSTS de 28 de diciembre de 2001 (*Tol 130247*), de 12 de julio de 2003 (*Tol 308190*).

## EXPULSIÓN DE CIUDADANOS DE LA UNIÓN EUROPEA DEL TERRITORIO NACIONAL

La expulsión de un ciudadano de la Unión Europea del territorio nacional solo procede cuando represente una amenaza grave para el orden público o la seguridad pública en atención a la naturaleza, circunstancias y gravedad del delito cometido, sus antecedentes y circunstancias personales.

**Regulación normativa**: artículo 89.4 CP.

**Jurisprudencia:** STS de 12 de diciembre de 1995 (*Tol 187807*).

## EXPULSIÓN DE EXTRANJERO DEL TERRITORIO NACIONAL

Cuando la pena de prisión impuesta a un extranjero sea superior a un año e inferior a cinco años, procede su expulsión del territorio nacional. Excepcionalmente, puede cumplirse una parte de esa pena en España cuando resulte necesario para asegurar la defensa del orden jurídico y restablecer la confianza en la vigencia de la norma infringida y la sustitución del resto de la pena por la expulsión del territorio nacional.

Cuando las penas impuestas superen los cinco años de prisión, el cumplimiento de las mismas en España no es excepcional, sino obligatorio, y los criterios de la defensa del orden jurídico y el restablecimiento de la vigencia de la norma solo deben utilizarse para decidir si el cumplimiento en España es total o parcial. En ambos casos, tras cumplir en España la parte de la pena que se hubiera determinado, o cuando se acceda al tercer grado o libertad condicional, se procede a la expulsión postpenitenciaria.

La expulsión se aplica, por obra de la reforma de 2015, a todos los ciudadanos extranjeros, y no, como sucedía antes, solo a los que carezcan de un título de residencia.

No procederá la expulsión cuando la misma resulte desproporcionada teniendo en cuenta las circunstancias del hecho y las personales del condenado, en especial su arraigo en España.

El extranjero expulsado no podrá regresar a España en un plazo de cinco a diez años y si incumple dicha prohibición deberá cumplir la pena que fue sustituida por la expulsión. Si fuera sorprendido en la frontera será expulsado directamente, volviendo a computarse de nuevo el plazo de prohibición de entrada en su integridad.

**Regulación normativa**: artículo 89 CP.

**Jurisprudencia:** STS de 3 de junio de 2016 (*Tol 5750605*); STSJ de Aragón de 24 de febrero de 2012 (*Tol 2490835*).

# EXTINCIÓN DE LA RESPONSABILIDAD CRIMINAL

La extinción de la responsabilidad criminal se relaciona con supuestos en que se suprime la obligación de sufrir pena y que comportan desde la óptica del Estado la renuncia a su potestad punitiva. Estos supuestos son:

1) la muerte del reo.

2) el cumplimiento de la condena.

3) la remisión definitiva de la pena.

4) el indulto.

5) el perdón del ofendido, cuando se trate de delitos leves perseguibles a instancias del agraviado o la ley así lo prevea.

6) la prescripción del delito.

7) la prescripción de la pena o de la medida de seguridad.

**Regulación normativa**: artículo 130 CP.

**Jurisprudencia:** SAP de Huesca de 30 de septiembre de 2010 (*Tol 1978207*).

# EXTORSIÓN

La modalidad delictiva conocida como extorsión se ha mantenido a lo largo de toda la historia legislativa de nuestros Códigos penales. Durante mucho tiempo, la doctrina la asemejó a una modalidad de robo, sin embargo, esta comparación no parece la más acertada ya que el *modus operandi* es completamente distinto. En el robo se actúa con fuerza sobre las cosas o con violencia o intimidación para acceder directamente al patrimonio ajeno, mientras que en la extorsión la forma de actuar consiste en una amenaza física o intimidativa destinada a conseguir, por medio de un acto o negocio jurídico, que evidentemente sería radicalmente nulo, un beneficio económico propio.

El delito de extorsión, como figura independiente, híbrido entre el robo, la estafa y las amenazas lucrativas, contiene en su estructura de la conducta típica, a diferencia del robo, la exigencia de una colaboración decisiva del sujeto pasivo a fin de realizar un acto jurídico con transcendencia en el orden económico o patrimonial en su propio perjuicio o en el de un tercero, de forma que lo decisivo para que se produzca la aparición de este tipo penal específico es que exista este propósito o ánimo de obtener un lucro ilícito en conjunción con el otro elemento tipificador como es la violencia o intimidación en la conducta del sujeto activo.

En definitiva, la esencia del delito consiste en obligar a otro, por la vía coactiva, a realizar lo que no quiere. Este matiz tiene importancia en cuanto a la calificación de la tentativa como acabada o inacabada. Si se realizan los actos violentos o intimidativos y no se consigue el beneficio económico, nos encontramos incuestionablemente ante una tentativa acabada, lo que influiría en la determinación de la pena.

**Regulación normativa**: artículo 243 CP.

**Jurisprudencia:** SSTS de 13 de octubre de 2009 (*Tol 1641320*), de 25 de enero de 2010 (*Tol 1776357*), de 3 de junio de 2021 (*Tol 8473315*); SAP de Badajoz de 29 de junio de 2007 (*Tol 1175888*).

## EXTRANEUS

Se denomina *extraneus* a aquel sujeto que interviene en un delito especial sin reunir las cualidades exigidas para ser sujeto activo del mismo.

# F

## FABRICACIÓN DE MONEDA FALSA

El Código penal castiga la fabricación de moneda falsa, esto es, la creación o imitación de la moneda, tratando de reproducir la moneda auténtica, ya sea la metálica o la de papel. El tipo penal fue reformado por la Ley Orgánica 1/2019, de 20 de febrero, por la que se modifica la Ley Orgánica 10/1995, de 23 de noviembre, del Código Penal, para transponer Directivas de la Unión Europea en los ámbitos financiero y de terrorismo, y abordar cuestiones de índole internacional.

**Regulación normativa**: artículo 386.1.1° CP

**Jurisprudencia:** SAN de 28 de octubre de 2008 (*Tol 5267913*).

## FACTURACIÓN ILÍCITA

El delito de facturación ilícita consiste en facturar cantidades superiores por productos o servicios cuyo costo o precio se mida por aparatos automáticos, mediante la alteración o manipulación de estos, en perjuicio del consumidor.

Es un delito ubicado en la Sección correspondiente a los delitos relativos al mercado y a los consumidores, que tiene por finalidad la protección de los legítimos intereses económicos de estos como colectivo abstracto o genérico.

Se trata de un delito de peligro concreto pues exige la facturación de cantidades superiores, no bastando la alteración o manipulación de aquellos aparatos automáticos que midan el costo o precio de dichos servicios o productos, pero que en cualquier caso no conlleva ningún resultado material en el sentido de efectivo perjuicio patrimonial del consumidor para su consumación. De ello se desprende que si dicha alteración o manipulación se constituye como medio comisivo capaz de generar engaño bastante para producir un desplazamiento patrimonial en perjuicio de un tercero la figura aplicable sería la del delito de estafa.

La acción debe referirse a productos o servicios cuyo importe se mida por esa clase de aparatos: luz, gas, agua, teléfono, carburantes, etc.

**Regulación normativa**: artículo 283 CP.

**Jurisprudencia:** STS de 31 de diciembre de 2001 (*Tol 129127*); SAP de Madrid de 22 de abril de 2009 (*Tol 1553954*).

# FACULTATIVO

El artículo 222 del Código penal aporta una interpretación auténtica de lo que deba de entenderse por el término facultativo, comprensivo no solo de médicos, sino también de matronas, personal de enfermería y cualquier persona que realice actividad sanitaria o socio-sanitaria.

**Regulación normativa**: artículo 222 CP.

# FALSEAMIENTO DE CUENTAS DE UNA SOCIEDAD

El falseamiento de cuentas de una sociedad, conducta realizable únicamente por los administradores de hecho o de derecho de una sociedad, consiste en falsear las cuentas anuales u otros documentos que deban reflejar la situación jurídica o económica de la entidad, de forma idónea para causar un perjuicio económico a la misma, a alguno de sus socios o a un tercero.

El objeto material sobre el que debe recaer este delito, con el que se trata de fortalecer los deberes de veracidad y transparencia que en una libre economía de mercado incumben a los agentes económicos y financieros, se determina en la definición legal con un «numerus apertus» en el que sólo se singularizan, a modo de ejemplo, las cuentas anuales, esto es, la que el empresario debe formular al término de cada ejercicio económico y que comprenden el balance, la cuenta de pérdidas y ganancias y la memoria. Entre los demás documentos cuyo contenido no puede ser falseado, so pena de incurrir en el tipo del artículo, se encontrarán, sin que esto signifique el cierre de la lista de los posibles objetos del delito, los libros de contabilidad, los libros de actas y, en general, todos los documentos destinados a hacer pública, mediante el ofrecimiento de una imagen fiel de la misma, la situación económica o jurídica de una entidad que opera en el mercado.

**Regulación normativa**: artículo 290 CP.

**Jurisprudencia:** SAP de León de 19 de diciembre de 2011 (*Tol 2385658*); SAP de Barcelona de 29 de diciembre de 2017, "caso Palau", (*Tol 6473659*).

## FALSEDADES DOCUMENTALES

La Sala Segunda del Tribunal Supremo ha recogido de forma continuada y estable los requisitos precisos para definir la falsedad documental. Estos son los siguientes: 1) el elemento objetivo o material, propio de toda falsedad, de mutación de la verdad por alguno de los procedimientos o formas enumerados en el artículo 390 del Código penal: alterando un documento en alguno de sus elementos o requisitos de carácter esencial; simulando un documento en todo o en parte, de manera que induzca a error sobre su autenticidad; faltando a la verdad en la narración de los hechos, etc.

2) que la *mutatio veritatis* recaiga sobre elementos capitales o esenciales del documento y tenga suficiente entidad para afectar los normales efectos de las relaciones jurídicas, con lo que se excluyen de la consideración de delito los mudamientos de verdad inocuos o intrascendentes para la finalidad del documento.

3) el elemento subjetivo, o dolo falsario, requiere el conocimiento en el agente de que altera conscientemente la verdad por medio de una mutación o suposición documental y ataca también la confianza que la sociedad tiene depositada en el valor de los documentos como reflejo verdadero de lo que contienen, expresan o prueban.

**Regulación normativa**: artículos 390 a 399 CP.

**Jurisprudencia:** SSTS de 4 de febrero de 2010 (*Tol 1788423*), de 7 de mayo de 2010 (*Tol 1863907*), de 26 de abril de 2016 (*Tol 5701914*), de 15 de enero de 2020 (*Tol 7763859*); SAP de Les Illes Balears de 19 de marzo de 2012 (*Tol 2481750*); SAP de Barcelona de 29 de diciembre de 2017, "caso Palau", (*Tol 6473659*).

## FALSIFICACIÓN DE MONEDA

La falsificación de moneda es un proceso complejo que se integra por una serie de tareas que van desde la compra de maquinaria y demás efectos, disponibilidad del local adecuado y el propio proceso de impresión, por lo que todos los que participan debidamente coordinados en un reparto de tareas en la ejecución de actos nucleares en relación al tipo, sin el cual aquel no puede conseguirse, están evidenciando un efectivo condominio de la acción y deben ser tenidos por autores.

El artículo 386 del Código penal castiga, entre otras, las siguientes conductas:

1) la alteración de la moneda.

2) la fabricación de moneda falsa.

3) la introducción en el país de moneda falsa o alterada.

4) la exportación de moneda falsa o alterada.

5) la tenencia de moneda falsa para su expedición o distribución.

**Regulación normativa**: artículos 386 y 387 CP.

**Jurisprudencia:** SAN de 10 de diciembre de 2009 (*Tol 1761624*); SSTS de 11 de diciembre de 2003 (*Tol 352369*), de 17 de junio de 2004 (*Tol 483642*), de 8 de abril de 2016 (*Tol 5687845*).

## FALSIFICACIÓN DE TARJETAS DE CRÉDITO Y DÉBITO, CHEQUES DE VIAJE Y DEMÁS INSTRUMENTOS DE PAGO DISTINTOS DEL EFECTIVO

Las tarjetas de crédito y débito requieren también su propia tutela penal frente a la falsificación, a cuyo fin se describe específicamente esa conducta referida a ellas, a los cheques de viaje o cualquier instrumento de pago distinto del efectivo. La comprobada frecuencia con la que estas actividades delictivas se descubren como propias de organizaciones criminales llevó al legislador de 2010 al establecimiento de las correspondientes previsiones represoras. Posteriormente la Ley Orgánica 14/2022, de 22 de diciembre amplió el ámbito de aplicación de este delito para abarcar la falsificación de nuevos medios de pago inmateriales, como monedas virtuales y otros criptoactivos, tarjetas prepago o monederos electrónicos.

La tutela penal se extiende a su vez al tráfico con esos instrumentos falsos y a su uso y tenencia en condiciones que permitan inferir su destino al tráfico, aunque no se haya intervenido en la falsificación.

Se castiga:

1) alterar, copiar, reproducir o falsificar de cualquier otro modo tarjetas de crédito o débito, cheques de viaje o cualquier instrumento de pago distinto del efectivo.

2) los comportamientos de tenencia de tarjetas de crédito o débito, cheques de viaje y cualquier instrumento de pago distinto del efectivo falsificados destinados a la distribución o tráfico.

3) el uso en perjuicio de otro, sin haber intervenido en la falsificación de las tarjetas, cheques o cualquier instrumento de pago distinto del efectivo falsificados.

**Regulación normativa**: artículo 399 bis CP.

**Jurisprudencia:** SSTS de 2 de febrero de 2012 (*Tol 2451646*), de 2 de febrero de 2012 (*Tol 2412128*).

## FALSO TESTIMONIO

El falso testimonio consiste en faltar a la verdad, entendida esta como un absoluto apartamiento de la realidad conocida, realizando dicha alteración de manera consciente y voluntariamente.

El delito de falso testimonio se comete cuando una persona llamada a prestarlo en causa judicial se aparta sustancialmente de la verdad tal como esta se le representa, es decir, miente en lo que sabe y se le pregunta.

Decir la verdad es un deber moral sin cuyo cumplimiento la vida social, basada en la confianza mutua, se hace harto difícil. No siempre, sin embargo, la mentira —acto inmoral— recibe una respuesta punitiva porque en una sociedad plural y libre sólo un reducido núcleo de la moral debe estar respaldado por la coacción penal, siendo éste seguramente uno de los más certeros indicadores del grado de libertad garantizado en cada grupo social a sus miembros. La reacción penal frente a la mentira solo es admisible —y obligada— cuando esta lesiona concretos bienes jurídicos, individuales o colectivos, cuya salvaguarda es indispensable para una sana y pacífica convivencia. Así, por ejemplo, faltar a la verdad en la declaración que se presta como testigo en un procedimiento judicial es delito porque el testimonio es uno de los medios de prueba sobre los que se puede basar la convicción del juzgador sobre los hechos que han de constituir la premisa menor del silogismo judicial. Existe, pues, la posibilidad de que un testimonio falso, si induce a error al Juez o Tribunal ante el que se presta y es valorado como verdadero, provoque una resolución injusta, esto es, un pronunciamiento en que no se realice el valor superior de la justicia y se lesione un interés que debe ser protegido por el poder judicial. Esta es la razón fundamental por la que, en una sociedad democrática, el falso testimonio es tipificado como delito en el Código penal. De acuerdo con esta «ratio», el Código penal de 1995 prescindió de la casuística tipología que presidía la regulación del falso testimonio en los textos anteriores y distingue únicamente, en su artículo 458, dos tipos delictivos según la importancia de los bienes jurídicos que pueden ser vulnerados como consecuencia de una alteración sustancial de la verdad en la declaración prestada por un testigo en causa judicial: el falso testimonio dado en contra del reo en causa criminal por delito —castigado con pena más severa en consideración a las privaciones o restricciones de derechos, incluso fundamentales, que podrían eventualmente derivarse de una condena provocada por la declaración falaz— y cualquier otro falso testimonio dado en causa judicial, que constituye el tipo básico.

**Regulación normativa**: artículos 458 a 462 CP.

**Jurisprudencia:** SAP de Barcelona de 20 de enero de 2004 (*Tol 345804*); SAP de Alicante de 17 de octubre de 2005 (*Tol 775726*).

## FINALISMO

El finalismo es una corriente doctrinal basada fundamentalmente en la concepción de la acción como "acción final", el dominio del hecho, como criterio determinante de la autoría, y el poder actuar de otro modo como nota esencial de la culpabilidad.

## FINANCIACIÓN ILEGAL DE LOS PARTIDOS POLÍTICOS

Mediante el delito de financiación ilegal de los partidos políticos se castiga a aquellas personas que acepten y reciban donaciones ilegales o que participen en estructuras u organizaciones cuyo principal objeto sea el de financiar ilegalmente a un partido político, federación, coalición o agrupación de electores.

**Regulación normativa**: artículos 304 bis y 304 ter CP; Ley Orgánica 8/2007, de 4 de julio, sobre financiación de los partidos políticos.

**Jurisprudencia:** SSAN de 1 de marzo de 2022 (*Tol 8873614*), de 6 de septiembre de 2022 (*Tol 9230305*), de 24 de octubre de 2022 (*Tol 9282888*); SJCI de 23 de marzo de 2015 (*Tol 4779793*).

## FRAUDE DEPORTIVO

*Vid.* Corrupción en el deporte.

## FRAUDE DE SUBVENCIONES

Por subvención se entiende una atribución patrimonial gratuita o a fondo perdido, es decir, no devolutiva; su otorgante debe ser una persona o entidad de derecho público; mediante su concesión se asume parte de la carga financiera de otro ente o de un particular; el subvencionado jurídicamente debe tener respecto del otorgante la condición de tercero; y debe estar presidida por una finalidad de interés general, pero específica y determinada.

El delito de fraude de subvenciones castiga al sujeto que obtiene una subvención, desgravación o ayuda de las Administraciones Públicas, incluida la Unión Europea, en una cantidad o por un valor superior a cien mil euros, falseando las condiciones requeridas para su concesión u ocultando las que la hubiesen impedido. Asimismo, castiga al sujeto que, en el desarrollo de una actividad subvencionada con fondos de las Administraciones Públicas cuyo importe supere los cien mil euros, incumpla las condiciones establecidas alterando sustancialmente los fines para los que la subvención fue concedida.

**Regulación normativa**: artículo 308 CP.

**Jurisprudencia:** SSTS de 9 de junio de 2003 (*Tol 305477*), de 7 de enero de 2004 (*Tol 352516*), de 3 de junio de 2015 (*Tol 5184940*); SAP de Cáceres de 4 de noviembre de 2009 (*Tol 1750276*).

## FRAUDES

Los fraudes consisten en la utilización de cualquier artificio, específicamente concertarse con los interesados, con la finalidad de defraudar a cualquier ente público, con ocasión de la intervención de la autoridad o funcionario público, por razón de su cargo, en cualquiera de los actos de las modalidades de contratación pública o en liquidaciones de efectos o haberes públicos.

**Regulación normativa**: artículo 436 CP.

**Jurisprudencia:** SAN de 1 de diciembre de 2015 (*Tol 5604936*); SSTS de 18 de noviembre de 2013 (*Tol 4040332*), de 11 de diciembre de 2017, "caso Can Domenge", (*Tol 6478373*); SAP de Las Palmas de 29 de noviembre de 2011 (*Tol 2464319*); SSAP de Les Illes Balears de 19 de marzo de 2012 (*Tol 2481750*), de 30 de septiembre de 2015 (*Tol 5495239*).

## FRUSTRACIÓN DE LA EJECUCION

Para tutelar penalmente los procedimientos de ejecución y, con ello, el crédito, la reforma de 2015 incluyó en el texto punitivo, junto al clásico delito de alzamiento de bienes, el delito de ocultación de bienes en un procedimiento judicial o administrativo de ejecución (presentación de una relación de bienes o patrimonio incompleta o mendaz que afecte al correspondiente procedimiento) y el delito de utilización no autorizada por el depositario de bienes embargados por la autoridad pública (uso de bienes embargados por la autoridad pública y debidamente depositados).

**Regulación normativa**: artículos 258 y 258 bis CP.

**Jurisprudencia:** STS de 22 de noviembre de 2019 (*Tol 7611496*).

## FUERZA IRRESISTIBLE

La fuerza irresistible es una causa de ausencia de acción constituida por toda violencia física o material ejercida por un tercero sobre el agente venciendo su voluntad y anulando su libertad realizativa hasta el extremo de forzarle a la ejecución de un acto, respecto del que aquél aparece como mero instrumento de ajenas y antijurídicas intenciones.

Para la apreciación de la fuerza irresistible es, por tanto, necesario que la misma:

1) anule la voluntad de obrar del sujeto activo.

2) provenga de un tercero

3) que actuando con positiva influencia sobre aquél le obligue a realizar un acto contrario a sus deseos o a su voluntad.

Un ejemplo de fuerza irresistible: en la huida, como consecuencia de un incendio en un edificio, un vecino cae sobre otro produciéndole la muerte.

**Jurisprudencia:** SSTS de 9 de mayo de 1958 (*Tol 51242*), de 22 de julio de 1997 (*Tol 407192*); SAP de Madrid de 29 de mayo de 2001 (*Tol 108808*).

## FUGA

*Vid.* Evasión; Quebrantamiento de condena.

## FUGA DEL LUGAR DEL ACCIDENTE

*Vid.* Abandono del lugar del accidente.

## FUNCIONARIO PÚBLICO

*Vid.* Concepto de funcionario público.

## FURTUM POSSESSIONIS

*Vid.* Hurto de la posesión.

# G

## GANZÚA

El Código penal considera llaves falsas, a efectos del delito de robo con fuerza en las cosas, a las ganzúas. Una ganzúa es un utensilio de alambre fuerte y doblado por una punta, a modo de garfio, que funciona como una llave corriendo el pestillo de la cerradura. Es, en definitiva, todo instrumento que en la práctica sea apto para accionar un mecanismo de cierre de una puerta dejando abierto y expedito lo que previamente estaba cerrado.

**Regulación normativa**: artículo 239 CP.

**Jurisprudencia:** SAP de Madrid de 17 de julio de 2003 (*Tol 4155776*).

## GARANTÍA CRIMINAL

La garantía criminal, *nullum crimen sine lege*, implica que no se puede castigar como infracción penal ninguna conducta si ello no ha sido previamente establecido en una ley, esto es, ningún hecho puede ser considerado delictivo si una ley anterior a su perpetración no lo ha calificado como tal.

**Jurisprudencia:** artículos 1 y 4.2 CP.

## GARANTÍA DE EJECUCIÓN

No puede ejecutarse pena o medida de seguridad en otra forma que la prescrita por la ley y reglamentos que la desarrollan, ni con otras circunstancias o accidentes que los expresados en su texto.

**Jurisprudencia:** artículo 3.2. CP.

## GARANTÍA JURISDICCIONAL

La garantía jurisdiccional o procesal, *nemo damnetur nisi per legale iudicium*, supone que corresponde en exclusiva a los Tribunales de Justicia predeterminados por la ley la imposición de penas y/o medidas de seguridad por la comisión de infracciones penales, por tanto, nadie puede ser condenado al cumplimiento de una pena, sino en virtud de sentencia firme pronunciada por el Tribunal competente, de acuerdo con las leyes procesales.

**Jurisprudencia:** artículo 3.1 CP.

## GARANTÍA PENAL

La garantía penal, *nulla poena sine lege*, comporta la prohibición de imponer una pena o medida de seguridad que no haya sido previamente establecida en la ley para sancionar un hecho delictivo determinado, esto es, no se podrá castigar ningún delito con pena que no se halle prevista por ley anterior a su perpetración.

**Jurisprudencia:** artículos 2.1 y 4.3 CP.

## GENÉTICA

*Vid.* Manipulación genética.

## GENOCIDIO

El Código penal recoge entre los delitos contra la comunidad internacional, en su artículo 607, el genocidio, definiéndolo, conforme al Convenio de 1948, como caracterizado por el «propósito de destruir total o parcialmente a un grupo nacional, étnico, racial, religioso o determinado por la discapacidad de sus integrantes».

El genocidio es un crimen consistente en el exterminio, total o parcial de una raza o grupo humano, mediante la muerte o la neutralización de sus miembros. Así es socialmente entendido, sin necesidad de una formulación típica. Es un concepto sentido por la comunidad internacional —individuos, Estados y Organismos Internacionales—.

El genocidio ha sido sufrido a lo largo de la historia por muchas colectividades y las tecnologías, puestas al servicio de la recuperación fiel del pasado, han permitido que la humanidad pudiese situarse frente a los horrores concretos de la persecución y holocausto del pueblo judío durante la Segunda Guerra Mundial una vez concluyó la contienda.

En 1946 la Asamblea General de las Naciones Unidas (Resolución número 96) aceptó la recomendación de la VI Comisión y reconoció que el genocidio es un crimen de derecho de gentes, cuyos principales autores y sus cómplices, sean personas privadas, funcionarios o representantes oficiales del Estado, deben ser castigados.

En 1948 se abría a la firma de los miembros de las Naciones Unidas el Convenio para la Prevención y la Sanción del delito de Genocidio. El Convenio considera el genocidio delito de derecho internacional, contrario al espíritu y a los fines de las Naciones Unidas y que el mundo civilizado condena. Se expresa en el Preámbulo el reconocimiento de que en todos los períodos de la Historia el genocidio ha infligido grandes pérdidas a la humanidad y el convencimiento de que para liberar a la humanidad de un flagelo tan odioso se necesita la cooperación internacional.

En 1968 España se adhirió al Convenio y en 1971, en virtud de la Ley 44/1971, de 15 noviembre, entró el delito de genocidio en el catálogo del Código penal entonces vigente, en el artículo 137 bis, como delito contra el derecho de gentes, definido en estos términos: «Los que, con propósito de destruir total o parcialmente, a un grupo nacional étnico, social o religioso perpetraren alguno de los actos siguientes...».

Para el vigente artículo 607 del Código penal, el delito de genocidio se comete por quien, con el propósito de destruir total o parcialmente a un grupo nacional, étnico, racial, religioso o determinado por la discapacidad de sus integrantes, perpetra alguno de los siguientes actos:

1) matar a alguno de sus miembros.

2) agredir sexualmente a alguno de sus miembros.

3) causar a alguno de sus individuos cualquier tipo de lesión.

4) someter al grupo o a cualquiera de sus individuos a condiciones de existencia que pongan en peligro su vida o perturben gravemente su salud.

5) provocar desplazamientos forzosos del grupo o de sus individuos.

6) adoptar cualquier medida que tienda a impedir su género de vida o reproducción, o trasladar por la fuerza a individuos de un grupo a otro.

**Regulación normativa**: artículo 607 CP.

**Jurisprudencia:** SAN de 10 de enero de 2006 (*Tol 956830*); STS de 20 de junio de 2006 (*Tol 956829*).

## GRABACIONES ILEGALES

El legislador penal sanciona las extralimitaciones que vulneran el derecho fundamental a la inviolabilidad de las telecomunicaciones, o que consistan en la utilización de artificios técnicos de escuchas, transmisión, grabación o reproducción del sonido, de la imagen o de cualquier otra señal de comunicación llevada a cabo por la autoridad, funcionario público o agente de estos y siempre que actúen en el ámbito de una causa por delito.

La finalidad de las grabaciones ilegales es obtener una información por procedimientos inadecuados.

**Regulación normativa**: artículo 536 CP.

**Jurisprudencia:** STS de 9 de febrero de 2012 (*Tol 2433494*).

## GRUPO CRIMINAL

Constituye un grupo criminal la unión de más de dos personas que, sin reunir alguna o algunas de las características de una organización criminal, tenga por finalidad o por objeto la perpetración concertada de delitos.

Así como la organización criminal se caracteriza por la agrupación de más de dos personas, la finalidad de cometer delitos, el carácter estable o por tiempo indefinido y el reparto de tareas de manera concertada y coordinada, con aquella finalidad, el grupo criminal requerirá igualmente la unión de más de dos personas y la finalidad de cometer concertadamente delitos. Pero la ley permitiría configurarlo con esas dos notas, pues la definición legal contempla la posibilidad de que no concurran alguna o algunas de las que caracterizan la organización, que, además de las coincidentes, esto es, la unión o agrupación de más de dos personas y la finalidad de cometer de forma concertada delitos, son solamente dos: la estabilidad y el reparto de tareas.

**Regulación normativa**: artículo 570 ter CP.

**Jurisprudencia:** SSTS de 3 de mayo de 2016 (*Tol 5718159*), de 21 de diciembre de 2017 (*Tol 6462947*); SAP de Valencia de 3 de noviembre de 2011 (*Tol 2400731*); SAP de Lleida de 14 de diciembre de 2011 (*Tol 2383948*).

# H

## HABITUALIDAD

El artículo 94 del Código penal ofrece un concepto legal de reo habitual a los efectos de sustitución de las penas privativas de libertad. El presupuesto de tal calificación es que el penado hubiere cometido tres o más delitos comprendidos en un mismo capítulo, en un plazo no superior a cinco años, y hubiere sido condenado por ello. Para realizar el cómputo se considera, por un parte, el momento de posible suspensión o sustitución de la pena conforme al artículo 88 del Código penal, y, por otra parte, la fecha de comisión de aquellos delitos que fundamenten la apreciación de la habitualidad.

Se desprende de la definición legal que no ha de tomarse en cuenta la siempre necesaria condena actual o presente relativa a la ejecutoria donde se verifica la posible habitualidad a efectos de su suspensión, porque naturalmente tal condena no puede merecer la doble consideración de, por un lado, integrante de ese presupuesto previo (a verificar a efectos de la habitualidad) y, por otro, de fin sobre el que opera la habitualidad para posibilitar o, en su caso, impedir su ejecución. Naturalmente, aquellas tres condenas mínimas constatables «ex» artículo 94 han de ser previas o antecedentes a aquella que se pretende suspender.

**Regulación normativa**: artículo 94 CP.

**Jurisprudencia:** SAP de Murcia de 12 de enero de 2010 (*Tol 1805991*); SAP de Madrid de 20 de abril de 2010 (*Tol 1882145*).

## HACKING

*Vid.* Intrusismo informático.

## HOMICIDIO

El homicidio es una figura delictiva tendente y causante de la destrucción de la vida humana. La jurisprudencia lo define, como la muerte de un ser humano realizada injustamente por otro y, por lo tanto, cometida de manera voluntaria, antijurídica y culpable.

El delito de homicidio se integra, según reiterada jurisprudencia del Tribunal Supremo, por la concurrencia de los siguientes elementos:

1) la destrucción de la vida humana mediante la actividad del sujeto que la lleva a cabo.

2) la relación de causalidad entre la conducta y resultado.

3) la existencia de un dolo de muerte, tanto directo como eventual, exigiendo el dolo la doble condición de que el sujeto conozca o se represente la existencia en su acción de un peligro serio e inmediato de que se produzca el resultado y que, además, se conforme con tal producción y decida ejecutar la acción asumiendo la eventualidad de que aquel resultado se produzca. En todo caso, es exigible la conciencia o conocimiento por el autor del riesgo elevado de producción del resultado que su acción contiene.

De tal manera, el delito de homicidio exige en el sujeto activo conciencia del alcance de sus actos, voluntariedad en su acción dirigida hacia la finalidad de acabar con la vida ajena, "animus necandi", que por pertenecer a la esfera íntima del sujeto y hallarse en lo más profundo de sus sentimientos, solo puede inferirse atendiendo a los elementos que rodearon la realización del hecho, no solo a los actos coetáneos que acompañaron a la acción, sino también a los precedentes y subsiguientes, como referencias capaces de mostrar el estado anímico del sujeto, permitiendo el conocimiento de la actitud psicológica del infractor y de la auténtica voluntad impulsora de sus actos. Así, los factores que rodean la perpetración del hecho supondrán datos necesarios para configurar la convicción judicial, entresacando como de mayor relieve y significación factores tales como las relaciones que ligasen a autor y víctima, actitud del agente, medios o instrumentos empleados en la agresión, región del cuerpo hacia donde la agresión fue dirigida y, en general, todos los matices del comportamiento del sujeto en cuanto se manifiesten como reveladores de una específica voluntad.

**Regulación normativa**: artículos 138, 141 y 142 CP.

**Jurisprudencia:** SSTS de 10 de junio de 2010 (*Tol 1888942*), de 13 de julio de 2010 (*Tol 1910048*), de 15 de febrero de 2018 (*Tol 6516317*), de 27 de mayo de 2021 (*Tol 8455067*), de 18 de junio de 2021 (*Tol 8484852*).

## HURTO

El hurto consiste en tomar, con ánimo de lucro, cosas muebles ajenas sin la voluntad de su dueño. Cuando el valor de lo sustraído no supera los 400 euros, el hecho es constitutivo de delito leve.

La acción de tomar significa coger, aprehender o trasladar la cosa. Pero esa acción de tomar requiere que la cosa tomada sea ajena y no se cuente con el consentimiento del dueño.

Pero además el delito de hurto exige, no sólo el apoderamiento de bienes muebles ajenos sin emplear violencia o intimidación en las personas ni fuerza en las cosas y sin consentimiento del propietario, poseedor o tenedor de los mismos, sino también que el delincuente actúe con ánimo de lucro propio o ajeno, como elemento subjetivo del injusto, El hurto, por tanto, exige, los siguientes requisitos:

1) tomar un bien mueble ajeno, implicando dicha acción un acto de desposesión, esto es, de traslado de la cosa de la esfera del poseedor o detentador a la del autor del ilícito, sin ser preciso un cambio de lugar, aunque sí una disponibilidad sobre la cosa.

2) concurrencia del ánimo de lucro que debe guiar la acción.

3) que la toma del bien se realice sin la voluntad de su dueño y sin emplear violencia o intimidación en las personas o fuerza en las cosas.

**Regulación normativa**: artículos 234 y 235 CP.

**Jurisprudencia:** SSTS de 15 de octubre de 2002 (*Tol 229766*), de 28 de junio de 2017 (*Tol 6221085*); SAP de Vizcaya de 11 de enero de 2010 (*Tol 1829156*); SAP de Valladolid de 30 de julio de 2014 (*Tol 4494346*).

## HURTO DE LA POSESIÓN

Al delito de hurto de la posesión se le ha denominado históricamente como "furtum possesionis". En este delito el sujeto pasivo o víctima es el poseedor legítimo de la cosa mueble mientras que el autor o sujeto activo es el propietario. La conducta típica consiste en sustraer o consentir que otro sustraiga una cosa mueble propia de quien la tenga legítimamente.

**Regulación normativa**: artículo 236 CP.

**Jurisprudencia:** STS de 20 de julio de 1998 (*Tol 205273*); SAP de Les Illes Balears de 29 de junio de 2001 (*Tol 101847*).

## HURTO DE USO DE VEHÍCULOS A MOTOR

El delito de hurto de uso de vehículos a motor consiste en sustraer o utilizar sin la debida autorización un vehículo a motor o un ciclomotor ajenos, sin emplear fuerza en las cosas ni violencia o intimidación contra las personas, y sin ánimo de lucro, de modo que la sustracción se lleva a cabo sin el ánimo de apropiación de la cosa sino tan solo con el propósito de usarla.

**Regulación normativa**: artículos 244.1 CP.

**Jurisprudencia:** SSTS de 19 de octubre de 2000 (*Tol 6583*), de 28 de octubre de 2004 (*Tol 513653*).

# I

## IMPAGO DE PRESTACIONES ECONÓMICAS

La figura delictiva de impago de prestaciones económicas, que se introdujo por primera vez en el Código penal con motivo de la reforma que se llevó a cabo por Ley Orgánica 3/1989, de 21 de junio, con la finalidad de proteger a los miembros económicamente más dé-

biles de la unidad familiar frente al incumplimiento de
los deberes asistenciales por el obligado a prestarlos, requiere de la concurrencia en la conducta del sujeto activo de unos requisitos de carácter objetivo: haber dejado
de pagar durante el tiempo fijado por el precepto penal
cualquier tipo de prestación económica en favor de los
hijos o cónyuge, la cual ha de estar establecida en convenio judicialmente aprobado o resolución judicial en los
procesos familiares. Y de carácter subjetivo, constituido
por el dolo o voluntad dolosa de no pagar o retrasarse
indebidamente en el pago.

El impago de prestaciones económicas se configura
como un delito de omisión, que viene integrado por los
siguientes elementos esenciales:

1) la existencia de una resolución judicial firme en los supuestos de separación matrimonial, divorcio o nulidad,
que establezca, bien directamente o a través del oportuno
convenio regulador, una prestación económica en beneficio de uno de los cónyuges o de los hijos del matrimonio.

2) una conducta omisiva consistente en el impago reiterado de dicha prestación económica durante los plazos que marca el precepto legal, que son de dos meses
consecutivos o cuatro alternos; no ofrece duda que estamos en presencia de un delito de mera actividad y no
de resultado, que se consuma formalmente por el simple
incumplimiento de la obligación impuesta en aquella resolución judicial.

3) finalmente, en cuanto al elemento subjetivo, el dolo
viene referido al conocimiento de la resolución judicial
que impone la prestación y a la voluntad de incumplir-

la, dejando libremente de pagar aquello a lo que se está obligado, por lo que es evidente que la imposibilidad de satisfacer la prestación por parte del obligado, bien por devenir insolvente, bien por haberse reducido su fortuna hasta el punto de no poder atender el pago exigido sin merma de su propio mantenimiento, excluye la culpabilidad, ya se considere esta circunstancia como causa de inexigibilidad de toda conducta, ya como estado de necesidad total y plena.

**Regulación normativa**: artículo 227 CP.

**Jurisprudencia:** STS de 8 de octubre de 2004 (*Tol 514730*); SAP de Álava de 12 de abril de 2006 (*Tol 963147*); SAP de Murcia de 6 de febrero de 2012 (*Tol 2436559*).

## IMPRUDENCIA

Aunque la Ley no ofrece una definición de lo que ha de entenderse por «imprudencia», limitándose a enumerar sus distintas clases, doctrinal y jurisprudencialmente se ha definido como toda conducta humana (acción u omisión voluntaria no intencional o maliciosa) que, por falta de previsión o por inobservancia de un deber de cuidado, produce un resultado dañoso para un bien jurídico protegido por la norma.

La estructura básica del delito imprudente se configura, en cuanto al tipo objetivo, por dos elementos fundamentales:

la infracción de la norma de cuidado, equivalente al
«desvalor de la acción».

2) la producción de un resultado coincidente con el que
esté previsto en el tipo doloso, que equivale al «desvalor
del resultado».

En cuanto al tipo subjetivo, también son dos los elementos necesarios, a saber:

1) uno, de carácter positivo, consistente en querer la conducta (conducta negligente), ya sea conociendo el peligro que entraña (culpa consciente o con representación),
ya sea sin conocerlo (culpa inconsciente).

2) el elemento negativo de no haber querido la producción del resultado. Concretamente sobre la infracción de
la norma de cuidado, se considera en la doctrina que la
misma presenta dos aspectos distintos: el llamado «deber de cuidado interno», con arreglo al cual el sujeto ha
de advertir la presencia del riesgo, ha de prever el riesgo
potencial que conlleva determinada conducta (previsibilidad); y, por contraposición, el «deber de cuidado
externo», que radica en la exigencia de comportarse
conforme a la norma de cuidado previamente advertida,
a fin de enervar el peligro o riesgo. Ambos aspectos deben ponerse en relación con las condiciones afectantes al
sujeto inculpado y, por otra parte, debe considerarse que
en nuestro derecho no se cuenta con un concepto positivo de lo que haya de entenderse por norma de cuidado
ni, en consecuencia, se sabe cuál es el módulo o criterio
con que valorar la actitud del sujeto en la situación concreta, ya sea al tiempo de prevenir el riesgo, ya sea en el de
evitar sus consecuencias.

La imprudencia puede ser grave y menos grave.

**Regulación normativa**: artículos 5, 10 y 12 CP.

**Jurisprudencia:** SSTS de 21 de mayo de 2003 (*Tol 275648*), de 30 de junio de 2004 (*Tol 483674*), de 29 de marzo de 2016 (*Tol 5682210*), de 31 de mayo de 2023 (*Tol 9594520*); SJP núm. 20 de Madrid de 30 de julio de 2014 (*Tol 4467657*).

## IMPRUDENCIA GRAVE

La imprudencia grave consiste en la infracción de las reglas más básicas de cuidado que a toda persona cabe exigir, esto es, en la falta de adopción de las precauciones más rudimentarias, básicas o primarias. Es, en definitiva, la ausencia u omisión de las más elementales medidas de cuidado o atención.

**Regulación normativa**: artículos 5, 10 y 12 CP.

**Jurisprudencia:** SSTS de 14 de septiembre de 2001 (*Tol 103058*), de 30 de junio de 2004 (*Tol 483674*), de 25 de enero de 2010 (*Tol 1781380*), de 31 de mayo de 2023 (*Tol 9594520*); SAP de Valladolid de 7 de enero de 2009 (*Tol 1457144*).

## IMPRUDENCIA MENOS GRAVE

La imprudencia menos grave consiste en una infracción del deber de cuidado de menor entidad, esto es, que la acción del sujeto no fue tan peligrosa. La imprudencia menos grave supone la infracción de normas de cuidado no tan elementales como las vulneradas por la imprudencia grave, normas que respetaría no ya el ciudadano menos diligente, sino uno cuidadoso.

**Regulación normativa**: artículos 5, 10 y 12 CP.

**Jurisprudencia:** STS de 22 de julio de 2020 (*Tol 8036243*), de 31 de mayo de 2023 (*Tol 9594520*); SAP de Madrid de 18 de marzo de 2019 (*Tol 7207995*); SJP núm. 3 de Soria de 27 de octubre de 2023 (*Tol 9753856*).

## IMPRUDENCIA PROFESIONAL

La imprudencia o negligencia profesional se caracteriza por la inobservancia de las reglas de actuación que vienen marcadas por lo que en términos jurídicos se conoce como *lex artis*, lo que conlleva un plus de antijuricidad que explica la elevación punitiva. El profesional que se aparta de estas normas específicas que le obligan a un especial cuidado, merece un mayor reproche en forma de sanción punitiva. Al profesional se le debe exigir un *plus* de atención y cuidado en la observancia de las reglas de su arte que no es exigible al que no es profesional.

La imprudencia profesional aparece claramente definida en aquellos casos en que se han omitido los conocimientos específicos que solo tiene el sujeto por su especial formación, de tal manera que los particulares no tienen este deber especial porque carecen de los debidos conocimientos para actuar en el ámbito de los profesionales.

**Regulación normativa**: artículos 142.3, 146.2, 152.3 y 158.2 CP.

**Jurisprudencia:** SSTS de 8 de mayo de 1997 (*Tol 407502*), de 29 de mayo de 2006 (*Tol 952901*); SAP de León de 16 de enero de 2012 (*Tol 2410350*); SAP de Madrid de 20 de enero de 2012 (*Tol 2435678*).

## IMPUTABILIDAD

El término "imputabilidad" hace referencia al conjunto de características necesarias para poder atribuir a una persona el hecho típico y antijurídico cometido. Por tanto, se entiende por imputabilidad la capacidad necesaria para comprender la ilicitud del hecho o para actuar conforme a esa comprensión.

En Derecho penal, la imputabilidad del sujeto activo es presupuesto inexcusable para exigir a este responsabilidad criminal por los delitos cometidos.

**Jurisprudencia:** STS de 14 de marzo de 1987 (*Tol 23136*).

## IMPUTACIÓN OBJETIVA

En los delitos de resultado, para solucionar los problemas de la llamada relación de causalidad, la doctrina actual acude a la teoría de la imputación objetiva, como elemento reestructurador u ordenador de la tipicidad, entendiendo que hay tal relación de causalidad siempre que la conducta activa u omisiva del acusado se pueda considerar como condición sin la cual el resultado no se habría producido conforme a la tradicional doctrina de la equivalencia de condiciones o "condictio sine qua non", relación que se establece conforme a criterios naturales que proporcionan las reglas de la ciencia o de la experiencia, estableciéndose después, mediante un juicio de valor, las necesarias restricciones acudiendo a la llamada imputación objetiva, que existe cuando el sujeto, cuya responsabilidad se examina, con su comportamiento origina un riesgo no permitido, o aumenta ilícitamente un riesgo permitido, y es precisamente en el ámbito de ese riesgo donde el resultado se produce, entendiéndose que no se ha rebasado ese ámbito cuando dicho resultado se estima como una consecuencia normal o adecuada conforme a un juicio de previsibilidad o probabilidad, porque debe estimarse que normalmente ese concreto resultado se corresponde con esa determinada acción u omisión sin que pueda achacarse a otra causa diferente, imprevisible o ajena al comportamiento del acusado.

Los criterios de imputación objetiva, a grandes rasgos: creación de riesgos prohibidos, realización de estos riesgos y fin de protección de la norma, permite excluir la tipicidad de una serie de conductas.

En el caso de cursos causales complejos, esto es, cuando contribuyen a un resultado típico la conducta del acusado y además otra u otras causas atribuibles a persona distinta o a un suceso fortuito, suele estimarse que, si esta última concausa existía con anterioridad a la conducta del acusado, como pudiera ser una determinada enfermedad de la víctima, ello no interfiere la posibilidad de la imputación objetiva y, si es posterior, puede impedir tal imputación objetiva cuando esta causa sobrevenida sea algo totalmente anómalo, imprevisible y extraño al comportamiento del inculpado, como sucedería en caso de accidente de tráfico ocurrido al trasladar en ambulancia a la víctima de un evento anterior, pero no en aquellos supuestos en que el suceso posterior se encuentra dentro de la misma esfera del riesgo creado o aumentado por el propio acusado con su comportamiento.

La teoría de la imputación objetiva, que se sigue en la jurisprudencia para explicar la relación que debe mediar entre acción y resultado, vino a reemplazar una relación de causalidad sobre bases exclusivamente naturales introduciendo consecuencias jurídicas, siguiendo las pautas marcadas por la teoría de la relevancia. En este marco la verificación de la causalidad natural será un límite mínimo, pero no suficiente para la atribución del resultado. La doctrina establece tres elementos imprescindibles para la aplicación de la teoría de la imputación objetiva. Además de la causalidad (en algunos casos incluso sin ella) ha de haberse constatado:

1) la conducta del imputado ha de ser objetivamente contraria al fin de la norma violada.

2) debe entrañar un peligro cierto, es decir, generar un riesgo socialmente no permitido para el bien jurídico tutelado.

3) la lesión del bien jurídico se produce como consecuencia de esa conducta contraria a derecho.

La contrariedad al fin de la norma puede darse en delitos dolosos y en delitos imprudentes, valorándose en estos últimos cuál es la acción relevante que haya infringido la norma de cuidado; por su parte, en los delitos dolosos se examinará el conocimiento y volición de la realización del tipo, y el control del curso causal que puede llevar a la producción del resultado, control que significará que el autor ha decidido la creación de un peligro (riesgo no permitido) para el bien jurídico con capacidad para lesionar o destruirlo, valorándose, en función del tipo penal aplicable si el mero hecho de incrementar el riesgo es acción contraria al fin de la norma. En todo caso, el principio de imputación objetiva se completará con la causalidad, puesto que es imprescindible que el resultado se haya producido derivado de ese riesgo.

**Jurisprudencia:** SSTS de 22 de diciembre de 2008 (*Tol 1432493*), de 2 de junio de 2010 (*Tol 1880094*).

## INCENDIOS

El delito de incendio, comprendido en el Título XVII del Código penal dedicado a los delitos contra la seguridad colectiva, se orienta a proteger la vida y la integridad de las personas frente a riesgos incontrolables e indominables que encierra la provocación de un incendio, requiriendo dos elementos objetivos integrados por la acción básica consistente en provocar un incendio o, lo que es lo mismo, prender fuego a algo, lo que exige algo más que encender el fuego, que aproximarlo a la cosa, es decir, se exige prender ese fuego a la cosa misma, comunicarle el fuego, que comience a arder por sí, originándose la consumación de la acción cuando esa propagación se produce a parte de la cosa sin necesidad de que llegue a extenderse a su totalidad, criterio que ya recogía la anterior jurisprudencia que entendería, al amparo del antiguo Código penal que el incendio ha de estimarse producido en los supuestos en que la acción se proyecta sobre una de las partes o plantas, por el peligro de propagación al resto; se requiere, por tanto, que el fuego se comunique al objeto a incendiar y que se propague o sea susceptible de arder, una vez prendido, su objeto autónomamente.

El delito requiere la concurrencia de un segundo elemento objetivo, cual es una situación de peligro para la vida o la integridad física de las personas, peligro que si bien no se requiere sea próximo e inmediato, si cuando menos, lo ha de ser mediato, como derivado del riesgo que para las personas dimane del incendio de seguir propagándose. Se trata así de un delito con un resultado manifiestamente mixto o dual, pues junto con el resultado dañoso en las cosas quemadas, derivado de su destrucción o menoscabo total o parcial, se ha de producir u originar un peligro para la vida o integridad física de las personas por exigencia expresa del tipo.

Tales elementos objetivos han de ser completados con la exigencia de un elemento subjetivo integrado por el dolo, que debiera comprender el incendio y el peligro que el mismo representa en el sentido anteriormente referido, dolo que podrá presentarse tanto en su modalidad de directo como en la de eventual, en cuando exista una representación de uno y otro resultado pese a lo cual el sujeto no desista de la ejecución de la acción, tipificándose, además, expresamente los supuestos de imprudencia grave en el artículo 358 Código penal.

**Regulación normativa**: artículos 351 y 358 CP.

**Jurisprudencia:** SSTS de 29 de abril de 2010 (*Tol 1858028*), de 22 de junio de 2010 (*Tol 1888451*).

## INCENDIOS EN ZONAS DE VEGETACIÓN NO FORESTALES

El delito de incendio en zonas de vegetación no forestales castiga al sujeto que incendia zonas de vegetación no forestales perjudicando gravemente el medio natural.

**Regulación normativa**: artículo 356 CP.

**Jurisprudencia:** SAP de La Coruña de 27 de septiembre de 2012 (*Tol 3011108*).

## INCENDIOS FORESTALES

El incendio forestal es el fuego que se extiende sin control sobre combustibles forestales situados en el monte. Se entiende por monte todo terreno en el que vegetan especies forestales arbóreas, arbustivas, de matorral o herbáceas, sea espontáneamente o procedan de siembras o plantación, que cumplan o puedan cumplir funciones ambientales, protectoras, productoras, culturales, paisajísticas o recreativas.

El Código penal castiga a los que incendiaren montes o masas forestales en un intento de acabar con la plaga de los incendios forestales que tienen lugar principalmente en verano por la negligencia o imprudencia de los ciudadanos. No obstante, los incendios forestales de mayor gravedad tienen una causa intencionada, ocasionando daños al patrimonio natural y a bienes públicos y privados.

**Regulación normativa**: artículos 352 a 355 CP.

**Jurisprudencia:** SSTS de 9 de febrero de 2015 (*Tol 4732636*), de 24 de febrero de 2016 (*Tol 5652568*); SAP de Asturias de 15 de septiembre de 2008 (*Tol 1401520*); SAP de León de 4 de febrero de 2016 (*Tol 5649815*).

## INCITACIÓN AL CONSUMO DE PRODUCTOS PELIGROSOS ENTRE MENORES A TRAVÉS DE INTERNET Y OTROS MEDIOS DE COMUNICACIÓN

La Ley Orgánica 8/2021, de 4 de junio, de protección integral a la infancia y adolescencia frente a la violencia, ha creado un nuevo tipo delictivo orientado a la sanción de la promoción de la anorexia y la bulimia por su especial incidencia en menores. Este nuevo delito castiga la distribución o promoción de contenidos a través de internet, del teléfono o de cualquier otra tecnología de la información o comunicación que faciliten el consumo de productos o la utilización de técnicas de ingestión o

eliminación de productos alimenticios cuyo uso sea susceptible de generar riesgo para la salud de los menores de
edad o personas con discapacidad necesitadas de especial
protección.

Además, se prevé expresamente que las autoridades judiciales retirarán estos contenidos de la red para evitar
la persistencia.

**Regulación normativa**: artículo 361 bis CP.

## INCITACIÓN AL SUICIDIO DE MENORES A TRAVÉS DE INTERNET Y OTROS MEDIOS DE COMUNICACIÓN

La Ley Orgánica 8/2021, de 4 de junio, de protección integral a la infancia y adolescencia frente a la violencia, ha
creado un nuevo tipo delictivo para evitar la impunidad
de conductas realizadas a través de medios tecnológicos
y de la comunicación, que producen graves riesgos para
la vida y la integridad de las personas menores de edad o
personas con discapacidad necesitadas de especial protección, así como una gran alarma social. Se castiga a quienes,
a través de estos medios, promuevan el suicidio, en concreto, la distribución o difusión pública a través de Internet,
del teléfono o de cualquier otra tecnología de la información o de la comunicación de contenidos específicamente
destinados a promover, fomentar o incitar al suicidio de
personas menores de edad o personas con discapacidad
necesitadas de especial protección. La sanción prevista es
la pena de prisión de uno a cuatro años.

Además, se prevé expresamente que las autoridades judiciales retirarán estos contenidos de la red para evitar la persistencia.

**Regulación normativa**: artículo 143 bis CP.

## INCITACIÓN A LA AUTOLESIÓN DE MENORES A TRAVÉS DE INTERNET Y OTROS MEDIOS DE COMUNICACIÓN

La Ley Orgánica 8/2021, de 4 de junio, de protección integral a la infancia y adolescencia frente a la violencia, ha creado un nuevo tipo delictivo para evitar la impunidad de conductas realizadas a través de medios tecnológicos y de la comunicación, que producen graves riesgos para la vida y la integridad de las personas menores edad, así como una gran alarma social. Se castiga a quienes, a través de estos medios, promuevan la autolesión. Se castiga la distribución o difusión pública a través de Internet, del teléfono o de cualquier otra tecnología de la información o de la comunicación de contenidos específicamente destinados a promover, fomentar o incitar a la autolesión de personas menores de edad o personas con discapacidad necesitadas de especial protección. La pena es de prisión de seis meses a tres años.

Además, se prevé expresamente que las autoridades judiciales retirarán estos contenidos de la red para evitar la persistencia.

**Regulación normativa**: artículo 156 ter CP.

## INCITACIÓN A LA COMISIÓN DE DELITOS DE NATURALEZA SEXUAL CONTRA MENORES A TRAVÉS DE INTERNET Y OTROS MEDIOS DE COMUNICACIÓN

La Ley Orgánica 8/2021, de 4 de junio, de protección integral a la infancia y adolescencia frente a la violencia, ha creado un nuevo tipo delictivo, en paralelo con los artículos 143 bis, 156 ter y 361 bis, para evitar la comisión de delitos de naturaleza sexual contra las personas menores o con discapacidad necesitadas de especial protección cuando la comisión se lleve a cabo a través de internet y otros medios de comunicación social.

Además, se prevé expresamente que las autoridades judiciales retirarán estos contenidos de la red para evitar la persistencia.

**Regulación normativa**: artículo 189 bis CP.


## INDEMNIZACIÓN DE PERJUICIOS MATERIALES Y MORALES

El responsable de un delito está obligado a reparar los daños y perjuicios por el causados. La indemnización de perjuicios materiales y morales comprende no solo los que se hubiesen causado al agraviado, sino también los que se hubieren irrogado a sus familiares o a terceros.

**Regulación normativa**: artículos 109.1, 110.3.º, 113 a 115 CP.

**Jurisprudencia:** STS de 27 de marzo de 2002 (*Tol* 162385); SAP de Castellón de 14 de junio de 2004 (*Tol* 577601).

# INDIVIDUALIZACIÓN DE LA PENA

En el momento de la individualización de la pena a imponer deben tenerse en cuenta las circunstancias personales del delincuente y la mayor o menor gravedad del hecho.

Las circunstancias personales del delincuente son las que se refieren a los motivos o razones que le han llevado a delinquir, así como aquellos rasgos de su personalidad delictiva que configuran igualmente esos elementos diferenciales para efectuar tal individualización penológica y que deben corregirse para evitar su reiteración delictiva.

La gravedad del hecho a que se refiere el precepto no es la gravedad del delito, toda vez que esta "gravedad" habrá sido ya contemplada por el legislador para fijar la banda cuantitativa penal que atribuye a tal delito. La mayor o menor gravedad del hecho dependerá:

1) de la intensidad del dolo, —y si es directo, indirecto o eventual— o, en su caso, del grado de negligencia imputable al sujeto.

2) de las circunstancias concurrentes en el hecho, que sin llegar a cumplir con los requisitos necesarios para su apreciación como circunstancias atenuantes o agravantes, ya genéricas, ya específicas, modifiquen el desvalor de la acción o el desvalor del resultado de la conducta típica.

3) habrá que atender a la mayor o menor culpabilidad
—o responsabilidad— del sujeto, deducida del grado de
comprensión de la ilicitud de su comportamiento (conocimiento de la antijuricidad, del grado de culpabilidad y
de la mayor o menor exigibilidad de otra conducta distinta).

4) habrá que tener en cuenta la mayor o menor gravedad
del mal causado y la conducta del autor posterior a la realización del delito, en orden a su colaboración procesal y
su actitud hacia la víctima y hacia la reparación del daño,
que no afectan a la culpabilidad, por ser posteriores al
hecho, sino a la punibilidad.

Se trata, en definitiva, de un ejercicio de discrecionalidad
reglada.

**Regulación normativa**: artículo 66.1.6.º CP.

**Jurisprudencia:** STS de 5 de mayo de 2010 (*Tol
1847447*).

## INDUCCIÓN

La inducción consiste en hacer surgir en otro la resolución delictiva. Inducción es la causación objetiva y subjetivamente imputable, mediante un influjo psíquico en
otro, de la resolución y realización por parte de este de
un tipo de autoría doloso.

Las notas de la inducción son:

1) que sea anterior al hecho, puesto que ha de ser causal
para la resolución de cometerlo, pudiendo también ser

concomitante, como la del que en el curso de una discusión, incita a uno de los protagonistas a agredir al otro.

2) que sea directa, es decir, ejercida sobre una persona determinada y encaminada a la comisión de un delito, también determinado, bastando con precisar los términos generales, sin que sea necesario que lo estén los accidentes del mismo.

3) que sea eficaz, esto es, de suficiente entidad para mover la voluntad del inducido a cometer el delito.

4) que sea dolosa, aunque es suficiente el dolo eventual, y cabiendo apreciar, en el caso de la inducción, la concurrencia de un doble dolo, el de la acción inductora y el que abarca el delito a cometer.

5) que el inducido de comienzo a la ejecución del delito, consumándolo o al menos entrando en la fase de tentativa, no respondiendo el inductor de los excesos del ejecutor de carácter cualitativo.

La inducción, como cualquier otra forma de participación, está regida por el principio que la doctrina y la práctica judicial denomina de «accesoriedad media o limitada» conforme al cual es suficiente, para que el tipo de inducción quede integrado, que el hecho principal sea típicamente antijurídico, aunque su autor no sea culpable por falta de dolo o concurra en él una causa de impunidad como puede ser el error de prohibición. La acción del partícipe es punible porque contribuye decisivamente a la producción de un injusto típico y su culpabilidad completa los elementos constitutivos del delito que eventualmente faltaren, por ejemplo, el dolo del autor material o la punibilidad si ésta quedare excluida por el error en que el mismo se encontrare.

**Regulación normativa**: artículo 28 a) CP.

**Jurisprudencia:** SSTS de 22 de julio de 1997 (*Tol 407192*), de 18 de abril de 2002 (*Tol 162263*).

## INDUCCIÓN AL SUICIDIO

La inducción al suicidio requiere una colaboración, una prestación coadyuvante que ofrezca una cierta significación y eficacia en la realización del proyecto que preside a un sujeto de acabar con su propia existencia, es decir, una conducta por parte del sujeto activo de colaboración prestada a la muerte querida por otra persona, en relación de causalidad con su producción y con pleno conocimiento y voluntad de cooperar a la misma, de tal modo que sea el propio suicida el que tenga en todo momento el dominio del hecho, o sea, el sujeto activo no haga otra cosa que cumplir la voluntad libre y espontáneamente conformada y expresamente formulada por quien en todo momento decide quitarse la vida.

**Regulación normativa**: artículo 143.1 CP.

**Jurisprudencia:** STS de 15 de marzo de 1986 (*Tol 25249*); SAP de Guipúzcoa de 11 de octubre de 2005 (*Tol 758886*).

## INDUCTOR

El inductor es la persona que provoca que otra adopte una resolución de voluntad para llevar a cabo una acción típica, antijurídica, que no tenía previsto realizar si no es por la intervención del inductor, que a través de mecanismos psíquicos que inciden sobre el proceso de convicción personal del inducido le determinan a obrar.

El inductor a un homicidio no "mata", no realiza el tipo de homicidio, sino solo el tipo de inducción al homicidio, que consiste en determinar a otro a que "mate".

**Regulación normativa**: artículo 28 a) CP.

## INDULTO

El indulto es una manifestación del derecho de gracia, que nunca puede tener carácter general.

El indulto puede ser total o parcial. El indulto parcial puede consistir en la conmutación de la pena o penas impuestas en otras menos graves. El indulto total, por su parte, es una de las causas de extinción de la responsabilidad criminal.

La legitimación para solicitar el indulto la tienen el penado, sus parientes o cualquier otra persona en su nombre, aunque también lo pueden solicitar el Tribunal sentenciador, el Tribunal Supremo o el Fiscal de cualquiera de ellos.

La tramitación del indulto corresponde al Ministerio de Justicia y su otorgamiento y aprobación al Consejo de Ministros mediante Real Decreto que se publicará en el Boletín Oficial del Estado.

El Gobierno está obligado a remitir semestralmente al Congreso de los Diputados un informe sobre la concesión y denegación de indultos.

**Regulación normativa**: artículos 4.4 y 130.1.4.° CP; Ley de 18 de junio de 1870, estableciendo reglas para el ejercicio de la gracia de indulto.

**Jurisprudencia:** SSTS de 5 de febrero de 2010 (*Tol 1792978*), de 26 de mayo de 2021 (*Tol 8439625*), de 15 de febrero de 2023 (*Tol 942274*); SAP de Las Palmas de 19 de marzo de 2010 (*Tol 1901410*); SAP de Barcelona de 15 de noviembre de 2021 (*Tol 8787707*); SAP de Guadalajara de 6 de marzo de 2023 (*Tol 9649698*).

## INEXIGIBILIDAD DE OTRA CONDUCTA

El Derecho no puede exigir comportamientos heroicos o, en todo caso, no puede imponer una pena cuando en situaciones extremas alguien prefiere realizar un hecho prohibido por la ley penal antes que sacrificar su propia vida o su integridad física. En algunos tipos delictivos se alude expresamente a situaciones de no exigibilidad, por ejemplo, en el artículo 195, cuando castiga la omisión del deber de socorro, siempre que el sujeto pudiere prestar el socorro sin riesgo propio ni de terceros.

Las causas de exculpación de un autor por hallarse en una situación que el Ordenamiento Jurídico puede disculpar en particular a el, aunque siga estando prohibida o prescrita con carácter general, por eso no constituye una causa de justificación, son:

1) el estado de necesidad disculpante o de exculpación.

2) el miedo insuperable.

3) el encubrimiento entre parientes.

**Regulación normativa**: artículos 20.5.° y 6.° y 454 CP.

**Jurisprudencia:** STS de 10 de julio de 2009 (*Tol 1577922*).

# INFIDELIDAD EN LA CUSTODIA DE DOCUMENTOS

El delito de infidelidad en la custodia de documentos es un delito contra la Administración Pública con un objeto de protección consistente en el propio contenido documental y los derechos que del mismo pueden extraerse. Se trata de proteger el documento frente agresiones materiales con distintas dinámicas comisivas, la sustracción, destrucción, inutilización u ocultación, total o parcial del documento objeto de custodia por el funcionario, sujeto activo del delito.

Se trata de un delito doloso, con un dolo reforzado según se desprende de la expresión típica "a sabiendas".

**Regulación normativa**: artículo 413 CP.

**Jurisprudencia:** SSTS de 1 de julio de 2009 (*Tol 1577827*), de 28 de febrero de 2011 (*Tol 2067919*); SAP de Cáceres de 20 de septiembre de 2005 (*Tol 778628*).

# INFORMACIÓN PRIVILEGIADA

Uno de los elementos imprescindibles para el correcto funcionamiento de los mercados de valores es la confianza del inversor, y esta depende de que se le garantice no solo que existe una adecuada transparencia informativa en el mercado de que se trate, sino además que si llega a existir información relevante a la que no tiene acceso, se impida que esta suponga un privilegio para quienes la conocen o la han obtenido.

La Ley del Mercado de Valores contiene un concepto de información privilegiada según el cual información privilegiada es toda información de carácter concreto que se refiera directa o indirectamente a uno o varios valores negociables o instrumentos financieros de los comprendidos dentro del ámbito de aplicación de la Ley, o a uno o varios emisores de los citados valores negociables o instrumentos financieros, que no se haya hecho pública y que, de hacerse o haberse hecho pública, podría influir o hubiera influido de manera apreciable sobre su cotización en un mercado o sistema organizado de contratación.

La información privilegiada, a efectos penales, consiste en usar alguna información relevante para la cotización de valores negociados en el mercado, a la que se haya tenido acceso reservado con ocasión del ejercicio de una actividad profesional o empresarial o suministrarla obteniendo, para sí o para un tercero, un beneficio económico superior a 500.000 € —o causando un perjuicio por tal cantidad—.

El delito puede cometerse a través de dos actividades diferentes: usar o suministrar tal información. Usar es emplear, utilizar, manejar algo que se tiene disponiendo de ello y suministrar es proporcionar, proveer de aquello a quien no lo tiene.

Los requisitos que se exigen a tal información son:

1) que sea relevante para la formación de los precios.

2) que sea reservada, es decir, mantenida en secreto legítimo.

3) que se haya obtenido a través de la actividad profesional o empresarial.

**Regulación normativa**: artículo 285 CP.

**Jurisprudencia:** SAN de 29 de junio de 2001 (*Tol* 137292); SAP de Madrid de17 de julio de 2009 (*Tol* 1558887).

## INFRACCIONES DE LOS DERECHOS DE AUTOR

El delito relativo a la propiedad intelectual es un tipo delictivo que comete el que, con ánimo de obtener un beneficio económico y en perjuicio de tercero, reproduzca, plagie, distribuya o comunique públicamente, en todo o en parte, una obra literaria, artística o científica, o su transformación, interpretación o ejecución artística fijada en cualquier tipo de soporte o comunicada a través de cualquier medio, sin autorización de los titulares de los correspondientes derechos de propiedad intelectual o de sus cesionarios.

Son elementos constitutivos de tal infracción penal los siguientes:

1) una acción de reproducción, plagio, distribución o comunicación pública de una obra literaria, artística o

científica, o su transformación, interpretación o ejecución artística fijada en cualquier tipo de soporte.

2) carencia de autorización por los titulares de los derechos de propiedad intelectual.

3) ánimo de obtener un beneficio económico y perjuicio de tercero.

4) realización intencionada de esas conductas.

**Regulación normativa**: artículos 270, 271 y 272 CP.

**Jurisprudencia:** SAN de 5 de febrero de 2016 (*Tol 5636852*); STS de 27 de septiembre de 2006 (*Tol 1014109*); SAP de Ávila de 31 de enero de 2008 (*Tol 1387625*).

## INFRACCIONES RELATIVAS A LA PROPIEDAD INDUSTRIAL

El legislador protege penalmente la actividad económica empresarial referida a la creación o invención de técnicas y objetos de uso industrial, así como su explotación, extendiendo la tutela penal a determinados signos o marcas que los empresarios utilizan para distinguir sus productos de otros similares que se ofertan en el mercado, a las obtenciones vegetales y denominación de origen o indicación geográfica.

**Regulación normativa**: artículos 273 a 276 CP.

**Jurisprudencia:** STS de 2 de junio de 2003 (*Tol 286107*); SAP de Valladolid de 16 de julio de 2010 (*Tol 1930935*).

## INGENIERÍA GENÉTICA

Para proteger la especie humana, el legislador penal castiga la utilización de la ingeniera genética para la producción de armas biológicas o exterminadoras de la especie humana.

Por armas biológicas se entienden aquellas destinadas a afectar al genotipo del sujeto pasivo, de modo que le produzca malformaciones, limitaciones o enfermedades físicas o psíquicas en sus descendientes.

Por armas exterminadoras de la especie humana se entienden cualquiera que pueda determinar su extinción, incluyendo la reproducción de la especie.

**Regulación normativa**: artículo 160 CP.

## INHABILITACIÓN ABSOLUTA

La llamada inhabilitación absoluta es desde el punto de vista objetivo la más grave de las penas privativas de derechos y supone la privación del derecho fundamental recogido en el artículo 23 del texto constitucional.

El efecto de la inhabilitación absoluta se extiende a la privación definitiva de todos los honores, empleos y cargos públicos que tuviere el penado, aunque fueren electivos. Produce, además, la incapacidad para obtener los mismos o cualesquiera otros honores, cargos o empleos públicos. Sus efectos expansivos se proyectan sobre la privación del derecho de elegir y ser elegido para cargos públicos durante el tiempo de la condena.

Este contenido, sin embargo, es independiente de que la pena se imponga como principal o accesoria, de modo que la duración de la inhabilitación solamente es paralela y limitada por la de la pena privativa de libertad cuando es accesoria de esta. Sin embargo, si la pena de inhabilitación se impone como principal su duración será la prevista en el tipo delictivo de que se trate.

**Regulación normativa**: artículo 41 CP.

**Jurisprudencia:** STS de 29 de octubre de 2002 (*Tol 385201*).

## INHABILITACIÓN ESPECIAL PARA CUSTODIA DE ANIMALES

La pena de inhabilitación especial para custodia de animales comporta la prohibición de ocuparse, cuidar o tener bajo su dominio animales durante el tiempo de la condena.

**Regulación normativa**: artículo 39.b) CP.

## INHABILITACIÓN ESPECIAL PARA EMPLEO O CARGO PÚBLICO

La inhabilitación especial es una pena privativa de derechos que produce la privación definitiva del empleo o cargo sobre el que recayere, aunque sea electivo y de los honores que le sean anejos.

**Regulación normativa**: artículo 42 CP.

**Jurisprudencia:** STS de 28 de diciembre de 1998 (*Tol 109274*).

## INHABILITACIÓN ESPECIAL PARA EL DERECHO DE SUFRAGIO PASIVO

La inhabilitación especial para el derecho de sufragio pasivo priva al penado durante el tiempo de la condena del derecho a ser elegido para cargos públicos. En escasas ocasiones se contempla como pena principal y como pena accesoria debe imponerse siempre en sentencias que condenen a una pena de prisión de hasta diez años, aunque ese derecho no tenga relación con el delito cometido.

**Regulación normativa**: artículo 44 CP.

**Jurisprudencia:** STC de 19 de noviembre de 2004 (*Tol 622137*); STS de 25 de septiembre de 1999 (*Tol 272725*).

## INHABILITACIÓN ESPECIAL PARA EL EJERCICIO DE LA PATRIA POTESTAD

La inhabilitación especial para el ejercicio de la patria potestad, tutela, curatela, guarda o acogimiento priva al penado de los derechos inherentes a la primera, y supone la extinción de las demás, así como la incapacidad para obtener nombramiento para dichos cargos durante el tiempo de la condena.

La pena de privación de la patria potestad implica la pérdida de la titularidad de la misma, subsistiendo los derechos de los que sea titular el hijo respecto del penado.

**Regulación normativa**: artículo 46 CP.

## INHABILITACIÓN ESPECIAL PARA PROFESIÓN, OFICIO, INDUSTRIA O COMERCIO

La inhabilitación especial para profesión, oficio, industria o comercio u otras actividades, sean o no retribuidas, o cualquier otro derecho, que ha de conectarse expresa y motivadamente en la sentencia, priva a la persona penada de la facultad de ejercerlos durante el tiempo de la condena.

La autoridad judicial puede restringir la inhabilitación a determinadas actividades o funciones de la profesión u oficio, retribuido o no, permitiendo, si es posible, el ejercicio de aquellas funciones no directamente relacionadas con el delito cometido.

**Regulación normativa**: artículo 45 CP.

## INIMPUTABILIDAD

La inimputabilidad excluye la responsabilidad penal, si bien no impide la imposición de medidas de seguridad.

Las causas de inimputabilidad son:

1) La anomalía o alteración psíquica.

2) El trastorno mental transitorio.

3) Los estados de intoxicación.

4) La minoría de edad penal.

5) La alteración en la percepción desde el nacimiento o desde la infancia.

**Regulación normativa**: artículos 19, 20.1.°, 2.° y 3.° CP.

**Jurisprudencia:** STS de 27 de mayo de 2005 (*Tol 731563*).

## INIMPUTABLE

Inimputable es el sujeto que carece de las características necesarias para poder atribuirle el hecho típico y antijurídico cometido.

## INJERENCIA

Con el término "injerencia", o actuar precedente, se alude en Derecho penal a la posición de garante que surge cuando el sujeto en cuestión ha creado un riesgo para los bienes jurídicos que amenaza después con realizarse. Por ejemplo, quien hace fuego en el bosque para asar unas chuletas tiene la obligación de procurar que el fuego no degenere en un incendio, respondiendo del mismo en caso de que se produzca.

**Regulación normativa**: artículo 11 CP.

**Jurisprudencia:** SAP de Pontevedra de 25 de junio de 2008 (*Tol 1478779*).

## INJURIAS

Injuria es toda acción o expresión que lesiona la dignidad de otra persona, menoscabando su fama o atentando contra su propia estimación. El delito de injurias requiere la presencia de dos elementos, uno objetivo constituido por actos o expresiones que tengan la suficiente carga ofensiva para lesionar la dignidad de una persona, menoscabando su fama y atentando contra su propia estimación, y uno subjetivo, lo que se ha venido llamando *animus iniuriandi*, que como dolo específico de esta infracción penal, eminentemente tendencial, implica la intención de causar un ataque a la dignidad ajena.

La jurisprudencia ha venido admitiendo la presunción *iuris tantum* de este ánimo cuando las frases empleadas manifiestan objetivamente y revisten en sí mismas trascendencia difamatoria; sin embargo, puede probarse que el ánimo no fue ese, existiendo otro distinto —ánimo de bromear o de criticar— que excluye la tipicidad de la conducta.

**Regulación normativa**: artículos 208 a 210 CP.

**Jurisprudencia:** STS de 28 de abril de 2006 (*Tol 948900*); SAP de Zaragoza de 30 de julio de 2009 (*Tol 1630761*); SAP de Navarra de 1 de septiembre de 2014 (*Tol 4492322*).

## INJUSTO

En la dogmática jurídico-penal se emplean los términos "antijuricidad" e "injusto" como equivalentes. Sin embargo, ambos términos deben diferenciarse. El injusto es un sustantivo que se emplea para denominar la acción misma calificada ya como antijurídica. Lo injusto es la conducta antijurídica misma.

Se alude a injusto penal, injusto civil o injusto administrativo, pero en Derecho penal se emplea el término "injusto penal" para calificar aquellas acciones o conductas antijurídicas subsumibles como típicas en el supuesto de hecho de una norma penal.

## INMIGRACIÓN CLANDESTINA

La inmigración clandestina consiste en determinar, esto es, hacer surgir la resolución de emigrar, o favorecer la emigración a otro país mediante la simulación de contratación o engaño semejante.

Por emigrar se entiende la salida de un país con destino a otro país para desempeñar un puesto de trabajo.

**Regulación normativa**: artículo 313 CP.

**Jurisprudencia:** SSTS de 13 de julio de 2005 (*Tol 2095370*), de 9 de marzo de 2012 (*Tol 2498524*); SAP de Las Palmas de 17 de marzo de 2011 (*Tol 2176704*).

## INSOLVENCIAS PUNIBLES

El derecho de crédito del acreedor o acreedores, concretado en el derecho a la satisfacción que tienen sobre el patrimonio del deudor en el caso de que este incumpla sus obligaciones, como contrapartida del deber que tiene el deudor de responder en caso de incumplimiento de sus obligaciones con todos sus bienes presentes o futuros, constituye el bien jurídico protegido en las insolvencias punibles.

El elemento subjetivo del delito de insolvencia punible viene constituido por el ánimo específico de defraudar las legítimas expectativas generadas en el acreedor de poder cobrar su crédito. Esta finalidad defraudatoria ha sido puesta de relieve por la jurisprudencia, al considerar este tipo penal como de simple actividad o de riesgo o de resultado cortado, pues no precisa perjuicio patrimonial La insolvencia se define como la creencia generalizada de que una persona se encuentra en una situación económica tal que no le permite responder en caso de incumplimiento de sus obligaciones.

**Regulación normativa**: artículos 259 a 261 bis CP.

**Jurisprudencia:** SSTS de 5 de noviembre de 2009 (*Tol 1768824*), de 24 de noviembre de 2009 (*Tol 1747690*).

## INSTRUMENTO DE PAGO DISTINTO DEL EFECTIVO

La Ley Orgánica 14/2022 introduce como nuevo medio de pago cualquier instrumento distinto del efectivo, ofreciendo una definición legal de lo que ha de entenderse por este. En el artículo 399 ter se define como cualquier dispositivo, objeto o registro protegido, material o inmaterial, o una combinación de estos, exceptuada la moneda de curso legal, que, por sí solo o en combinación con un procedimiento o conjunto de procedimientos, permite al titular o usuario transferir dinero o valor monetario incluso a través de medios digitales de intercambio, como sucede con monedas virtuales y otros criptoactivos, tarjetas prepago o monederos electrónicos.

**Regulación normativa**: artículo 399 ter CP.

## INSTRUMENTOS DEL DELITO

Los instrumentos del delito, a efectos del decomiso de los mismos, han sido definidos jurisprudencialmente como los útiles y medios utilizados en la ejecución del delito.

El Código penal alude a "la pérdida de los bienes, medios o instrumentos con que se haya preparado o ejecutado el delito", fórmula verdaderamente omnicomprensiva. Lo verdaderamente relevante es que se trata de bienes cuyo destino está preordenado a la comisión del hecho ilícito, sin perjuicio evidentemente de que en cualquier caso tienen aptitud para cubrir las responsabilidades civiles y penales y por ello estará justificada su retención. La relación por lo tanto de los medios y el comportamiento delictivo es de medio a fin y debe alcanzar una precisión que no es compatible con las meras presunciones en contra del reo. Por ello, además de respetarse la existencia de una acusación que así lo solicite, en el hecho probado debe constar mínimamente relatada al menos aquella preordenación, en el sentido de deducir que el medio o instrumento ha servido para algo más que el que es propio de su naturaleza en relación con el delito de que se trate.

**Regulación normativa**: artículo 127 CP.

**Jurisprudencia:** STS de 7 de enero de 2009 (*Tol 1432466*).

## INTIMIDACIÓN

La intimidación ha sido definida como el temor de un mal grave e inmediato. La intimidación es, por tanto, de naturaleza psíquica y requiere el empleo de cualquier fuerza de coacción, amenaza o amedrentamiento con un mal racional y fundado.

Además, la intimidación ha de ser idónea para evitar que la víctima actúe según las pautas derivadas del ejercicio de su derecho de autodeterminación, idoneidad que dependerá del caso concreto, pues no basta examinar las características de la conducta del acusado, sino que es necesario relacionarlas con las circunstancias de todo tipo que rodean su acción: condiciones y situación de la persona intimidada, lugar, tiempo y cualesquiera perspectivas fácticas de razonable valoración.

Es preciso que, expuesta la intención del autor, la víctima haga patente su negativa de tal modo que sea percibida por aquél.

No es necesario que sea irresistible, pues no puede exigirse a la víctima que oponga resistencia hasta poner en riesgo serio su vida o su integridad física, sino que basta con que sea idónea según las circunstancias del caso. Y, por otro lado, tal situación debe estar orientada por el acusado a la consecución de su finalidad ilícita, conociendo y aprovechando la debilitación de la negativa de la víctima ante la fuerza o intimidación empleadas.

La intimidación es, en consecuencia, una forma de coerción ejercida sobre la voluntad de la víctima, anulando o disminuyendo de forma radical su capacidad de decisión para actuar en defensa del bien jurídico atacado.

**Jurisprudencia**: SSTS de 23 de marzo de 2010 (*Tol 1818580*), de 30 de abril de 2010 (*Tol 1865103*).

## INTRANEUS

*Intraneus* es aquel sujeto que interviene en un delito especial reuniendo las cualidades exigidas para ser sujeto activo del mismo.

## INTRUSISMO INFORMÁTICO

El intrusismo informático o *hacking* consiste en acceder sin autorización a datos, programas o sistemas informáticos por cualquier medio o procedimiento vulnerando las medidas de seguridad establecidas para impedirlo, así como mantenerse dentro del sistema informático en contra de la voluntad de quien tenga el legítimo derecho a excluirlo.

**Regulación normativa**: artículo 197 bis CP.

**Jurisprudencia**: SAP de Madrid de 12 de marzo de 2013 (*Tol 3706316*).

## INTRUSISMO PROFESIONAL

Quien ejerce una actividad profesional debe poseer unos conocimientos mínimos o preparación que permitan resolver con éxito las actividades encomendadas, cubriéndose de los perjuicios que la ignorancia en una actividad puedan acarrear. El Código penal no protege la exclusividad para la realización de determinadas actividades, sino la falta de capacidad o de titulación para el ejercicio de una actividad a través del delito de intrusismo profesional.

Los elementos necesarios para entender realizado el tipo penal de intrusismo son:

1) el ejercicio de actos propios de una profesión sin poseer el correspondiente título habilitador.

2) la asunción de la profesión, realizando los actos propios de la misma.

3) el conocimiento de la antijuridicidad de los actos practicados.

4) la conciencia y voluntad del sujeto con respecto a su irregular actuación.

Se trata de un delito formal y de mera actividad que se consuma con la realización de un solo acto de la profesión invadida. El bien jurídico protegido por el tipo penal se caracteriza por su carácter pluriofensivo. Ofende al perjudicado, que ve lesionado su derecho por la actividad del intruso; a la corporación profesional a la que afecta la conducta intrusa; y a la sociedad en su interés público en que sean idóneas las personas que ejercen determinadas profesiones para las que el Estado reglamenta el acceso a la actividad.

**Regulación normativa**: artículo 403 CP.

**Jurisprudencia:** SSTS de 22 de enero de 2002 (*Tol 130156*), de 14 de octubre de 2011 (*Tol 2264800*); SAP de Teruel de 21 de septiembre de 1995 (*Tol 385915*); SAP de Sevilla de 13 de enero de 2011 (*Tol 2090391*).

## IRRETROACTIVIDAD DE LA LEY PENAL

El principio general de irretroactividad de las leyes está inspirado en el axioma «tempus regit factum» (el tiempo rige el acto), y en los criterios de certeza, predecibilidad y confianza sobre el Ordenamiento Jurídico vigente bajo los que se han de realizar los actos jurídicos, en aras de la seguridad jurídica (artículo 9.3 CE).

La irretroactividad de la ley penal supone que las leyes penales solamente pueden ser aplicadas a los hechos cometidos durante su vigencia; por tanto, no pueden ser aplicadas a hechos realizados con anterioridad a su entrada en vigor.

La prohibición de retroactividad tiene diversos alcances: 1) prohíbe que un hecho que no era punible en el momento de su comisión sea juzgado por una ley posterior. 2) prohíbe que un hecho que en el momento de su comisión tenga prevista una determinada pena, le sea aplicada otra pena cualitativamente diferente y más grave contemplada en una ley posterior.

3) prohíbe que un hecho que en el momento de su comisión tenga prevista una determinada cantidad de pena, se le aplique la mayor cantidad de pena prevista en la ley posterior.

La excepción al principio de irretroactividad se encuentra en el principio de retroactividad de las leyes penales más favorables al reo.

**Regulación normativa**: artículo 2 CP.

**Jurisprudencia:** SSTS de 25 de junio de 2009 (*Tol 1643704*), de 7 de julio de 2009 (*Tol 1635071*).

## ITER CRIMINIS

El «iter criminis» describe toda la fase del delito, desde la exteriorización de la voluntad del sujeto activo hasta la realización del último momento de relevancia típica.

El «iter criminis» supone el camino que recorre el hecho delictivo en sí, pues, no surgiendo este de repente, necesariamente tienen que sucederse una serie de acontecimientos, actos o circunstancias, diferenciados claramente en el espacio y en el tiempo, que van desde que la idea criminal nace hasta que el delito se ejecuta y agota, todo lo cual puede comportar lo que se ha denominado su exteriorización, comprendiendo una primera fase, o actos meramente preparatorios, dormidos en el ámbito de la psiquis y de la mente sin relevancia penal alguna y, otra segunda, ejecución propiamente dicha, que ya se desenvuelve externamente bien con la consumación y agotamiento del delito si además se logra la finalidad inicialmente perseguida, bien con el delito en grado de tentativa.

**Jurisprudencia:** SSTS de 16 de febrero de 2006 (*Tol 856230*), de 12 de noviembre de 2009 (*Tol 1747656*).

## IUS PUNIENDI

El *ius puniendi* es la potestad de imponer penas y medidas de seguridad a los infractores de las normas penales que las establecen. El *ius puniendi* lo ostenta el Estado a quien corresponde, en sede legislativa, establecer las conductas prohibidas y asignarles una pena o medida de seguridad. Naturalmente el *ius puniendi* tiene un titular único que es el Estado, el cual se somete al Ordenamiento Jurídico, pero serán los Jueces y Tribunales quienes hayan de desempeñar la tarea y la labor de aplicar las penas e interpretar las normas. Y para ello es preciso trazar con precisión milimétrica los límites y racionalizar las sanciones.

Al ser el Derecho penal un medio de represión de los derechos y de las libertades de la persona es necesario introducir una serie de límites y controles al *ius puniendi* del Estado, orientados a evitar cualquier exceso y arbitrariedad del mismo.

Los principios limitadores del *ius puniendi* son:

1) el principio de legalidad.

2) el principio de intervención mínima.

3) el principio de culpabilidad.

**Jurisprudencia:** SSTS de 22 de febrero de 2001 (*Tol 151046*), de 19 de enero de 2009 (*Tol 1448777*); SAP de Barcelona de 12 de mayo de 2009 (*Tol 1595188*).

# J

## JEFE

El concepto de "jefe" o "jefatura" que maneja el Código penal para aplicar la agravante en los delitos de tráfico de drogas supone que ha de recaer la calificación de jefe o encargado en aquellas personas que, dentro de la jerarquización más o menos marcada existente dentro de la organización, destaquen por dar instrucciones, facilitar medios, preparar alojamientos, u otras que en suma consistan en dirigir las actuaciones de otros.

**Regulación normativa**: artículo 370.2 CP.

**Jurisprudencia:** STS de 17 de noviembre de 2011 (*Tol 2341934*).

# L

## LEGÍTIMA DEFENSA

La legítima defensa constituye una circunstancia que puede eximir o atenuar la responsabilidad criminal de las personas en los delitos contra la vida, la integridad, el honor u otros derechos subjetivos.
La eximente de legítima defensa demanda para poder ser apreciada la concurrencia de los siguientes requisitos:

1) una agresión ilegítima, constituida por un acto de acometimiento o de fuerza real creador de una situación de
riesgo para la vida o la integridad personal, apareciendo
dicho elemento como el nuclear de la legítima defensa al
que se subordinan los restantes, de modo que su ausencia
imposibilitará apreciar tanto la circunstancia como eximente completa o incompleta.

2) necesidad racional del medio empleado para impe-
dirla o repelerla, constituido, al tenerse que rechazar el
injusto proceder agresivo, por la defensa imperiosa, ejercida de manera proporcionada y sin excesos repudiables
que sobrepasen lo necesario.

3) falta de provocación suficiente por parte de quien
se defiende, lo que significa ausencia de incitación en
la determinación causal de la agresión, pudiendo solo
determinarse como desencadenante de la misma, la provocación eficiente y bastante, próxima, adecuada y proporcionada, para que a ella obedezca el acometimiento,
como consecuencia, más o menos posible, en el orden de
las reacciones humanas.

Si no concurriere alguno de los dos últimos requisitos,
la legítima defensa puede valorarse como circunstancia
atenuante (artículo 21.1.ª del Código penal). Lo que
nunca puede faltar para que podamos hablar de legítima
defensa —tanto como eximente completa como incompleta— es el requisito de la agresión ilegítima. Si esta no
concurre, no puede hablarse, en forma alguna, de legítima defensa.

La jurisprudencia sobre esta materia es clara, pacífica y
consolidada: para la apreciación de la legítima defensa,

tanto en su condición de eximente completa como incompleta, ha de contarse con el elemento básico de la agresión ilegítima, cuya indispensabilidad y presencia son absolutas, factor desencadenante de la reacción del acometido, explicativa de su actuación defensiva e impregnante de la juridicidad de su proceder. Agresión que, por lo demás, ha de ser «objetiva», «injustificada», «actual e inminente».

**Regulación normativa**: artículo 20.4 CP.

**Jurisprudencia:** SSTS de 22 de diciembre de 1947 (*Tol 51260*), de 4 de febrero de 2003 (*Tol 4085380*); SAP de Barcelona de 14 de enero de 2004 (*Tol 345775*); SAP de Madrid de 19 de febrero de 2010 (*Tol 1851662*).

## LEGÍTIMA DEFENSA PUTATIVA

La legítima defensa putativa supone la creencia fundada por parte de quien se defiende de ser víctima de una agresión que, en realidad, ni se ha producido ni es inminente, al menos con la gravedad que, equivocadamente, se le atribuye.

Ejemplo de legítima defensa putativa: defenderse frente a una persona que no es la agresora o defenderse de un ataque inexistente.

**Jurisprudencia:** STS de 26 de abril de 2010 (*Tol 1878091*).

## LESIONES

El término "lesiones" se entiende como menoscabo en la integridad corporal o en la salud física o psíquica de una persona a consecuencia de la acción u omisión de quien la realiza.

Para la comisión de un delito de lesiones se precisa la concurrencia de dos elementos: uno objetivo, definido por la existencia de un daño a la víctima del hecho que pudiera encuadrarse en los tipos penales previstos en el Código penal, y otro subjetivo, consistente en un dolo de lesionar menoscabando la integridad corporal o la salud física o mental del sujeto pasivo, elemento este que puede concurrir tanto si el autor ha querido directamente el resultado como si solamente se lo ha representado como posible —de eventual ocurrencia— pero, a pesar de ello, lo ha aceptado y continuado con la realización de la acción.

La acción puede llevarse a cabo por cualquier medio o procedimiento.

La pena está en función de que la lesión requiera o no objetivamente para su sanidad, además de una primera asistencia facultativa, tratamiento médico o quirúrgico (*Vid.* Tratamiento médico).

**Regulación normativa**: artículos 147 a 156 CP.

**Jurisprudencia:** SSTS de 15 de octubre de 2004 (*Tol 506916*), de 22 de febrero de 2012 (*Tol 2481569*), de 17 de julio de 2014 (*Tol 4457367*); SAP de Barcelona de 14 de enero de 2004 (*Tol 345775*); SJP núm. 2 de

Pamplona de 21 de febrero de 2012 (*Tol 2466524*); SJP de Navarra de 29 de enero de 2014 (*Tol 4224916*).

## LIBERTAD CONDICIONAL

La libertad condicional es una modalidad de suspensión de la ejecución del resto de la pena. El tiempo en libertad condicional no computará como tiempo de cumplimiento de condena, sino que la concesión de la libertad condicional determina la suspensión de la ejecución del resto de la pena durante un determinado tiempo. Si durante ese tiempo, el penado no reincide y cumple las condiciones impuestas, se declara extinguida la pena pendiente de cumplimiento. Si, por el contrario, durante ese periodo de libertad condicional comete un nuevo delito o incumple gravemente las condiciones impuestas, la libertad es revocada y deberá cumplir toda la pena que restaba.

Para poder acceder a la libertad condicional es necesario que se den los siguientes requisitos:

1) que la pena sea privativa de libertad.

2) que la persona se encuentre clasificada en el tercer grado de tratamiento penitenciario.

3) que se hayan extinguido las tres cuartas partes de la condena impuesta.

4) que se haya observado buena conducta.

Además, para conceder la libertad condicional debe valorarse la personalidad del penado, antecedentes, circunstancias del delito, circunstancias familiares, etc.

La Ley Orgánica 7/2003, de 30 de junio, introdujo otro requisito más: el de tener satisfecha la responsabilidad

civil derivada del delito en los supuestos y con los criterios fijados en el artículo 72.5 y 6 LOGP; puesto que *ex
lege* se considera no cumplido el requisito de existencia
de un pronóstico favorable de reinserción social, si no se
ha cumplido con dicha responsabilidad civil.

Tratándose de personas condenadas por delitos de terrorismo o cometidos en el seno de organizaciones criminales se requiere además que el penado muestre signos
inequívocos de haber abandonado la actividad terrorista
y haya colaborado activamente con las autoridades en
la desarticulación de la banda armada o para impedir la
comisión de nuevos delitos, así como cuando haya formulado una declaración expresa de repudio de sus actividades delictivas y de abandono de la violencia y una
petición expresa de perdón a las víctimas de su delito.

La libertad condicional se puede adelantar excepcionalmente a las dos terceras partes de la condena cuando la
persona penada, cumpliendo los requisitos anteriores,
lo merezca por haber desarrollado actividades laborales,
culturales u ocupacionales. Igualmente, el Juez de Vigilancia Penitenciaria podrá adelantar, una vez extinguida
la mitad de la condena, la concesión de la libertad condicional, hasta un máximo de noventa días por cada año
de cumplimiento efectivo, como incentivo al desarrollo
de actividades laborales u ocupacionales, así como de la
participación en programas de reparación a las víctimas
o, en su caso, de tratamiento o desintoxicación.

Asimismo, y de manera excepcional, puede ser concedida
la libertad condicional para quienes estén cumpliendo su
primera condena de prisión si esta no supera los tres años

de duración. En estos casos la libertad condicional puede adelantarse al cumplimiento de la mitad de la condena.

Se permite conceder la libertad condicional, en último lugar, a los sentenciados mayores de setenta años o que estén enfermos muy graves con padecimientos incurables, aunque no hayan extinguido las tres cuartas partes de la condena o, en su caso, las dos terceras partes o la mitad. En este supuesto, deben cumplir con los requisitos que exigen el pronóstico de reinserción social y la clasificación en tercer grado, clasificación que requiere que el condenado haya ingresado en prisión y que la sentencia sea firme.

**Regulación normativa**: artículos 90, 91 y 92 CP.

**Jurisprudencia:** STS de 2 de febrero de 2018 (*Tol 6498760*); AAAP de Cádiz de 3 de febrero de 2004 (*Tol 349774*), de 15 de julio de 2008 (*Tol 1520176*).

## LIBERTAD VIGILADA

La libertad vigilada es una medida de seguridad que consiste en tener vigilada la libertad del condenado, aunque sin privarle de la misma, convirtiéndose en la única medida de seguridad aplicable tanto a imputables como a inimputables y semiimputables. En el caso de los primeros, la libertad vigilada podrá durar hasta diez años, en el de los segundos hasta cinco años.

Esta medida de seguridad es fruto de la reforma penal de 2010 y su contenido se concreta en una serie de limitaciones, obligaciones, prohibiciones o reglas de conducta, aplicables separada o conjuntamente.

La libertad vigilada supone el sometimiento del condenado a control judicial a través del cumplimiento por su parte de alguna o algunas de las siguientes medidas:

1) la obligación de estar siempre localizable mediante aparatos electrónicos que permitan su seguimiento permanente.

2) la obligación de presentarse periódicamente en el lugar que el Juez o Tribunal establezca.

3) la de comunicar inmediatamente, en el plazo máximo y por el medio que el Juez o Tribunal señale a tal efecto, cada cambio del lugar de residencia o del lugar o puesto de trabajo.

4) la prohibición de ausentarse del lugar donde resida o de un determinado territorio sin autorización del Juez o Tribunal.

5) la prohibición de aproximarse a la víctima, o a aquellos de sus familiares u otras personas que determine el Juez o Tribunal.

6) la prohibición de comunicarse con la víctima, o con aquellos de sus familiares u otras personas que determine el Juez o Tribunal.

7) la prohibición de acudir a determinados territorios, lugares o establecimientos.

8) la prohibición de residir en determinados lugares.

9) la prohibición de desempeñar determinadas actividades que puedan ofrecerle o facilitarle la ocasión para cometer hechos delictivos de similar naturaleza.

10) la obligación de participar en programas formativos, laborales, culturales, de educación sexual u otros similares.

11) la obligación de seguir tratamiento médico externo, o de someterse a un control médico periódico.

El control sobre la procedencia de la efectiva ejecución de la medida recae sobre el Juez de Vigilancia Penitencia que efectuará las correspondientes propuestas, inicial —dos meses antes de finalizar el cumplimiento de la pena— y, posteriormente, al menos anual, al Juez o Tribunal sentenciador.

**Regulación normativa**: artículo 106 CP.

**Jurisprudencia:** SAP de Zaragoza de 13 de febrero de 2012 (*Tol 2459671*); SAP de Las Palmas de 26 de septiembre de 2014 (*Tol 4511856*).

## LLAVES FALSAS

Entre las modalidades típicas de la fuerza en las cosas que conlleva la calificación de la sustracción como robo se encuentra el "uso de llaves falsas" —artículo 238-4.º—, que se define legalmente en el artículo 239, reputando llaves falsas a:

1) las ganzúas u otros instrumentos análogos.

2) las llaves legítimas perdidas por el propietario u obtenidas por un medio que constituya infracción penal.

3) cualesquiera otras que no sean las destinadas por el propietario para abrir la cerradura violentada por el reo.

Además, se consideran llaves falsas las tarjetas, magnéticas o perforadas, los mandos o instrumentos de apertura a distancia y cualquier otro instrumento tecnológico de eficacia similar.

A propósito de este elemento típico del delito de robo tiene declarado el Tribunal Supremo que el uso de llaves falsas no implica el desarrollo de una especial fuerza o presión para acceder al lugar donde se encuentran las cosas muebles ajenas, sino el empleo de un medio que permita dicho acceso sin causar daños o desmedros, fundamentándose su autonomía frente al hurto, verdadero tipo básico contra la propiedad, en circunstancias relativas tanto a la defensa desplegada por el propietario o poseedor legítimo de la cosa cuya sustracción se pretende como en la mayor astucia o habilidad del autor.

El concepto de llave falsa no se corresponde con el vulgar o usual, sino que es eminentemente funcional: todo lo que sirva para abrir un cierre mecánico.

**Regulación normativa**: artículo 239 CP.

**Jurisprudencia:** SSTS de 26 de septiembre de 2001 (*Tol 103285*), de 22 de enero de 2004 (*Tol 352513*).

## LOCALIZACIÓN PERMANENTE

La pena de localización permanente es una pena privativa de libertad que tiene una duración máxima de seis meses, y consiste en la obligación del penado de permanecer en su domicilio o en un lugar determinado fijado por el Juez en la sentencia o bien posteriormente en un auto motivado.

En la Exposición de Motivos de la Ley Orgánica 15/2003 se concibe esta nueva pena como un remedio para evitar los efectos perjudiciales de la reclusión en establecimientos penitenciarios. En este sentido, el Informe del Consejo General del Poder Judicial de 26 de marzo de 2003 señalaba que «la diferencia sustancial con el arresto de fin de semana, que se suprime, es que no se produce el ingreso del penado en el establecimiento penitenciario o depósito municipal de detenidos para el cumplimiento del arresto, sino en su propio domicilio o en lugar adecuado para ello determinado por el Juez. Con ello se evitan los efectos nocivos de una pena corta de prisión que determine la reclusión del interno en un centro penitenciario».

No obstante, la reforma de 2010, en cuanto al lugar de cumplimiento ha previsto que, en los casos en los que la localización permanente sea impuesta como pena principal, atendiendo a la reiteración en la comisión de la infracción y siempre que así lo disponga expresamente el concreto precepto aplicable, el Juez puede acordar que la pena de localización permanente se cumpla los sábados, domingos y días festivos en el centro penitenciario más próximo al domicilio del penado.

**Regulación normativa**: artículo 37 CP.

**Jurisprudencia:** STS de 29 de enero de 2020 (*Tol 7813419*); SAP de Valladolid de 6 de septiembre de 2007 (*Tol 1508228*).

## LOCALIZACIÓN PERMANENTE MEDIANTE APARATOS ELECTRÓNICOS

La localización permanente mediante aparatos electrónicos es una de las medidas que integran la libertad vigilada: la obligación de estar siempre localizable se realizará «mediante aparatos electrónicos que permitan su seguimiento permanente».

El precepto parece referirse a la aplicación de la tecnología GPS (*Global Positionig System*), no, en cambio, a sistemas de contacto programado o sistemas de monitorización mediante radiofrecuencia, que únicamente permiten detectar presencias o ausencias domiciliarias, pero no la localización permanente del sujeto.

**Regulación normativa**: artículo 106.1.a) CP.

# M

## MALOS TRATOS EN EL ÁMBITO FAMILIAR

*Vid.* Violencia doméstica.

## MALTRATO DE ANIMALES

El delito de maltrato de animales domésticos, amansados, domesticados o que vivan temporal o permanentemente bajo el control humano, consiste en, fuera de las actividades legalmente reguladas y por cualquier medio o procedimiento, incluyendo los actos de carácter sexual, causarles lesión que requiera tratamiento veterinario para el restablecimiento de su salud.

Se considera animal doméstico aquel animal que se cría, se reproduce y vive en compañía del ser humano, por placer y con carácter lúdico o social. Mientras que los animales amansados comprenden los animales fieros o salvajes amansados, quedando fuera, por lo tanto, los animales no domésticos y no amansados como, por ejemplo, el toro de lidia.

La introducción del castigo de la explotación sexual o zoofilia se debe a la enmienda núm. 361 del Grupo Parlamentario Mixto para quien "es necesario tipificar desde el punto de vista penal la agresión sexual a los animales. Dicha actividad tiene la suficiente entidad para justificar su inclusión expresa en las acciones delictivas, ya que es una práctica mucho más extendida de lo que se piensa, tal y como demuestran los últimos casos recientes divulgados en prensa sobre abusos y agresiones sexuales muy graves a animales. Actualmente, la zoofilia o el abuso sexual a animales en el Estado Español se encuentra en un vacío legal que permite la realización de todo tipo de perversiones y abusos hacia el animal con total impunidad".

**Regulación normativa**: artículo 340 bis CP.

**Jurisprudencia:** SAP de Madrid de 9 de julio de 2010 (*Tol 1941841*); SJI núm. 2 de Puerto Real de 22 de noviembre de 2007 (*Tol 1175548*); SJP núm. 2 de Valencia de 14 de noviembre de 2017 (*Tol 6440769*).

## MALTRATO HABITUAL

El maltrato habitual a la pareja en el hogar es definido por el Tribunal Supremo como la creación de un clima de insostenibilidad emocional en la familia mediante el empleo de una violencia psicológica de dominación llevada a cabo desde la violencia física, verbal y sexual, por la que ejerce esa dominación que intenta trasladar a los miembros de la familia. Mediante el maltrato el autor ejerce y pone de manifiesto el mensaje que pretende trasladar a los miembros del núcleo familiar mediante una subyugación psicológica que pone de manifiesto mediante el ejercicio de la violencia.

**Regulación normativa**: artículo 173.2 CP.

**Jurisprudencia:** SSTS de 13 de noviembre de 2020 (*Tol 8217397*), de 13 de enero de 2021 (*Tol 8290895*), de 28 de enero de 2021 (*Tol 8302005*).

## MALVERSACIÓN APROPIATIVA DEL PATRIMONIO PÚBLICO

El delito de malversación apropiativa del patrimonio público es una infracción del deber de fidelidad e integridad que tiene el funcionario o autoridad con la Administración, que requiere de los siguientes elementos:
1) subjetivamente, el autor debe ser una autoridad o funcionario público (*Vid.* Autoridad; Funcionario público).
2) como segundo elemento, de naturaleza objetiva, los fondos públicos o patrimonio público.

3) el tercer elemento se refiere a la especial situación que respecto de tales fondos públicos debe encontrarse el funcionario.

4) como cuarto y último elemento, la acción punible a realizar consiste en apropiarse del patrimonio público.

**Regulación normativa**: artículo 432 CP.

**Jurisprudencia:** SSTS de 17 de marzo de 2010 (*Tol 1825116*), de 16 de junio de 2010 (*Tol 1894602*), 11 de junio de 2014 (*Tol 4430543*), de 26 de abril de 2016 (*Tol 5701914*), de 13 de julio de 2017 (*Tol 6205764*), de 17 de enero de 2018 (*Tol 6478448*), de 13 de septiembre de 2022, "caso de los Ere", (*Tol 9217436*); ATS de 13 de febrero de 2023, "caso procés", (*Tol 9397849*); SAP de Les Illes Balears de 19 de marzo de 2012 (*Tol 2481750*); SAP de Málaga de 18 de diciembre de 2015 (*Tol 5593666*).

# MALVERSACIÓN DE USO DEL PATRIMONIO PÚBLICO

El delito de malversación de uso del patrimonio público es una infracción del deber de fidelidad e integridad que tiene el funcionario o autoridad con la Administración, que requiere de los siguientes elementos:

1) subjetivamente, el autor debe ser una autoridad o funcionario público (*Vid.* Autoridad; Funcionario público).

2) como segundo elemento, de naturaleza objetiva, los fondos públicos o patrimonio público.

3) el tercer elemento se refiere a la especial situación que respecto de tales fondos públicos debe encontrarse el funcionario.

4) como cuarto y último elemento, la acción punible a realizar consiste en destinar, sin ánimo de apropiación, a usos privados el patrimonio público.

**Regulación normativa**: artículo 432 bis CP.

**Jurisprudencia:** STS de 13 de septiembre de 2022, "caso de los Ere", (*Tol 9217436*); ATS de 13 de febrero de 2023, "caso procés", (*Tol 9397849*).

## MALVERSACIÓN IMPROPIA

Es la malversación del patrimonio público llevada a cabo por particulares encargados del depósito o administración de bienes de titularidad pública: particulares encargados por cualquier concepto de fondos, rentas o efectos de las Administraciones Públicas, administradores o depositarios de dinero o bienes embargados, secuestrados o depositados por autoridad pública, administradores concursales, etc.

**Regulación normativa**: artículo 435 CP.

## MALVERSACIÓN PRESUPUESTARIA DEL PATRIMONIO PÚBLICO

Consiste en, por parte del funcionario público o autoridad, dar al patrimonio público que administrare una aplicación pública diferente de aquella a la que estuviere destinado.

El legislador ha recuperado el delito tipificado en el artículo 397 del Código penal de 1944. La nueva modalidad incorporada por la reforma de la Ley Orgánica 14/2022, se caracteriza por sancionar a la autoridad o funcionario público que, lejos de apropiarse o destinar a fines ajenos a la función pública el patrimonio administrado, lo destina a finalidades de carácter público, pero diferentes de aquellas a las estuviese legalmente destinado y, por tanto, con infracción de la normativa administrativa en materia de ordenación del gasto público.

**Regulación normativa**: artículo 433 CP.

**Jurisprudencia:** STS de 13 de septiembre de 2022, "caso de los Ere", (*Tol 9217436*); ATS de 13 de febrero de 2023, "caso procés", (*Tol 9397849*).

## MANIPULACIÓN DEL FUNCIONAMIENTO DE LOS DISPOSITIVOS DE CONTROL UTILIZADOS PARA VIGILAR EL CUMPLIMIENTO DE PENAS Y MEDIDAS CAUTELARES O DE SEGURIDAD

En relación con los dispositivos telemáticos para controlar las medidas cautelares y las penas de alejamiento en materia de violencia de género, se plantearon varios problemas sobre la calificación penal de ciertas conductas del imputado o penado tendentes a hacerlos ineficaces.

Por ello, la reforma penal de 2015 ha considerado adecuado tipificar expresamente estas conductas dentro de los delitos de quebrantamiento, a fin de evitar que queden impunes los actos tendentes a alterar o impedir el correcto funcionamiento de dichos dispositivos o simplemente no llevarlos consigo.

**Regulación normativa**: artículo 468.3 CP.

**Jurisprudencia:** SAP de Sevilla de 21 de marzo de 2017 (*Tol 6187085*); SAP de Jaén de 22 de marzo de 2017 (*Tol 6186562*).

## MANIPULACIÓN GENÉTICA

El Código penal castiga diversas conductas relacionadas con la manipulación genética como, por ejemplo, la manipulación de genes humanos, con finalidad distinta a la eliminación o disminución de taras o enfermedades graves, de forma que se altere el genotipo; la utilización de la ingeniería genética para producir armas biológicas o exterminadoras de la especie humana; la fecundación de óvulos humanos con fines distintos a la procreación; la creación de seres humanos idénticos por clonación u otros procedimientos dirigidos a la selección de la raza y, finalmente, la práctica de reproducción asistida en una mujer sin su consentimiento.

**Regulación normativa**: artículos 159 a 162 CP.

# MAQUINACIONES PARA ALTERAR EL PRECIO DE LAS COSAS

El delito de maquinación para alterar el precio de las cosas no trata sino de dar rango penal a conductas que inciden de forma directa sobre la economía de mercado y que afectan por ello al orden económico constitucional. Se trata por tanto de infracciones contra el orden socio económico que tienden a proteger la economía del libre mercado de conformidad con los principios constitucionalmente recogidos.

Las maquinaciones para alterar el precio de las cosas presentan dos modalidades:

1) detraer del mercado materias primas o productos de primera necesidad con la intención de desabastecer un sector del mismo, de forzar una alteración de los precios o de perjudicar gravemente a los consumidores.

2) intentar alterar los precios resultantes de la libre competencia, mediante la difusión de noticias falsas, el empleo de violencia, amenaza o engaño, o la utilización de información privilegiada.

El delito de maquinaciones para alterar el precio de las cosas previsto en el artículo 284, dentro de la sección correspondiente a los delitos relativos al mercado y a los consumidores, es un delito de simple actividad cuyo bien jurídico protegido no es el patrimonio particular de una persona en concreto sino la libre formación de los precios según las leyes del mercado. Ciertamente existe una legislación administrativa paralela que se ocupa de la competencia y que solapa en gran medida las previsiones del Código penal. La doble incriminación penal y administrativa obliga a determinar cuándo se aplicará la primera, que en todo caso es preferente. La pauta para ello está precisamente en los medios empleados para desplegar la actividad ilícita, es decir, la difusión de noticias falsas, el empleo de amenazas o engaño o como con mayor precisión señala el Texto vigente, además de lo anterior, utilizar información privilegiada, suprimiendo la referencia genérica y por ello insegura a usar de cualquier otra maquinación.

**Regulación normativa**: artículos 281 y 284 CP.

**Jurisprudencia:** SSTS de 11 de mayo de 2004 (*Tol 614331*), de 2 de diciembre de 2009 (*Tol 1762141*).

## MATRIMONIO FORZADO

Se trata de un comportamiento coactivo, por lo que se tipifica como un supuesto de coacciones, consistente en compeler u obligar a otra persona a contraer matrimonio.

Este delito, fruto de la reforma penal de 2015, se ha incorporado al Código penal para cumplir con los compromisos internacionales suscritos por España en lo relativo a la persecución de los delitos que atenten contra los derechos humanos.

La conducta típica puede consistir:

1) en compeler a otra persona, con intimidación grave o violencia, a contraer matrimonio.

2) forzar a una persona al abandono del territorio nacional o impedirle el regreso al mismo con la finalidad de compelerla a contraer matrimonio.

**Regulación normativa**: artículo 172 bis CP.

**Jurisprudencia:** AAP de Badajoz de 14 de septiembre de 2017 (*Tol 6381194*).

## MATRIMONIO ILEGAL

*Vid*. Bigamia.

## MEDIDAS COACTIVAS

*Vid.* Toma de muestras biológicas y realización de análisis para la obtención de identificadores de ADN.

## MEDIDAS DE LIBERTAD VIGILADA

*Vid.* Libertad vigilada.

## MEDIDAS DE SEGURIDAD

La mayoría de los sistemas penales vigentes se califican como dualistas o de doble vía en lo referente a las consecuencias jurídicas del delito, ya que no es la pena la consecuencia esencial de la infracción penal, sino que son posibles la aplicación de medidas de seguridad postdelictuales en aquellos casos en que el sujeto posee determinados componentes en su personalidad que revelan una peligrosidad delictiva, con probabilidad repetitiva, y además que requieren un tratamiento especial, derivado de sus especiales condiciones personales. Es por ello que, si la pena ha de ser proporcionada al delito, la medida de seguridad se individualiza según la peligrosidad del sujeto; las penas se imponen a los imputables, y las medidas de seguridad a los peligrosos, cualquiera que sea su grado de inimputabilidad.

Mientras la pena tiene como referencia a la culpabilidad, las medidas de seguridad tienen a la peligrosidad, por tanto, es un juicio pronóstico que afirma la probabilidad de que un determinado sujeto cometa delitos en el futuro. La medida de seguridad no consiste, a diferencia de la pena, en la amenaza de un mal por el delito cometido, sino que es una forma de tratamiento dirigido a que el sujeto peligroso no delinca en el futuro.

Los presupuestos que permiten la adopción de medidas de seguridad son:

1) que se haya cometido un delito (regla 1.ª del artículo 95 del Código penal).

2) que del hecho y de las circunstancias personales del sujeto pueda deducirse un pronóstico de comportamiento futuro que revela la probabilidad de comisión de nuevos delitos (regla 2.ª del artículo 95 del Código penal).

3) que la persona a la que se imputa el hecho delictivo se halle exenta de responsabilidad penal conforme a los núms. 1.º, 2.º y 3.º del artículo 20 del Código penal (según lo dispuesto en los artículos 101, 102 y 103 del texto punitivo) o se halle amparada por una eximente incompleta, relacionada con los núms. 1.º, 2.º y 3.º del artículo

20 del citado cuerpo legal (conforme a lo prevenido en el artículo 104 del Código penal).

El Código penal distingue entre medidas privativas de libertad y medidas no privativas de libertad.

**Regulación normativa**: artículos 6 y 95 y siguientes CP.

**Jurisprudencia:** STC de 14 de febrero de 1986 (*Tol 79570*); SSTS de 12 de noviembre de 2001 (*Tol 129184*), de 6 de marzo de 2012 (*Tol 2481550*), de 22 de febrero de 2016 (*Tol 5655293*).

## MEDIDAS DE SEGURIDAD NO PRIVATIVAS DE LIBERTAD

Las medidas de seguridad no privativas de libertad que pueden imponerse son:

1) la inhabilitación profesional.

2) la expulsión del territorio nacional de extranjeros no residentes legalmente en España.

3) la libertad vigilada.

4) la custodia familiar. El sometido a esta medida quedará sujeto al cuidado y vigilancia del familiar que se designe y que acepte la custodia, quien la ejercerá en relación con el Juez de Vigilancia Penitenciaria y sin menoscabo de las actividades escolares o laborales del custodiado.

5) la privación del derecho a conducir vehículos a motor y ciclomotores.

6) la privación del derecho a la tenencia y porte de armas.

**Regulación normativa**: 96 CP.

## MEDIDAS DE SEGURIDAD PRIVATIVAS DE LIBERTAD

Las medidas de seguridad privativas de libertad que pueden imponerse son:

1) el internamiento en centro psiquiátrico.
2) el internamiento en centro de deshabituación.
3) el internamiento en centro educativo especial.

**Regulación normativa**: 96 CP.

## MENDICIDAD

El Código penal castiga la conducta consistente en utilizar o prestar a menores de edad o personas con discapacidad necesitadas de especial protección para la práctica de la mendicidad.

El concepto de mendicidad se concreta en la solicitud de dinero u otros bienes de consumo mientras que por mendicidad encubierta debe entenderse la realización de ventas o prestación de servicios.

Asimismo, el Código penal ha previsto un tipo cualificado que se aplicara en los casos en los que se traficare con menores, se empleare violencia o intimidación o se les suministrare sustancias perjudiciales para su salud, siempre que algunas de estas conductas se realicen con la finalidad de utilizar al menor o persona con discapacidad necesitada de especial protección para la práctica de la mendicidad.

**Regulación normativa**: artículo 232 CP.

**Jurisprudencia:** STS de 10 de noviembre de 2000 (*Tol 8019*); SAP de Valencia de 29 de marzo de 2011 (*Tol 2154701*).

## MENOR DE EDAD A EFECTOS PENALES

*Vid.* Edad penal.

## MIEDO INSUPERABLE

La eximente de miedo insuperable, que indudablemente afecta a la culpabilidad del autor, y que le compele a llevar a cabo una determinada conducta, fuera de los cauces de la norma (inexigibilidad de tal comportamiento), ha sido pocas veces aplicada por la jurisprudencia.

La naturaleza de la exención por miedo insuperable no ha sido pacífica en la doctrina. Se la ha encuadrado entre las causas de justificación y entre las de inculpabilidad, incluso entre los supuestos que niegan la existencia de una acción, en razón a la paralización que sufre quien actúa bajo un estado de miedo. Pero, es en la inexigibilidad de otra conducta donde puede encontrar mejor acomodo, ya que quien actúa en ese estado, subjetivo, de temor, mantiene sus condiciones de imputabilidad, pues el miedo no requiere una perturbación angustiosa, sino un temor a que ocurra algo no deseado.

La apreciación de esta circunstancia exige:

1) la presencia de un temor que coloque al sujeto en una situación de terror invencible determinante de la anulación de la voluntad del sujeto.

2) que el miedo esté inspirado por un hecho real y acreditado.

3) que el miedo sea insuperable, esto es, no dominable por el común de las personas.

4) que el miedo sea el único móvil de la acción.

El sujeto que actúa típicamente se halla sometido a una situación derivada de una amenaza de un mal tenido como insuperable. De esta exigencia resultan las características que debe reunir la situación, esto es, ha de tratarse de una amenaza real, seria e inminente, y que su valoración ha de realizarse desde la perspectiva del hombre medio, el común de los hombres, que se utiliza de baremo para comprobar la superabilidad del miedo.

Para evitar subjetivismos exacerbados, la valoración de la capacidad e intensidad de la afectación del miedo hay que referirla a parámetros valorativos, tomando como base de referencia el comportamiento que ante una situación concreta se puede y se debe exigir al hombre medio. En consecuencia, la aplicación de la eximente exige examinar, en cada caso concreto, si el sujeto podía haber actuado de otra forma y se le podría exigir otra conducta distinta de la desarrollada ante la presión del miedo. Si el miedo resultó insuperable, se aplicaría la eximente, y si, por el contrario, existen elementos objetivos que permiten establecer la posibilidad de una conducta o comportamiento distinto, aún reconociendo la presión de las circunstancias, será cuando pueda apreciarse la eximente incompleta.

**Regulación normativa**: artículo 20.6 CP.

**Jurisprudencia**: SSTS de 6 de febrero de 2003 (*Tol 254096*), de 10 de julio de 2009 (*Tol 1577922*), de 29 de enero de 2015 (*Tol 4713777*), de 29 de marzo de 2016 (*Tol 5682210*).

## MOBBING INMOBILIARIO

*Vid.* Acoso inmobiliario.

## MOBBING LABORAL

*Vid.* Acoso laboral.

## MONEDA

El Código penal ofrece un concepto de moneda entendiendo por moneda la metálica y el papel moneda de curso legal y aquella que no ha sido todavía emitida o puesta en circulación oficialmente pero que está destinada a su circulación como moneda de curso legal. El legislador equipara a la moneda nacional las de otros países de la Unión Europea y las extranjeras.

Igualmente se entiende por moneda falsa aquella que, pese a ser realizada en las instalaciones y con los materiales legales, se realiza incumpliendo, a sabiendas, las condiciones de emisión que hubiere puesto la autoridad competente o cuando se emita no existiendo orden de emisión alguna.

**Regulación normativa**: artículo 387 CP.

**Jurisprudencia**: STS de 9 de diciembre de 2011 (*Tol 2337702*).

# MOTÍN

Por motín se entiende un alzamiento colectivo de sentenciados o presos, no necesariamente una muchedumbre, contra las autoridades penitenciarias.

**Regulación normativa**: artículos 469 y 551.4 CP.

**Jurisprudencia**: STS de 16 de mayo de 2005 (*Tol 674633*); SAP de Alicante de 23 de marzo de 2006 (*Tol 940.700*).

# MOTIVOS RACISTAS, ANTISEMITAS, DISCRIMINATORIOS

*Vid.* Discriminación.

# MOVIMIENTOS REFLEJOS

La comisión de un hecho punible presupone por lo menos la existencia de una acción del autor. La Doctrina científica como la Jurisprudencia, han venido reconociendo la inexistencia de delito en los supuestos de falta de acto, entendido éste en su acepción omnicomprensiva de las acciones y omisiones, como acontece en aquellos supuestos en los que habiéndose producido un resultado dañoso o lesivo que tenga por causa un movimiento corporal humano, éste carezca de significación jurídico penal por deberse más que a un impulso anímico a un estímulo fisiológico o corporal sin intervención de la conciencia, por haberse producido la transmisión del estímulo de un centro sensorio a uno motor generador del movimiento corporal o dando lugar a los llamados actos reflejos o acciones en «corto circuito», como acontece, entre otros, en los supuestos de reacciones instintivas ante el terror o el dolor.

**Jurisprudencia**: SSTS de 23 de septiembre de 1983 (*Tol 6494*), de 15 de octubre de 1988 (*Tol 6540*).

## MUERTE DEL REO

La muerte del reo es una de las causas de extinción de la responsabilidad criminal.

**Regulación normativa**: artículo 130.1.1° CP.

## MULTA

La pena de multa, que puede ser única, alternativa o conjunta, consiste en el pago de una determinada cantidad de dinero por parte del condenado. En el Código penal se prevén dos clases de multa: el sistema de días-multa (*Vid.* Días-multa) y la multa proporcional.

## MULTA PROPORCIONAL

La multa proporcional va referida a la cuantía del daño causado, el valor del objeto del delito o el beneficio reportado por el mismo. En este caso, existe libertad por parte del Juez o Tribunal para recorrer la extensión que la Ley permita, es decir, del tanto al quantum que se determine, si bien tendrá en cuenta las circunstancias atenuantes o agravantes y, muy especial y principalmente, la situación económica del culpable.

**Regulación normativa**: artículo 52 CP.

**Jurisprudencia:** STS de 15 de febrero de 2008 (*Tol* *1297084*).

## MULTIRREINCIDENCIA

La multirreincidencia es una reincidencia cualificada, esto es, cuando al ser condenado por el nuevo delito, el culpable acumula al menos tres condenas por delitos anteriores comprendidos en el mismo Título del Código y siempre que sean de la misma naturaleza.

El Juez ha de tener en cuenta las condenas precedentes, así como la gravedad del nuevo delito cometido, a la hora de apreciar la multirreincidencia, que permite aplicar la pena superior en grado a la prevista por la ley para el delito de que se trate.

**Regulación normativa**: artículo 66.1.5.º CP.

**Jurisprudencia:** SSTS de 4 de marzo de 2009 (*Tol 1486886*), de 18 de mayo de 2010 (*Tol 1889032*).

## MUTILACIÓN GENITAL

Los supuestos de mutilación genital femenina o ablación son considerados por el legislador penal, a efectos de su castigo, como supuestos especiales de inutilización de miembro principal. Se consideran como tal la amputación del clítoris que no imposibilita a la mujer la relación sexual pero sí altera su placer sexual.

La ablación del clítoris persigue controlar la sexualidad de la mujer y, además de la peligrosidad que conlleva pues las condiciones en que se practica no suelen ser higiénicas, las afectadas padecen secuelas durante toda su vida: trauma, infecciones vaginales, lesiones renales, depresión, ansiedad, tumores, impidiendo todo tipo de gozo sexual y provocando dolor, en ocasiones extremo, en el momento de la penetración y el parto.

Resulta evidente que para la sociedad española la ablación del clítoris supone una de las prácticas más detestables que puede realizar una sociedad pues va en contra de la dignidad de las mujeres y de sus derechos como persona.

**Regulación normativa**: artículo 149.2 CP.

**Jurisprudencia:** SSTS de 8 de mayo de 2014 (*Tol 4354874*), de 16 de diciembre de 2013 (*Tol 4053812*); SSAN de 20 de septiembre de 2006 (*Tol 998062*), de 24 de febrero de 2014 (*Tol 4113278*); SAP de Teruel de

15 de noviembre de 2011 (*Tol 2276176*); SAP de Barcelona de 13 de mayo de 2013 (*Tol 3794002*).

# N

## NEGATIVA A SOMETERSE A LAS PRUEBAS DE ALCOHOLEMIA

La negativa a someterse a las pruebas de alcoholemia consiste en la negativa clara e inequívoca, o tácita e inferida de actos concluyentes, a someterse el conductor requerido por los agentes de la autoridad a la práctica de las pruebas de detección del porcentaje de impregnación alcohólica en aire respirado y sangre en términos de porcentaje por litro; siendo presupuesto del requerimiento que los agentes adviertan síntomas de afectación alcohólica o por consumo de drogas y sustancias asimiladas y así se lo hagan saber al requerido.

A los efectos de valorar las formalidades del requerimiento, debe quedar constancia de que este se ha llevado a cabo y se ha informado al conductor que la negativa a realizarlo puede ser constitutiva de delito, requisitos formales más bien integrados por la doctrina jurisprudencial que por el propio precepto.

**Regulación normativa**: artículo 383 CP.

**Jurisprudencia:** SSTS de 28 de marzo de 2017 (*Tol 6012755*), de 11de julio de 2017 (*Tol 6209629*), de 8 de enero de 2020 (*Tol 673860*); SAP de Valencia de 14 de septiembre de 2009 (*Tol 1744229*); SAP de Madrid de 14 de julio de 2010 (*Tol 1933091*); SAP de Albacete de 12 de julio de 2010 (*Tol 1925186*); SAP de León de 3 de julio de 2014 (*Tol 4483031*).

## NEGATIVA REITERADA A DAR INFORMACIÓN SOBRE EL PARADERO DE UN CÁDAVER

La Ley Orgánica 14/2022, de 22 de diciembre incorporó al Código penal un nuevo tipo delictivo, la negativa reiterada a dar información sobre el paradero de un cadáver, dentro de los delitos contra la integridad moral. Se castiga la ocultación del cadáver atendiendo al sufrimiento que tal conducta puede ocasionar a los familiares o allegados de la persona fallecida.

Es principalmente el "caso Marta del Castillo" el que está detrás de este nuevo delito, pues como el Preámbulo deja entrever "aunque la regulación actual del delito contra la integridad que se recoge en el artículo 173 del Código penal ya permite castigar el acto de ocultar el cadáver, ante la preocupación social que han generado algunos casos recientes, y visto el especial sufrimiento ocasionado a los familiares y allegados de las víctimas de algunos delitos cuando los responsables se han negado a dar cuenta del paradero del cadáver, es procedente hacer una referencia expresa en dicho precepto a este tipo de supuestos".

**Regulación normativa**: artículo 173.1, párrafo segundo CP.

## NEGLIGENCIA

*Vid.* Culpa, Imprudencia.

## NEGOCIACIONES PROHIBIDAS A FUNCIONARIOS

Dos son los elementos constitutivos del delito de negociaciones prohibidas a los funcionarios y a los abusos de estos en el ejercicio de su función. En primer lugar, ha de cometerlo quien sea autoridad o funcionario público, en los amplios términos en que estos aparecen definidos en el artículo 24 del Código penal. Pero a tal condición ha de unirse otra: que tenga, por el cargo que desempeña, el deber de informar en un determinado negocio o actuación. Se trata de un delito especial propio cuyo sujeto activo ha de reunir esa doble condición: además de ser funcionario público o autoridad, ha de tener ese deber de informar.

La conducta delictiva ha de consistir en un aprovechamiento de esa circunstancia (el tener que informar en un determinado negocio o actuación) para forzar o facilitarse una participación en ese negocio o actuación.

Las negociaciones prohibidas a funcionarios consisten, por tanto, en aprovechar su intervención en un asunto para forzar o facilitarse cualquier forma de participación, directa o por persona interpuesta, bien en los negocios o actuaciones en los que la autoridad o funcionario debe intervenir, bien respecto de los bienes o cosas en cuya tasación, participación o adjudicación hayan intervenido los peritos, árbitros o contadores, bien respecto de los bienes de sus pupilos o testamentarias, en el caso de los tutores, curadores o albaceas o bien respecto de los bienes y derechos integrados en la masa del concurso, en el caso de los administradores concursales.

**Regulación normativa**: artículos 439 y siguientes CP.

**Jurisprudencia:** STS de 15 de marzo de 2012 (*Tol 2512581*); SAP de Les Illes Balears de 1 de octubre de 2010 (*Tol 2041613*).

## NOCTURNIDAD

El artículo 22.2.ª del Código penal agrupa bajo su rúbrica un complejo de circunstancias que tienen como denominador común y factor característico, el hecho de procurar la debilitación de la defensa que pudiera desplegar el ofendido o facilitar el anonimato o la impunidad. En su seno se acogen anteriores y tradicionales agravantes, que tenían un espacio autónomo en el Código penal derogado, como el disfraz, el abuso de superioridad, el auxilio de gente armada o de personas que aseguren o proporcionen la impunidad, la nocturnidad, el despoblado y la cuadrilla.

Para que recaiga un mayor reproche sobre la conducta de quien busca para la comisión de un delito una hora en que se encuentre la víctima en situación desamparada por la imposibilidad de recibir ayuda humana, han de concurrir dos requisitos:

1) uno objetivo, temporal, consistente en el fenómeno físico-geográfico de la noche con su ausencia de luz natural.

2) el subjetivo o teleológico de búsqueda o aprovechamiento por el autor del elemento objetivo para una más fácil ejecución del delito, sin la eventual presencia de personas que perturben o puedan impedir la realización del mismo, auxiliando a la víctima o presenciando su comisión y determinando así la posibilidad de testimoniar sobre su ocurrencia.

No puede apreciarse la agravante si la noche aparece como un mero accidente en la perpetración de la infracción.

**Regulación normativa**: artículo 22.2.º CP.

**Jurisprudencia:** SSTS de 25 de junio de 2009 (*Tol 1577894*), de 14 de mayo de 2010 (*Tol 1866707*).

# NOMBRAMIENTOS ILEGALES

El delito de nombramiento ilegal se comete por:

1) el funcionario público que en el ejercicio de sus competencias y a sabiendas de su ilegalidad, propusiere, nombrare o diere posesión para el ejercicio de un determinado cargo público, a cualquier persona sin que concurran los requisitos legales.

2) la persona que acepte la propuesta, nombramiento o toma de posesión, sabiendo que carece de los requisitos legales.

El delito de nombramiento ilegal exige la proposición, nombramiento o posesión para el ejercicio de un cargo público a personas en las que no concurran los requisitos legales, a sabiendas de su ilegalidad. La "injusticia" del acto no se identifica con su ilegalidad. El control de legalidad de los actos de la Administración corresponde, en principio, a la jurisdicción contencioso-administrativa y no sería compatible con una correcta articulación entre los poderes del Estado constitucional una sistemática criminalización de los actos de la Administración que estuviesen en contradicción con la ley o implicasen desviación de poder, como acontecería si todo acto administrativo ilegal fuese considerado "injusto". Una resolución ilegal no es, solo por ser ilegal, una resolución injusta. La injusticia supone un "plus" de contradicción con la norma que es lo que justifica la intervención del Derecho penal.

**Regulación normativa**: artículos 405 y 406 CP.

**Jurisprudencia:** SAP de Salamanca de 25 de abril de 2005 (*Tol 709737*); SAP de Murcia de 11 de abril de 2008 *(Tol 1633922).*

## NON BIS IN IDEM

El principio *non bis in idem* o también conocido como *ne bis in idem* significa que se prohíbe castigar más de una vez el mismo hecho. El principio rechaza que un mismo hecho pueda dar lugar a más de una pena, o a la aplicación de una agravante ya tomada en consideración en el delito básico, o a una sanción penal acompañada de sanción administrativa.

Según la vertiente material del principio, nadie debe ser castigado dos veces por una misma infracción. Lo que el citado principio proscribe es la duplicidad de sanciones para un mismo sujeto, por un mismo hecho y por sanciones que tengan un mismo fundamento, esto es, que tutelen un mismo bien jurídico.

Según la vertiente procesal del principio, nadie puede ser juzgado dos veces por los mismos hechos, lo que impide una doble apreciación de unos mismos hechos y subordina la actuación sancionadora de la Administración a la actuación de los Tribunales de Justicia.

**Regulación normativa**: artículo 1.1 CP.

**Jurisprudencia:** SSTC de 30 de enero de 1981 (*Tol 109334*), de 4 de diciembre de 1997 (*Tol 80843*); STS de 1 de marzo de 2007 (*Tol 1060347*).

## NORMA PENAL COMPLETA

La norma penal completa es la que contiene los dos elementos que componen la norma penal: el supuesto de hecho y la consecuencia jurídica. El artículo 138 del Código penal (El que matare a otro será castigado, como reo de homicidio, con la pena de prisión de diez a quince años) es una norma penal completa porque describe tanto el supuesto de hecho, —matar a otro—, como la consecuencia jurídica, —la pena de prisión de diez a quince años—.

## NORMA PENAL EN BLANCO

Las normas o leyes penales en blanco se caracterizan porque en ellas la disposición penal se limita a fijar taxativamente la consecuencia jurídica, esto es, la pena, pero no define exhaustivamente el supuesto de hecho del delito, sino que se remite a otra norma, ya sea de Derecho civil, mercantil, administrativo, social o comunitario, de suerte que es esta última la que fija o describe la conducta sancionada por la norma penal.

Contra las reticencias que ha suscitado la técnica legislativa de las normas penales en blanco por *mor* de su posible incompatibilidad con las garantías que establecen los artículos 9.3 y 25.1 de la Constitución, ha sido el propio Tribunal Constitucional el que ha solventado el problema al otorgar plena validez a este tipo de normas penales, señalando que es conciliable con los postulados constitucionales la utilización legislativa y aplicación judicial de las llamadas normas penales en blanco siempre que el reenvío normativo sea expreso y esté justificado en razón del bien jurídico protegido por la norma penal, y que la ley, además de señalar la pena, contenga el núcleo esencial de la prohibición y sea satisfecha la exigencia de certeza.

La constitucionalidad de las normas o leyes penales en blanco está subordinada, por tanto, a la concurrencia de los siguientes requisitos:

1) que el reenvío normativo sea expreso y esté justificado en razón a la naturaleza del bien jurídico protegido.

2) que la norma penal, además de señalar la pena, contenga el núcleo esencial de la prohibición.

3) que se satisfaga la exigencia de la certeza, es decir que se dé la necesaria concreción para que la conducta calificada de delictiva quede suficientemente precisada, aunque con el complemento indispensable de la norma a la que la Ley penal se remite, resultando de esta forma salvaguardada la función de garantía del tipo, con la posibilidad de conocer cuál sea la actuación penalmente castigada.

Una norma penal en blanco es, por ejemplo, el delito contra la seguridad y la salud en el trabajo que se remite a las normas de prevención de riesgos laborales al castigar a "los que con infracción de las normas de prevención de riesgos laborales".

**Jurisprudencia:** STC de 9 de octubre de 2006 (*Tol 1001090*); STS de 13 de marzo de 2000 (*Tol 11656*).

## NORMA PENAL INCOMPLETA

La norma penal incompleta es aquella norma que solo tiene sentido como complemento o aclaración del supuesto de hecho o de la consecuencia jurídica de una norma penal completa. El fundamento de tales normas es de economía legislativa. Ejemplo de este tipo de normas es el artículo 20, relativo a las causas de exclusión de la responsabilidad criminal, que solo tiene sentido si se pone en relación con alguno de los delitos recogidos en el Libro II del Código penal.

## OBCECACIÓN

*Vid.* Arrebato.

## OBEDIENCIA DEBIDA

Aunque el Código penal de 1995 no ha recogido la eximente de obediencia debida (artículo 8.12 del CP de 1973), se considera que el artículo 20.7 ("cumplimiento de un deber") permite justificar las lesiones típicas que se produzcan por el cumplimiento de un deber de obediencia, de rango superior o igual al deber de abstenerse, de realizar la acción prohibida o de ejecutar la acción ordenada, en los delitos de omisión. Para la exención de responsabilidad penal por obediencia debida ha de existir necesariamente, como requisito objetivo, una orden dada en el ámbito de una relación jerárquica que el subordinado debe obedecer que, al menos en apariencia, es lícita, ya que se refiere a materia propia de la competencia del superior y cumple las formalidades habituales en esa clase de mandatos. Cuando el superior, en el cometido de las funciones propias del cargo, dicta una orden con las formalidades propias del caso, el inferior debe cumplirla, pues en caso contrario puede incurrir en el delito de desobediencia. Sin embargo, no existirá tal responsabilidad por desobediencia cuando el funcionario público subordinado no de cumplimiento a un mandato que constituya una infracción clara y terminante de un precepto de la Ley. Normalmente cuando la orden sea constitutiva de delito, existe esa infracción patente de la Ley, no habrá deber de obedecer y, por tanto, no podrá operar esta eximente.

Junto a este requisito objetivo, consistente en la realidad del mandato dado en el ámbito de una relación jerárquica y con las formalidades propias del caso, ha de concurrir otro requisito de carácter subjetivo, el haber obrado con el error invencible de que la orden recibida era lícita.

**Jurisprudencia:** SAP de Huesca de 28 de julio de 1997 (*Tol 389021*); SAP de Valencia de 28 de enero de 2003 (*Tol 254801*).

## OBJETO MATERIAL

Objeto material del delito es la persona o cosa sobre la que recae la acción del delito. Puede ser objeto material, la persona individual o jurídica, los animales y las cosas.

Aunque el objeto material puede coincidir con el sujeto pasivo, como sucede en el delito de homicidio donde el sujeto pasivo es la víctima y también la persona sobre la que recae la acción de matar, no en todos los delitos coincide, por ejemplo, en el delito de hurto, el objeto material es la cosa hurtada y el sujeto pasivo la persona a quien se hurta.

Los delitos de simple actividad y los delitos de omisión simple carecen de objeto material.

**Jurisprudencia:** SAP de Barcelona de 12 de diciembre de 2001 (*Tol 163460*).

## OBSTRUCCIÓN A LA JUSTICIA

La obstrucción a la Justicia es un delito contra la Administración de Justicia incluido en el Capítulo VII del Título XX del Libro II del Código penal, bajo la rúbrica «De la obstrucción a la Justicia y la deslealtad profesional», cuyo antecedente más inmediato era el artículo 325 bis del Código penal derogado. En todos los delitos comprendidos en dicho Capítulo alienta la idea básica de protección de la libre Administración de Justicia subordinada a la posibilidad y garantía de desarrollo de un proceso al que puede llegarse merced al normal ejercicio de las facultades de denuncia o postulación, ausente, asimismo de trabas, construcciones o condicionamientos y en el que pueden confluir sin violencias físicas o morales que las eliminen o desvíen, las aportaciones de cuantas —fuera de los que oficialmente integran o sirven al Tribunal— son llamados para hacer llegar al mismo sus experiencias o conocimientos fácticos, periciales o científicos.

En el delito de obstrucción a la Justicia el sujeto, citado en legal forma, deja voluntariamente de comparecer, sin justa causa, ante un Juzgado o Tribunal en proceso criminal con reo en prisión provisional provocando la suspensión del juicio oral.

Las distintas modalidades delictivas que se contemplan en el artículo 463 tienen en común dos elementos:

1) no comparecer en un proceso penal, al juicio oral en concreto, habiendo sido citado de forma legal.

2) sin justa causa.

**Regulación normativa**: artículos 463 a 465 CP.

**Jurisprudencia:** SSTS de 11 de marzo de 2004 (*Tol 365680*), de 3 de junio de 2009 (*Tol 1560703*); SJP de Navarra de 29 de enero de 2014 (*Tol 4224916*).

## OCULTACIÓN DE BIENES EN UN PROCEDIMIENTO JUDICIAL O ADMINISTRATIVO DE EJECUCIÓN

El delito de ocultación de bienes en un procedimiento judicial o administrativo de ejecución se incluye entre los delitos de frustración de la ejecución para completar, junto al alzamiento de bienes y la utilización no autorizada por depositario de bienes embargados por la autoridad, la tutela penal de los procedimientos de ejecución y, con ello, del crédito y consiste en presentar a la autoridad o funcionario público encargado de la ejecución, en un procedimiento de ejecución judicial o administrativo, una relación de bienes o patrimonio incompleta o mendaz y con ello dilatar, dificultar o impedir la satisfacción del acreedor.

**Regulación normativa**: artículo 258 CP.

## OCULTACIÓN DE CADÁVER

*Vid.* Negativa reiterada a dar información sobre el paradero de un cadáver

## OCUPACIÓN DE INMUEBLES

*Vid.* Usurpación de inmuebles.

## OMISIÓN

La omisión consiste en la no realización de una acción que se puede y debe realizar.

## OMISIÓN DEL DEBER DE IMPEDIR DELITOS

El tipo penal de la omisión del deber de impedir delitos protege, como bien jurídico, la Administración de Justicia, en un sentido amplio. Las conductas descritas en el tipo se refieren al deber de los ciudadanos de evitar los delitos o facilitar su persecución, bien actuando para impedir su realización, bien denunciando el hecho ante la autoridad o sus agentes para que impidan el mismo. Ahora bien, solo se encuentran en situación de cometer este delito quienes pudieren con su intervención inmediata y sin riesgo propio o ajeno, impedir la comisión de un delito.

El tipo penal como delito de omisión tiene una estructura que responde a los patrones de ese tipo de delitos, es decir, la existencia de una situación típica; la ausencia de una conducta determinada; y la capacidad de realizar esa acción.

**Regulación normativa**: artículo 450 CP.

**Jurisprudencia:** SSTS de 11 de octubre de 2005 (*Tol 731559*), de 2 de abril de 2009 (*Tol 1499138*), de 17 de diciembre de 2009 (*Tol 1762131*).

## OMISIÓN DEL DEBER DE PERSEGUIR DELITOS

Se trata de un delito de omisión pura en el que el sujeto activo (autoridad o funcionario público que tenga entre sus atribuciones legales la de promover la persecución de los delitos y sus responsables) debe haber conocido, por cualquier vía, la perpetración del delito, bastando al respecto unos razonables indicios. Se trata de un delito de quebrantamiento de un deber.

Basta con que el agente tenga indicios de que la actividad que se desarrolla ante el y en la que no interviene, debiendo hacerlo, es indiciariamente delictiva, sin que sea necesaria la certeza de que aquella actividad es un delito con todos sus elementos jurídicos. Por ello, el tipo subjetivo se integra con dos componentes: el conocimiento de la existencia de una acción presuntamente delictiva sea cual fuera la forma en que esa noticia se recibe, y la intencionalidad como configuración específica del dolo.

**Regulación normativa**: artículo 408 CP.

**Jurisprudencia:** SSTS de 2 de abril de 2009 (*Tol 1499138*), de 17 de diciembre de 2009 (*Tol 1762131*), de 20 de junio de 2016 (*Tol 5757251*).

## OMISIÓN DEL DEBER DE SOCORRO

La omisión del deber de socorro consiste en omitir el socorro a una persona que se halle desamparada y en peligro manifiesto y grave, cuando se puede hacer sin riesgo propio ni de terceros. El reproche se eleva a la categoría de delito cuando se falta a los deberes de solidaridad frente a una situación determinada, concreta y restringida, es decir, ante un peligro inminente y grave para una persona desamparada, que se ve afectada por una situación que pueda poner en riesgo su vida. La omisión del deber de actuar es reprochable precisamente por la insensibilidad ante esta situación, que tiene que ser lógicamente conocida por el autor y no obstante ello abstenerse de intervenir pudiendo hacerlo.

El delito de omisión del deber de socorro requiere para su existencia:

1) una conducta omisiva sobre el deber de socorrer a una persona desamparada y en peligro manifiesto y grave, es decir, cuando necesite protección de forma patente y conocida y que no existan riesgos propios o de un tercero, como pueda ser la posibilidad de sufrir lesión o perjuicio desproporcionado en relación con la ayuda que necesita.

2) una repulsa por el ente social de la conducta omisiva del agente.

3) una culpabilidad constituida no solamente por la conciencia del desamparo de la víctima y la necesidad de auxilio, sino además por la posibilidad del deber de actuar. La existencia de dolo se ha de dar como acreditada en la medida en que el sujeto tenga conciencia del desamparo y del peligro de la víctima, bien a través del dolo directo, certeza de la necesidad de ayuda, o del dolo eventual, en función de la probabilidad de la presencia de dicha situación, pese a lo cual se adopta una actitud pasiva.

**Regulación normativa**: artículo 195 CP.

**Jurisprudencia:** SSTS de 28 de enero de 2008 (*Tol 1292754*); SAP de Zaragoza de 19 de marzo de 2009 (*Tol 1538457*).

## OMISIÓN DEL DEBER DE SOCORRO A VÍCTIMA DE ACCIDENTE

El deber de socorrer es especialmente exigible respecto de aquel que ocasiona el accidente que produce una víctima. Solo se excusa ese deber penalmente sancionado si se cerciora el causante de que únicamente se han causado lesiones leves (entonces no hay peligro grave) o, por el contrario, de que ya se ha producido la muerte (entonces no hay persona desamparada). Por tanto, si la víctima de un accidente de circulación fallece de forma prácticamente inmediata al atropello, no puede afirmarse que se encontrase en situación de desamparo y en peligro manifiesto y grave y procede la absolución por este delito. Sin embargo, sí puede aplicarse el delito de abandono del lugar del accidente, delito de aplicación subsidiaria mediante el que se pretende evitar la impunidad de aquellas conductas que escapan a los límites del delito de omisión del deber de socorro a víctima de accidente.

**Regulación normativa**: artículo 195.3 CP.

**Jurisprudencia:** SSTS de 2 de diciembre de 1967 (*Tol 186729*), de 28 de octubre de 2010 (*Tol 1998025*), de 30 de marzo de 2021 (*Tol 8381506*), de 31 de mayo de 2023 (*Tol 9594520*).

## OMISIÓN IMPROPIA

*Vid.* Comisión por omisión.

## OMISIÓN PROPIA

*Vid.* Delito de omisión.

## ORGANIZACIÓN CRIMINAL

Una organización criminal es la constituida por más de dos personas con carácter estable o por tiempo indefinido, que de manera concertada y coordinada se repartan diversas tareas o funciones con el fin de cometer delitos.

**Regulación normativa**: artículo 570 bis CP.

**Jurisprudencia:** SSTS de 23 de febrero de 2012 (*Tol 2481154*), de 3 de mayo de 2016 (*Tol 5718159*).

## ORGANIZACIÓN TERRORISTA

La organización terrorista o grupo terrorista es aquella agrupación que reuniendo las características de la organización criminal (*Vid*. Organización criminal) y del grupo criminal (*Vid*. Grupo criminal) tiene por finalidad o por objeto la comisión de delitos de terrorismo.

**Regulación normativa**: artículo 571 CP.

**Jurisprudencia:** SSAN de 13 de septiembre de 2010 (*Tol 1930384*), de 16 de septiembre de 2011 (*Tol 2227704*).

# P

## PARTICIPACIÓN

La participación consiste en la intervención en el hecho antijurídico de un autor, esto es, la participación es la intervención en un hecho ajeno. El partícipe se halla en una posición secundaria respecto del autor. El partícipe no realiza el tipo principal, sino un tipo dependiente de aquél.

La participación admite dos formas en nuestro Derecho positivo: la inducción y la cooperación (necesaria o no). Por ejemplo, el cooperador en un atraco a un banco no es quien se apodera de una cosa ajena con violencia, sino que su papel se limita a prestar algún tipo de ayuda al autor del robo violento.

**Regulación normativa**: artículos 28 y 29 CP.

**Jurisprudencia:** SSTS 28 de octubre de 2003 (*Tol 1067672*), de 22 de septiembre de 2011 (*Tol 2268376*).

## PARTICIPACIÓN INTENTADA

*Vid.* Conspiración, Proposición y Provocación.

## PARTÍCIPE A TÍTULO LUCRATIVO

Se denomina partícipe a título lucrativo a quien concurre al procedimiento penal, no como responsable criminal del ilícito penal investigado, sino en calidad de responsable civil directo por haber obtenido un beneficio o aprovechamiento ilícito derivado del comportamiento penalmente punible atribuido a otro.

El partícipe a título lucrativo es una tercera persona física o jurídica o incluso un partido político que aun cuando no se halle implicado, incriminado como responsable criminal en el procedimiento penal, puede ser llamado a responder civilmente en el seno del propio proceso penal estando obligado a la restitución de la cosa o al resarcimiento del daño hasta la cuantía de su participación.

Se trata, en resumen, de la llamada receptación civil: aquel que no ha intervenido en el delito como autor o cómplice y tampoco puede ser responsable penal por receptación, puede resultar obligado a la restitución de la cosa o al correspondiente resarcimiento si ha resultado beneficiado de los efectos del delito, siempre que ese beneficio haya sido obtenido en virtud de un "título lucrativo".

**Regulación normativa**: artículo 122 CP.

**Jurisprudencia:** SSTS de 14 de marzo de 2003 (*Tol 4929044*), de 8 de abril de 2014 (*Tol 4434788*), de 2 de julio de 2015 (*Tol 5214738*).

## PARTÍCIPES

*Vid.* Inductor, Cooperador necesario y Cómplice.

## PATRIMONIO PÚBLICO

La Ley Orgánica 14/2022 introduce un nuevo artículo 433 ter en el Código penal que se limita a dar un concepto de patrimonio público a efectos del delito de malversación, con idéntica funcionalidad a la desempeñada por los artículos 24 y 25, restringiéndolo al perteneciente a las Administraciones Públicas, sin incluir en consecuencia el vinculado a sociedades mercantiles que presten servicios públicos y a otras entidades como, por ejemplo, los colegios profesionales.

A estos efectos por patrimonio público se entiende el conjunto de bienes y derechos, de contenido económico-patrimonial, pertenecientes a las Administraciones Públicas.

**Regulación normativa**: artículo 433 ter CP.

## PEDERASTIA

La pederastia consiste en realizar actos de carácter sexual con un menor de dieciséis años.

**Regulación normativa**: artículos 181 y siguientes CP.

**Jurisprudencia:** SSTS de 17 de marzo de 1979 (*Tol 2305783*), de 3 de octubre de 2008 *(Tol 1386109*); STSJ de Andalucía de 23 de marzo de 2023 (*Tol 9704451*); STSJ de Madrid de 19 de septiembre de 2023 (*Tol 9736521*); SSAP de Madrid de 25 de octubre de 2013 (*Tol 4111220*), de 16 de abril de 2014 (*Tol 4462906*), de 16 de enero de 2018, "caso Pederasta de Ciudad Lineal", (*Tol 6477994*); SJP núm. 3 de Donostia-San Sebastián de 20 de abril de 2023 (*Tol 9518866*).

## PEDOFILIA

La pedofilia es la atracción sexual o erótica que una persona adulta siente hacia niños o adolescentes. Es sólo eso, una atracción. Los pedófilos no pasan a la acción. Su perversión tiene mucho de *voyeurismo*.

La pedofilia o búsqueda del placer sexual con los niños es considerada por la psiquiatría como un trastorno o perversión sexual, no una patología. Únicamente en los supuestos en que el trastorno de la sexualidad sea sintomático de una psicosis o en las situaciones de pasión desbordada, podría hablarse de una imputabilidad disminuida o, incluso, anulada.

**Regulación normativa**: artículo 21.1.º CP.

**Jurisprudencia:** SSTS de 28 de enero de 1997 (*Tol 5136954*), de 21 de julio de 1997 (*Tol 408236*), de 25 de septiembre de 2000 (*Tol 4923331*), de 18 de junio de 2004 (*Tol 483743*).

## PELIGROSIDAD CRIMINAL

El Código penal define el término "peligrosidad criminal" de la siguiente manera: que del hecho y de las circunstancias personales del sujeto pueda deducirse un pronóstico de comportamiento futuro que revele la probabilidad de comisión de nuevos delitos.

Es peligroso, desde el punto de vista de la peligrosidad criminal, el individuo que siendo delincuente puede volver a infringir la ley penal. Se trata, por tanto, de un auténtico juicio de futuro sobre la probabilidad de delinquir de una persona que solo un Juez o Tribunal puede efectuarlo.

**Regulación normativa**: artículo 95.1.2.º CP.

**Jurisprudencia:** STS de 2 de febrero de 2011 (*Tol 2051254*).

## PELIGROSIDAD SOCIAL

La peligrosidad social, a diferencia de la peligrosidad criminal, aparece antes de la comisión del hecho delictivo.

Es peligroso, desde el punto de vista de la peligrosidad social, el individuo que, sin haber cometido un delito, se encuentra próximo a cometerlo.

## PENA

La pena es la consecuencia jurídico-normativa del delito. La pena es un mal, en tanto consiste en una privación o restricción de los derechos del delincuente. Su función primordial y esencial se concreta en los fines de prevención general y especial que con carácter racional y necesario se contienen en su intrínseca naturaleza, tendentes a la necesidad de tutela eficaz de los bienes jurídicos indispensables para la sociedad.

Es, por tanto, un castigo que encuentra su soporte en la culpabilidad delictual, y tiende a crear en la sociedad un clima de confianza en el Ordenamiento Jurídico penal, advirtiendo a todos de lo que puede sucederles si infringen la ley, y al que ya lo ha hecho, le muestra las consecuencias de este orden, que como mínimo volverían a repercutir en el si de nuevo lesionara o pusiera en peligro esos bienes jurídicamente tutelados.

Junto a esa finalidad esencial y primaria, se encuentra el mandato constitucional de reinserción, readaptación y resocialización del delincuente.

Las penas previstas en el Código penal son:

1) privativas de libertad.

2) privativas de otros derechos.

3) multa.

**Regulación normativa**: artículos 32 y siguientes CP.

**Jurisprudencia:** SSTS de 10 de abril de 2007 (*Tol 1069851*), de 12 de febrero de 2009 (*Tol 1486846*).

## PENA ABSTRACTA

La pena abstracta, o también denominada pena genérica, es la pena señalada por el tipo penal, una pena entre un límite mínimo y un límite máximo. Así, por ejemplo, prisión de diez a quince años para el delito de homicidio previsto en el artículo 138 del Código penal.

**Jurisprudencia:** SSTS de 14 de mayo de 1998 (*Tol 226226*), de 30 de diciembre de 2008 (*Tol 1448800*), de 28 de noviembre de 2012 (*Tol 2701863*).

## PENA CONCRETA

A partir de la pena abstracta el Juez, teniendo en cuenta las reglas de aplicación de la pena, sea por imperfección delictiva, sea por el grado de participación, sea por la naturaleza de las circunstancias concurrentes, fija dentro de los límites que resulten del juego de las anteriores reglas la pena concreta a imponer al sujeto haciendo uso de su motivado juicio.

**Jurisprudencia:** SSTS de 7 de septiembre de 2009 (*Tol 1723137*), de 24 de septiembre de 2013 (*Tol 3963523*).

## PENA DE PRISIÓN

La pena de prisión, el instrumento represivo más grave del Ordenamiento Jurídico, es una pena privativa de libertad que supone el confinamiento del sujeto por un período de tiempo continuado en un establecimiento penitenciario.

El Código penal establece que la duración de la pena de prisión será de un mínimo de tres meses y un máximo de veinte años, salvo las excepciones dispuestas por el Código penal, con un tope no superable de cuarenta años.

**Regulación normativa**: artículo 36.2 CP.

**Jurisprudencia:** STS de 26 de mayo de 2010 (*Tol* 1884066).

## PENA DE PRISIÓN PERMANENTE REVISABLE

La reforma penal llevada a cabo por la Ley Orgánica 1/2015 incorporó al catálogo de penas privativas de libertad una forma de cadena perpetua que denomina "pena de prisión permanente revisable". Se trata de una pena de prisión de duración indeterminada prevista únicamente para supuestos de excepcional gravedad —asesinatos especialmente graves, homicidio del Jefe del Estado o de su heredero, de Jefes de Estado extranjeros y en los supuestos más graves de genocidio o de crímenes de lesa humanidad— en los que, según la Exposición de Motivos de la Ley, "está justificada una respuesta extraordinaria mediante la imposición de una pena de prisión".

La pena de prisión permanente revisable está sujeta a un régimen de revisión, previsto en el artículo 92 CP. De acuerdo con este precepto, tras el cumplimiento íntegro de una parte relevante de la condena, cuya duración depende de la cantidad de delitos cometidos y de su naturaleza, acreditada la reinserción del penado, este podrá obtener una libertad condicionada al cumplimiento de ciertas exigencias, en particular, la no comisión de nuevos hechos delictivos. Una vez cumplida una parte mínima de la condena, un Tribunal colegiado deberá valorar nuevamente las circunstancias del penado y del delito cometido y podrá revisar su situación personal. Cumplida esa primera parte mínima de la pena, si el Tribunal considera que no concurren los requisitos necesarios para que el penado pueda recuperar la libertad, se fijará un plazo para llevar a cabo una nueva revisión de su situación; y si, por el contrario, el Tribunal valora que cumple los requisitos necesarios para quedar en libertad, se establecerá un plazo de libertad condicional en el que se impondrán condiciones y medidas de control orientadas tanto a garantizar la seguridad de la sociedad, como a asistir al penado en esta fase final de su reinserción social. En cuanto a la posibilidad de clasificación del condenado a prisión permanente revisable en el tercer grado, el artículo 36.1 dispone que la clasificación del condenado deberá ser autorizada por el Tribunal previo pronóstico individualizado y favorable de reinserción social, oídos el Ministerio Fiscal e Instituciones Penitenciarias, y no podrá efectuarse: a) hasta el cumplimiento de veinte años de prisión efectiva, en el caso de que el penado lo hubiera sido por un delito del Capítulo VII del Título XXII del Libro II de este Código, esto es, organizaciones y grupos terroristas y delitos de terrorismo.

b) hasta el cumplimiento de quince años de prisión efectiva, en el resto de los casos.

En estos supuestos, el penado no podrá disfrutar de permisos de salida hasta que haya cumplido un mínimo de doce años de prisión, en el caso previsto en la letra a), y ocho años de prisión, en el previsto en la letra b).

**Regulación normativa**: artículos 36.1 y 92 CP.

**Jurisprudencia:** SSTS de 18 de julio de 2019 (*Tol 7410807*), de 5 de mayo de 2020, "caso crimen de Pioz, (*Tol 7909210*), de 21 de abril de 2021 (*Tol 8409908*), 6 de octubre de 2021 (*Tol 8627366*).

## PENA GRAVE

Son penas graves: la prisión permanente revisable; la prisión superior a cinco años; la inhabilitación absoluta; las inhabilitaciones especiales por tiempo superior a cinco años; la suspensión de empleo o cargo público por tiempo superior a cinco años; la privación del derecho a conducir vehículos a motor y ciclomotores por tiempo superior a ocho años; la privación del derecho a la tenencia y porte de armas por tiempo superior a ocho años; la privación del derecho a residir en determinados lugares o acudir a ellos, por tiempo superior a cinco años; la prohibición de aproximarse a la víctima o a aquellos de sus familiares u otras personas que determine el Juez

o Tribunal, por tiempo superior a cinco años; la prohibición de comunicarse con la víctima o con aquellos de
sus familiares u otras personas que determine el Juez o
Tribunal, por tiempo superior a cinco años y la privación
de la patria potestad.

**Regulación normativa**: artículo 33.2 CP.

## PENA LEVE

Son penas leves: la privación del derecho a conducir vehículos a motor y ciclomotores de tres meses a un año;
la privación del derecho a la tenencia y porte de armas
de tres meses a un año; la inhabilitación especial para el
ejercicio de profesión, oficio o comercio que tenga relación con los animales y para la tenencia de animales de
tres meses a un año; la privación del derecho a residir en
determinados lugares o acudir a ellos, por tiempo inferior a seis meses; la prohibición de aproximarse a la víctima o a aquellos de sus familiares u otras personas que
determine el Juez o Tribunal, por tiempo de un mes a
menos de seis meses; la prohibición de comunicarse con
la víctima o con aquellos de sus familiares u otras personas que determine el Juez o Tribunal, por tiempo de un
mes a menos de seis meses; la multa de hasta tres meses;
la localización permanente de un día a tres meses y los
trabajos en beneficio de la comunidad de uno a treinta
días.

**Regulación normativa**: artículo 33.4 CP.

## PENA MENOS GRAVE

Son penas menos graves: la prisión de tres meses hasta cinco años; las inhabilitaciones especiales hasta cinco años; la suspensión de empleo o cargo público hasta cinco años; la privación del derecho a conducir vehículos a motor y ciclomotores de un año y un día a ocho años; la privación del derecho a la tenencia y porte de armas de un año y un día a ocho años; la privación del derecho a la tenencia y porte de armas de un año y un día a ocho años; la inhabilitación especial para el ejercicio de profesión, oficio o comercio que tenga relación con los animales y para la tenencia de animales de un año y un día a cinco años; la privación del derecho a residir en determinados lugares o acudir a ellos, por tiempo de seis meses a cinco años; la prohibición de aproximarse a la víctima o a aquellos de sus familiares u otras personas que determine el Juez o Tribunal, por tiempo de seis meses a cinco años; la prohibición de comunicarse con la víctima o con aquellos de sus familiares u otras personas que determine el Juez o Tribunal, por tiempo de seis meses a cinco años; la multa de más de tres meses; la multa proporcional, cualquiera que fuese su cuantía y los trabajos en beneficio de la comunidad de treinta y un días a un año.

**Regulación normativa**: artículo 33.3 CP.

## PENAS ACCESORIAS

Algunas de las penas privativas de derechos que se recogen en el catálogo general del artículo 39 del Código penal pueden imponerse como principales y como accesorias. Lo primero sucede cuando el Código penal las señala expresamente para determinados delitos y lo segundo, cuando sin imponerlas especialmente, declara en preceptos generales, en concreto en los artículos 54 y siguientes del Código penal, que determinadas penas van acompañadas de otras como accesorias.

Se denominan accesorias porque acompañan a otras penas y su duración depende de estas. De ahí que el artículo 33.6 del Código penal advierte que las penas accesorias tendrán la duración que respectivamente tengan la pena principal, excepto lo que dispongan expresamente otros preceptos del Código.

Por ejemplo, el artículo 55 dispone que la pena de prisión igual o superior a diez años llevará consigo la inhabilitación absoluta durante el tiempo de la condena, salvo que esta ya estuviere prevista como pena principal para el supuesto de que se trate. El Juez podrá además disponer la inhabilitación especial para el ejercicio de la patria potestad, tutela, curatela, guarda o acogimiento, o bien la privación de la patria potestad, cuando estos derechos hubieren tenido relación directa con el delito cometido. Esta vinculación deberá determinarse expresamente en la sentencia.

Se ha justificado la existencia de las penas accesorias por las que, junto a la pena principal, se priva de determinados derechos al condenado, en la pérdida de legitimidad para el ejercicio de los mismos por parte de quien resulta condenado en un proceso penal.

**Regulación normativa**: artículos 54 y siguientes CP.

**Jurisprudencia:** SSTS de 29 de noviembre de 2004 (*Tol 528682*), de 20 de abril de 2007 (*Tol 1069833*).

## PENAS PRIVATIVAS DE DERECHOS

Las penas privativas de derechos son:

1) la inhabilitación absoluta.

2) las de inhabilitación especial para empleo o cargo público, profesión, oficio, industria o comercio, u otras actividades determinadas, o de los derechos de patria potestad, tutela, guarda o curatela, tenencia de animales, derecho de sufragio pasivo o de cualquier otro derecho.

3) la suspensión de empleo o cargo público.

4) la privación del derecho a conducir vehículos a motor y ciclomotores.

5) la privación del derecho a la tenencia y porte de armas.

6) la privación del derecho a residir en determinados lugares o acudir a ellos.

7) la prohibición de aproximarse a la víctima o a aquellos de sus familiares u otras personas que determine el Juez o el Tribunal.

8) la prohibición de comunicarse con la víctima o con aquellos de sus familiares u otras personas que determine el Juez o Tribunal.

9) los trabajos en beneficio de la comunidad.

10) la privación de la patria potestad.

**Regulación normativa**: artículo 39 CP.

## PENAS PRIVATIVAS DE LIBERTAD

Las penas privativas de libertad son:
1) la prisión permanente revisable
2) la prisión
3) la localización permanente
4) la responsabilidad personal subsidiaria por impago de multa.

**Regulación normativa**: artículo 35 CP.

## PERDÓN DEL OFENDIDO

El perdón del ofendido es una causa de extinción de la responsabilidad criminal del autor de un delito ya cometido, si bien el artículo 130.5.º del Código penal lo restringe a los delitos leves perseguibles a instancias del agraviado o a aquellos casos en que "la ley así lo prevea".

El perdón debe ser:
1) expreso e incondicionado.
2) otorgado antes de que se haya dictado sentencia, a cuyo efecto, el Juez o Tribunal sentenciador oirá al ofendido por el delito antes de dictarla.

En los delitos cometidos contra personas menores de edad o personas con discapacidad necesitadas de especial protección que afecten a bienes eminentemente personales, el perdón de la persona ofendida no extingue la responsabilidad criminal.

Suele suceder que renuncia a la acción penal y perdón del ofendido son aspectos distintos de una misma voluntad, que se suelen superponer. Sin embargo, son conceptos distintos, porque el perdón es una causa de extinción de la responsabilidad penal, mientras que la renuncia a la acción es una manifestación de extinción o abandono de la misma, con lo cual, cada una debe desplegar sus efectos en el terreno que le es propio.

El perdón de la persona ofendida, efectivamente, producirá sus efectos, pero no cuando se otorgue, sino cuando ese otorgamiento se haga en los casos y con los requisitos exigidos por la norma que lo autoriza. Cuestión distinta es que el legislador haya decidido limitarlo a una serie de casos determinados y condicionarlo a ciertos requisitos por razones de política criminal.

**Regulación normativa**: artículo 130.5.° CP.

**Jurisprudencia:** SSTS de 9 de octubre de 2000 (*Tol 7950*), de 15 de febrero de 2002 (*Tol 155980*); SAP de Alicante de 14 de septiembre de 2004 (*Tol 518281*).

## PERÍODO DE SEGURIDAD

El denominado "período de seguridad" modifica un aspecto importante de la ejecución de la pena de prisión, la clasificación en grados penitenciarios, al variar las condiciones de acceso al tercer grado penitenciario en las penas de prisión superiores a cinco años, diferenciando dos supuestos:

1) imposición facultativa: el Juez o Tribunal podrá ordenar que la clasificación del condenado en el tercer grado de tratamiento penitenciario no se efectúe hasta que al menos haya cumplido la mitad de la pena impuesta.

2) imposición imperativa: el período de seguridad se extiende de forma imperativa cuando se trate de delitos referentes a organizaciones y grupos terroristas y delitos de terrorismo del Capítulo VII del Título XXII del Libro II del Código penal; delitos cometidos en el seno de una organización o grupo criminal; delitos del artículo 181 (agresiones sexuales a menores de dieciséis años); delitos del Capítulo V del Título VIII del Libro II, cuando la víctima sea menor de dieciséis años (Delitos relativos a la prostitución y a la explotación sexual y corrupción de menores) y delitos del Título VII bis del Libro II del Código penal, cuando la víctima sea una persona menor de edad o persona con discapacidad necesitada de especial protección (trata de seres humanos).

A continuación, el legislador permite al Juez de Vigilancia Penitenciaria aplicar el régimen general de cumplimiento de las penas de prisión teniendo en cuenta, entre otros requisitos, las circunstancias personales del reo, salvo en los casos mencionados de imposición imperativa del período de seguridad.

**Regulación normativa**: artículo 36.2 CP.

**Jurisprudencia:** SAP de Barcelona de 14 de mayo de 2004 (*Tol 416948*).

## PERJUDICADO

El concepto de perjudicado es más amplio que el concepto de sujeto pasivo, porque abarca no solo al titular del interés lesionado de modo central por el delito, sino a todos quienes soportan consecuencias perjudiciales más o menos directas. Así, en el homicidio la víctima es el sujeto pasivo, y sus familiares, los perjudicados. El concepto de perjudicado posee trascendencia a efectos de responsabilidad civil, que procede frente a todo aquel que tenga ese carácter.

**Regulación normativa**: artículo 109.2 CP.

## PERSONA CON DISCAPACIDAD NECESITADA DE ESPECIAL PROTECCIÓN

Se entiende por persona con discapacidad necesitada de especial protección aquella persona con discapacidad que, tenga o no judicialmente modificada su capacidad de obrar, requiera de asistencia o apoyo para el ejercicio de su capacidad jurídica y para la toma de decisiones respecto de su persona, de sus derechos o intereses a causa de sus deficiencias intelectuales o mentales de carácter permanente.

**Regulación normativa**: artículo 25, segundo párrafo CP.

## PHISING

La técnica conocida como *phising* o robo de identidad consiste en el envío masivo de correos electrónicos que simulan proceder de entidades bancarias, cuyo mensaje imita exactamente el diseño, logotipo, firma, etc. utilizado por la entidad bancaria para comunicarse con sus clientes, y a través de los cuales obtienen datos personales que, al ser introducidos en la página falsa, son captados para ser utilizados de forma fraudulenta.

Se trata de obtener dinero mediante el fraudulento acceso a las claves bancarias de confiados usuarios de Internet y, a partir de ahí, buscar una fórmula que permita colocar esos remanentes dinerarios en un país seguro, a nombre de personas de difícil identificación por los agentes de policía.

Estamos, por tanto, en presencia de una actuación fraudulenta que toma como punto de partida el envío masivo de mensajes de correo electrónico desde diversos sitios en la web, que tiene como destinatarios a usuarios de la banca informática —banca *on line*— a quienes se les redirecciona a una página web que es una réplica casi perfecta del original y en la que se les requiere, normalmente con el aviso amenazante de perder el depósito y la disponibilidad de las tarjetas de crédito, a que entreguen sus claves personales de acceso con el fin de verificar su operatividad. De forma gráfica se dice que el autor "pesca los datos protegidos" —de ahí la denominación *phishing*—, que permiten el libre acceso a las cuentas de particulares y, a partir de ahí, el desapoderamiento.

**Regulación normativa**: artículo 249 CP.

**Jurisprudencia:** SSTS de 16 de marzo de 2009 (*Tol 1560694*), de 2 de noviembre de 2011 (*Tol 3470027*); SAP de Valladolid de 21 de junio de 2010 (*Tol 1904234*); SAP de Soria de 27 de febrero de 2012 (*Tol*

*2489010*); SAP de Barcelona de 7 de marzo de 2013
(*Tol 3747198*).

## PIRATERÍA

El secuestro del Playa de Bakio y del Alakrana, así como otros intentos fallidos sufridos por pesqueros españoles en aguas del océano Índico llevaron al Gobierno español a volver a incluir el delito de piratería en el Código penal, que desapareció del mismo tras la reforma de 1995. Con la introducción de esta figura jurídica se pretende luchar contra la piratería que están sufriendo los buques españoles.

El delito de piratería consiste en, mediante violencia, intimidación o engaño, apoderarse, dañar o destruir una aeronave, buque u otro tipo de embarcación o plataforma en el mar, o bien atentar contra las personas, cargamento o bienes que se hallen a bordo de las mismas.

El delito de piratería admite distintas formas comisivas, al responder su estructura a la que es propia de los tipos alternativos. La primera de ellas exigiría la destrucción, el daño o el apoderamiento de un buque u otro tipo de embarcación o plataforma en el mar. Para la segunda, bastaría el atentado contra las personas, cargamento o bienes que se hallen a bordo de aquellas embarcaciones. En este caso, ya fuera el atentado contra las personas o bienes simplemente instrumental para la ejecución del acto de destrucción o apoderamiento, ya fuera el fin único perseguido por los piratas, el delito quedaría consumado

**Regulación normativa**: artículo 616 ter CP.

**Jurisprudencia:** SSTS de 12 de diciembre de 2011 (*Tol 2342313*), de 24 de febrero de 2016 (*Tol 5651493*); SAN de 8 de mayo de 2009 (*Tol 1500562*).

## PLAGIO

El plagio consiste en presentar lo copiado como propio, esto es, se reputa como tal la acción de copiar o imitar fraudulentamente algo. Siempre habrá en el plagio una atribución de propiedad de algo que es ajeno.

**Regulación normativa**: artículos 270 a 272 CP

**Jurisprudencia:** SAP de Zamora de 2 de septiembre de 2002 (*Tol 221525*); SAP de Albacete de 16 de diciembre de 2011 (*Tol 2383656*).

## POLÍTICA CRIMINAL

La política criminal es una ciencia penal que estudia las distintas estrategias de política jurídica que han de seguirse en la lucha contra el delito. La política criminal se ocupa de cómo configurar el Derecho penal de la forma más eficaz posible para que pueda cumplir su tarea de protección de la sociedad.

## PORNOGRAFÍA INFANTIL

La pornografía infantil incluye tanto el material que representa a un menor o persona con discapacidad participando en una conducta sexual como también las imágenes realistas de menores participando en conductas sexualmente explícitas, aunque no reflejen una realidad sucedida.

Se considera pornografía infantil o en cuya elaboración hayan sido utilizadas personas con discapacidad necesitadas de especial protección:

1) todo material que represente de manera visual a un menor o una persona con discapacidad necesitada de especial protección participando en una conducta sexualmente explícita, real o simulada.

2) toda representación de los órganos sexuales de un menor o persona con discapacidad necesitada de especial protección con fines principalmente sexuales.

3) todo material que represente de forma visual a una persona que parezca ser un menor participando en una conducta sexualmente explícita, real o simulada, o cualquier representación de los órganos sexuales de una persona que parezca ser un menor, con fines principalmente sexuales, salvo que la persona que parezca ser un menor resulte tener en realidad dieciocho años o más en el momento de obtenerse las imágenes.

4) imágenes realistas de un menor participando en una conducta sexualmente explícita o imágenes realistas de los órganos sexuales de un menor, con fines principalmente sexuales.

**Regulación normativa**: artículo 189.1 CP.

**Jurisprudencia:** SSTS de 10 de diciembre de 2004 (*Tol 556733*), de 16 de abril de 2010 (*Tol 1851636*), de 15 de febrero de 2018 (*Tol 6516488*), de 6 de mayo de

2021 (*Tol 8425321*); SAP de Murcia de 7 de junio de 2013 (*Tol 3799538*).

## POSICIÓN DE GARANTE

La posición de garante es una característica objetiva de autoría que convierte los delitos de comisión por omisión en delitos especiales, ya que solo puede realizar el tipo correspondiente un determinado núcleo de personas: aquellas que por tener una especial relación con el bien jurídicamente protegido son garantes del mismo.

La posición de garante se define genéricamente por la relación existente entre un sujeto y un bien jurídico, determinante de que aquél se hace responsable de la indemnidad del bien jurídico. De aquella relación surge para el sujeto un deber jurídico específico de evitación del resultado. De tal modo que la no evitación del resultado por el garante sería equiparable a su realización mediante una conducta activa.

La existencia de una posición de garante se deduce de determinadas fuentes formales, como la Ley, el contrato y el actuar precedente peligroso (injerencia):

1) como posiciones de garante que tiene una fuente en la Ley se reconocen sobre todo las que emanan de la estrecha relación familiar y las que se derivan de la regulación legal de determinadas profesiones (médicos, funcionarios...).

2) la aceptación voluntaria y contractual de un deber de actuar determina también el surgimiento de una posición de garantía. En la jurisprudencia se atribuye esta

categoría de la posición garante: al guardabarreras, al encargado de línea eléctrica o a los directores de obras, como arquitectos y aparejadores y en la doctrina se mencionan como ejemplos típicos de posición de garante por asunción contractual: al socorrista de una piscina, al guía alpino que asume la seguridad de los excursionistas, o del sujeto que se ha obligado contractualmente a regular la ejecución de unas obras.

3) se atribuye, por último, una posición de garante surgida de un actuar precedente (injerencia) a quien, a consecuencia de tal actuar, ha provocado una situación de peligro para la vida de otro u otros.

**Regulación normativa**: artículo 11 CP.

**Jurisprudencia:** STS de 19 de enero de 2007 (*Tol 1036588*); SAP de Pontevedra de 25 de junio de 2008 (*Tol 1478779*).

## PRECIO, RECOMPENSA O PROMESA

El precio, recompensa o promesa es una circunstancia agravante que exige para su apreciación que sea claramente el motor de la acción criminal, que la actividad delictiva esté motivada o influida por la percepción de un beneficio económico o de cualquier otra clase, como puede ser la promesa de obtener un importante cargo público o un puesto laboral.

La circunstancia se aprecia tanto en el sujeto que comete el delito, esto es, el mandatario o autor, como en aquel que ofrece el precio, recompensa o promesa, esto es, el mandante o inductor.

**Regulación normativa**: artículo 22.3.º CP.

**Jurisprudencia:** SSTS de 14 de mayo de 2008 (*Tol 1333377*), de 3 de marzo de 2016 (*Tol 5662025*); SAP de Madrid de 20 de octubre de 2009 (*Tol 1628061*).

## PRESCRIPCIÓN

Una definición comúnmente admitida de la prescripción la considera como una causa de extinción de la responsabilidad criminal fundada en la acción del tiempo en los acontecimientos humanos. Y, en efecto, el transcurso del tiempo produce efectos extintivos en la responsabilidad penal, impidiendo al Estado el ejercicio del poder punitivo una vez transcurridos determinados plazos a partir de la comisión del delito o de la imposición de la condena sin que se haya cumplido la sanción establecida.

La prescripción es una institución de carácter puramente material o de derecho sustantivo, ajena por tanto a las exigencias procesales de la acción persecutoria que irrumpe en una época en la que el desarrollo del Derecho penal era incipiente sin haber alcanzado propia individualidad y categoría científica.

La institución de la prescripción, en general, encuentra su propia justificación constitucional en el principio de seguridad jurídica consagrado de manera expresa en el artículo 9.3 de la Constitución, puesto que en la prescripción existe un equilibrio entre las exigencias de la

seguridad jurídica y las de la justicia material, que ha de
ceder a veces para permitir un adecuado desenvolvimiento de las relaciones jurídicas, desenvolvimiento que, en el
ámbito del Derecho penal, se completa y acentúa en el
derecho fundamental a un proceso sin dilaciones indebidas (artículo 24.2 CE) y en los principios de orientación
a la reeducación y reinserción social que el artículo 25.2
CE asigna a las penas privativas de libertad.

El Código penal contempla dos clases de prescripción:

1) prescripción de delitos.

2) prescripción de penas o medidas de seguridad.

**Regulación normativa**: artículos 9.3, 24.2, 25.2 CE;
artículos 130.6.° y 7.°, 131 a 135 CP.

## PRECRIPCIÓN DE LA MEDIDA DE SEGURIDAD

Las medidas de seguridad prescriben a los diez años si
son privativas de libertad superiores a tres años, y a los
cinco años si son privativas de libertad iguales o inferio-
res a tres años o tuvieran otro contenido.

El tiempo de la prescripción se computa desde el día
en que haya quedado firme la resolución en la que se
impuso la medida o, en caso de cumplimiento sucesivo, desde que debió empezar a cumplirse la medida de
seguridad.

**Regulación normativa**: artículos 130.7.° y 135 CP.

## PRESCRIPCIÓN DE LA PENA

En materia de prescripción de la pena, la jurisprudencia pone el énfasis en la falta de objetivos a cumplir por la pena, concretamente el mantenimiento del orden jurídico por medio del efecto de prevención general, cuando ha pasado un plazo razonable desde la alteración de dicho orden, así como de la estrecha relación entre el *ius puniendi* y razones de orden público, interés general y política criminal que ceden a favor del principio de mínima intervención cuando la pena deviene innecesaria para satisfacer estas razones por el transcurso del tiempo. Su naturaleza procesal, material o constitucional ha sido muy discutida y, ciertamente, convergen criterios de desaparición de la necesidad de la pena, de dificultad en la acreditación del hecho o de seguridad jurídica y de política criminal en actuación del principio de intervención mínima, pues el derecho del Estado a penar justamente depende de que la pena sea necesaria para la existencia y pervivencia del orden jurídico y es obvio que, transcurrido el plazo de prescripción señalado en el Código, la pena ya no cumple sus finalidades de prevención general y especial e incide contraproducentemente en la llamada resocialización o rehabilitación del imputado.

Las penas impuestas por sentencia firme prescriben:

1) a los treinta años, si se trata de penas de prisión por más de veinte años.

2) a los veinticinco años, si se trata de penas de prisión de quince o más años sin que excedan de veinte años.

3) a los veinte años, las de inhabilitación por más de diez años y las de prisión por más de diez y menos de quince años.

4) a los quince años, las de inhabilitación por más de seis años y que no excedan de diez, y las de prisión por más de cinco años y que no excedan de diez años.

5) a los diez años, las restantes penas graves.

6) a los cinco años, las penas menos graves.

7) al año, las penas leves.

No prescribirán en ningún caso las penas impuestas por delitos de lesa humanidad y de genocidio, delitos contra las personas y bienes protegidos en caso de conflicto armado y por delitos de terrorismo, si estos hubieren causado la muerte de una persona.

El tiempo de prescripción de la pena se computa desde la fecha de la sentencia firme, o desde el quebrantamiento de condena, si esta hubiese comenzado a cumplirse.

**Regulación normativa**: artículos 130.7.°, 133 y 134 CP.

**Jurisprudencia:** STS de 11 de diciembre de 2008 (*Tol 1417794*).

## PRESCRIPCIÓN DEL DELITO

La prescripción del delito se enfocó en un primer momento con parámetros jurídico-civiles. Muy certeramente se suele destacar que la prescripción en materia civil adquiere su efectividad por vía de excepción, apostando, en la filosofía de su instauración, por la idea de sanción al negligente, presunción de inocencia o abandono, radicando en ello el viejo apotegma *contra non valentem agere, non currit praescriptio* (no corre la prescripción, contra el que no puede valerse)*;* en tanto que la prescripción en materia penal viene a ser un modo de dar por extinguido el delito ante poderosas razones de política criminal y utilidad social, cuales son el aquietamiento que el transcurso del tiempo produce en la conciencia ciudadana, la aminoración, cuando no eliminación, de la alarma social producida, el palidecimiento de la resonancia antijurídica del hecho ante el efecto invalidador del tiempo sobre los acontecimientos humanos, dificultades de acumulación y reproducción del material probatorio y razones de prevención especial, porque quien, tras varios años, no ha vuelto a tener problemas con la Justicia demuestra que ha logrado su reinserción en la sociedad.

La Exposición de Motivos de la Ley Orgánica 5/2010, de 22 de junio, indica las reformas que ha experimentado el instituto de la prescripción del delito y a tal fin dice que, con el objetivo de aumentar la seguridad jurídica, se ha optado por una regulación detallada del instituto que ponga fin a las diferencias interpretativas surgidas en los últimos tiempos. Para llevar a cabo esta tarea, se ha prestado especial atención a la necesidad de precisar el momento de inicio de la interrupción de la prescripción, estableciéndose que ésta se produce, quedando sin efecto el tiempo transcurrido, cuando el procedimiento se dirija contra persona determinada que aparezca indiciariamente como penalmente responsable. Para entender que ello ocurre se requiere, cuando menos, una actuación material del Juez Instructor.

Posteriormente la Ley Orgánica 9/2021, de 1 de julio incorporó la interrupción de la prescripción en los procedimientos cuya investigación haya sido asumida por la Fiscalía Europea.

Los delitos prescriben:

1) a los veinte años, cuando la pena máxima señalada al delito es prisión de quince años o más.

2) a los quince años, cuando la pena máxima señalada por la ley es inhabilitación por más de diez años, o prisión por más de diez y menos de quince años.

3) a los diez, cuando la pena máxima señalada por la ley es prisión o inhabilitación por más de cinco años y que no exceda de diez.

4) a los cinco años, los demás delitos, excepto los delitos leves y los delitos de injurias y calumnias, que prescriben al año.

No obstante, el legislador declara la imprescriptibilidad de los delitos de lesa humanidad y de genocidio, de los delitos contra las personas y bienes protegidos en caso de conflicto armado y de los delitos de terrorismo si hubieren causado la muerte de una persona.

Como el fundamento de la institución de la prescripción se halla vinculado en gran medida a la falta de necesidad de aplicación de la pena tras el trascurso de cierto tiempo, la reforma se fundamenta en este punto en que tal premisa no puede cumplirse frente a conductas delictivas que presentan las características del tipo mencionado.

**Regulación normativa**: artículos 130.6.°, 131 y 132 CP.

**Jurisprudencia:** STS de 30 de septiembre de 2008 (*Tol 1389522*).

# PREVALIMIENTO DEL CARÁCTER PÚBLICO

La circunstancia agravante de prevalimiento del carácter público del culpable consiste en una situación de superioridad o ventaja del sujeto activo sobre el pasivo que coarta la libertad de este. Ello requiere la exteriorización de un comportamiento coactivo y un abuso de la confianza depositada por la sociedad. La agravante de prevalimiento del carácter público encuentra su fundamento en el abuso de superioridad en el plano moral, utilizado en beneficio particular por el delincuente y requiere que se ponga el carácter público al servicio de los propósitos criminales. Requiere, en consecuencia, reunir la condición de funcionario público y poner tal condición al servicio de su propósito criminal, aprovechando las ventajas que el cargo le ofrece para ejecutar el hecho delictivo con mayor facilidad y menor riesgo.

La circunstancia de prevalerse del carácter público que tenga el culpable exige tres elementos:

1) la cualidad de funcionario público o de encargado de un servicio público.

2) el abuso de poderes o deberes inherentes a tal condición.

3) la finalidad de utilizar las ventajas del cargo para ejecutar el delito más fácilmente o con menor riesgo.

Esta circunstancia agravante es inherente a los delitos de funcionarios públicos en el ejercicio de sus cargos, por lo que no puede apreciarse en ellos.

**Regulación normativa**: artículo 22.7.º CP.

**Jurisprudencia:** SSTS de 25 de septiembre de 2006 (*Tol 998564*), de 27 de noviembre de 2009 (*Tol 1762127*).

## PREVARICACIÓN

La prevaricación consiste básicamente en dictar maliciosamente, por parte de autoridades o funcionarios públicos, resoluciones injustas, judiciales o administrativas, faltando a los deberes y obligaciones inherentes a su cargo.

## PREVARICACIÓN ADMINISTRATIVA

La prevaricación de funcionarios públicos o prevaricación administrativa se concreta en el actuar del funcionario público dictando, a sabiendas, una resolución arbitraria en un asunto administrativo. Con el precepto penal se pretende una actuación de los funcionarios públicos sujeta al sistema de valores proclamado en la Constitución, concretamente, una actuación dirigida a servir con objetividad los intereses generales con pleno sometimiento a la ley y al Derecho (artículos 103 y 106 del Constitución). Es claro que el control jurisdiccional de la actuación administrativa puede ser desarrollado por la jurisdicción, tanto contenciosa administrativa como la penal, reservando esta última a aquellos actos que infringen notoriamente los principios constitucionales de una Administración en un Estado democrático, esto es, cuando se vulneran abiertamente los principios constitucionales de imparcialidad, de igualdad de oportunidades, de legalidad, etc., que conforman la actuación de la Administración. Además, el principio de intervención mínima exige que el sistema penal de control social solo pueda actuar frente a agresiones graves de los principios informadores de la actuación de la Administración, no contra meras irregularidades e ilegalidades que encontrarán su mecanismo de control en el orden contencioso administrativo, sino aquellas que vulneran patentemente los principios de actuación básica de la Administración. Por todo ello se restringe la aplicación del artículo 404 del Código penal a aquellos supuestos en los que la resolución administrativa es una manifestación o reflejo de "ejercicio arbitrario del poder" y no una simple contravención de la legalidad reparable por otras vías jurídicas no necesariamente penales.

El delito de prevaricación administrativa tiene como requisitos los siguientes:

1) el sujeto activo ha de ser un funcionario público.

2) la realidad de una resolución arbitraria dictada en asunto administrativo.

3) el conocimiento de la ilegalidad de su actuación por parte del funcionario público o autoridad, considerándose que el elemento subjetivo de esta figura delictiva consiste en una malévola intención de torcimiento del derecho, "a sabiendas", elemento doloso que se patentiza cuando entre la resolución dictada y la que sería procedente haber dictado, exista tal diferencia que cualquiera pueda apreciar que la única explicación es la existencia de motivaciones torticeras.

**Regulación normativa**: artículo 404 CP.

**Jurisprudencia:** SSTS de 4 de marzo de 2010 (*Tol 1817137*), de 3 de septiembre de 2014 (*Tol 4497351*); SAP de Castellón de 25 de noviembre de 2009 (*Tol 1783275*); SAP de Les Illes Balears de 19 de marzo de 2012 (*Tol 2481750*); JP de Plasencia de 10 de julio de 2014 (*Tol 4431854*); SAP de Las Palmas de 3 de septiembre de 2014 (*Tol 4494030*).

## PREVARICACIÓN JUDICIAL

La prevaricación judicial existe cuando el Juez o Magistrado adopta una resolución que se funda en su propia voluntad y no en la Ley aplicable al caso.

El delito de prevaricación se comete por el Juez o Magistrado que, a sabiendas, dictare sentencia o resolución injusta. El tipo objetivo del delito, por lo tanto, se dará cuando el Juez toma decisiones que no pueden ser derivadas de la Ley por ninguno de los métodos de interpretación de la misma admitidos en la práctica judicial. Si la resolución no puede ser deducida de la Ley por alguno de estos métodos, no se la podrá considerar como una aplicación de la Ley vigente, sino como un acto voluntarista del Juez.

La imputación de un delito de prevaricación —la más grave que puede hacerse a un Juez— exige una serie de consideraciones jurídicas previas, tanto en lo que se refiere a su contenido objetivo-normativo, cuanto en lo que atañe a su contenido subjetivo y culpabilístico.

El Código penal de 1995 varió la sistemática de este delito al incluir la prevaricación entre los delitos que atacan la Administración de Justicia (Capítulo I del Título XX del Libro II) frente a la idea de ubicarlo entre los delitos cometidos por los funcionarios públicos en el ejercicio de sus cargos (Capítulo I del Título VII del Libro II, del Código penal anterior). Este cambio en la ubicación sistemática es de especial relevancia y trata de resaltar que la prevaricación judicial reviste mayor gravedad que la de los funcionarios públicos, pues sobre los Jueces recae el monopolio del ejercicio de la jurisdicción, es decir, según consagra la Constitución ellos tienen en exclusiva la función de juzgar y ejecutar lo juzgado. La diferencia cualitativa entre ambas prevaricaciones debía reflejarse en la reacción penal, como sucede en el actual Código, pues, el delito de prevaricación —judicial— no consiste en la lesión de bienes jurídicos individuales de las partes en el proceso, sino en la postergación por el autor de la validez del Derecho o de su imperio y, por lo tanto, en la vulneración del Estado de Derecho, dado que se quebranta la función judicial de decidir aplicando únicamente el Derecho en la forma prevista en el artículo 117.1 de la Constitución. Los Jueces según el mismo precepto son independientes, inamovibles, responsables y sometidos únicamente al imperio de la Ley. Y es el apartamiento de esta función constitucional lo que integra el delito de prevaricación judicial.

El delito de prevaricación judicial se integra por dos elementos: uno de naturaleza objetiva integrado por el dictado de una sentencia o resolución injusta y, otro subjetivo, configurado por el elemento subjetivo del injusto consistente en saber que se está dictando una resolución injusta, lo que queda objetivado en la expresión «a sabiendas» que aparece en todos los supuestos de la prevaricación dolosa.

**Regulación normativa**: artículo 117.1 CE; artículos 446 a 449 CP.

**Jurisprudencia:** SSTS de 17 de febrero de 2010 (*Tol 1779148*), de 7 de abril de 2010 (*Tol 1799451*), de 16 de julio de 2014 (*Tol 4494378*); STSJ de Madrid de 6 de octubre de 2014 (*Tol 4521239*).

## PREVARICACIÓN MEDIOAMBIENTAL

La prevaricación medioambiental es una modalidad específica de prevaricación cometida por la autoridad o funcionario público que, a sabiendas, hubiere informado favorablemente la concesión de licencias manifiestamente ilegales, que autoricen el funcionamiento de las industrias o actividades contaminantes. Otra modalidad alternativa de prevaricación medioambiental es aquella que solo pueden cometer los que, teniendo la misión técnica de verificar las condiciones de la instalación y de realizar periódicas inspecciones, silencien la infracción de leyes o disposiciones normativas de carácter general, dictadas para aminorar o eliminar las actividades contaminantes de la industria en cuestión, u omitan la realización de inspecciones de carácter obligatorio. Asimismo, el texto punitivo castiga a la autoridad o funcionario que, por sí mismo o formando parte de un órgano colegiado, hubiese votado o resuelto a favor de la concesión de licencias manifiestamente ilegales, a sabiendas de su injusticia. A pesar de la referencia genérica de nuestro Código penal a la posible comisión de los delitos medioambientales por imprudencia grave, la específica figura de la prevaricación solo admite su comisión dolosa al exigirse una intencionalidad específica, reforzada por la expresión «a sabiendas».

**Regulación normativa**: artículo 329 CP.

**Jurisprudencia:** STS de 25 de septiembre de 2003 (*Tol* *312056*); SAP de La Coruña de 4 de junio de 2007 (*Tol* *1635887*).

## PREVARICACIÓN URBANÍSTICA

La prevaricación urbanística es la cometida por la autoridad o funcionario público que, a sabiendas de su injusticia, informa favorablemente instrumentos de planeamiento, proyectos de urbanización, parcelación, reparcelación, construcción o edificación o bien informa sobre la concesión de licencias contrarias a las normas de ordenación territorial o urbanística. Asimismo, la prevaricación urbanística existe cuando se silencia la infracción de las normas al realizar las inspecciones o se omiten las mismas. También se entiende por prevaricación urbanística la resolución o votación a favor de la aprobación de los instrumentos de planeamiento, los proyectos de urbanización, parcelación, reparcelación, construcción o edificación o la concesión de licencias, a sabiendas de su injusticia.

**Regulación normativa**: artículo 320 CP.

**Jurisprudencia:** SSTS de 14 de mayo de 2013 (*Tol 3781722*), de 7 de julio de 2014 (*Tol 4443383*), de 11 de enero de 2018 (*Tol 6478056*), de 21 de febrero de 2018 (*Tol 6519936*); SAP de Las Palmas de 27 de enero de 2010 (*Tol 1901115*); SAP de Valencia de 9 de septiembre de 2012 (*Tol 3236771*).

## PREVENCIÓN ESPECIAL

La pena desde la teoría de la prevención especial tiende a prevenir los delitos que puedan proceder de una persona determinada. La pena, desde este punto de vista, busca evitar que quien la sufre vuelva a delinquir.
La prevención especial opera en el momento de la ejecución de la pena.

**Jurisprudencia:** STS de 7 de marzo de 1994 (*Tol 402696*).

## PREVENCIÓN GENERAL

El concepto de prevención general alude a la prevención frente a la colectividad, por tanto, concibe la pena como medio para evitar que surjan delincuentes de la sociedad.

**Jurisprudencia:** STS de 24 de febrero de 2005 (*Tol 598457*); SAP de Barcelona de 16 de enero de 2012 (*Tol 2467432*).

## PREVENCIÓN GENERAL NEGATIVA

Para la prevención general negativa, la pena se impone para intimidar a los ciudadanos con la amenaza del castigo y de esta manera disuadirles de la comisión de delitos. La prevención general negativa opera en el momento de la conminación legal.

**Jurisprudencia:** SAP de Madrid de 18 de febrero de 2015 (*Tol 4797225*); SAP de Almería de 28 de septiembre de 2015 (*Tol 5580092*).

## PREVENCIÓN GENERAL POSITIVA

Para la prevención general positiva la imposición de la pena confirma la validez del mandato contenido en la norma penal y la consiguiente expectativa de conducta, afirma la seriedad del Derecho.
La prevención general positiva opera en el momento de la aplicación judicial.

**Jurisprudencia:** SAP de Madrid de 18 de febrero de 2015 (*Tol 4797225*); SAP de Almería de 28 de septiembre de 2015 (*Tol 5580092*).

## PRINCIPIO DE CULPABILIDAD

Se trata de un principio limitador del poder punitivo del Estado conforme al cual no se puede imponer una pena si no existe dolo o imprudencia, esto es, no puede castigarse a nadie si no es responsable personalmente de su conducta y, en segundo lugar, la pena no puede sobrepasar la medida de la culpabilidad, esto es, la pena tiene que ser proporcional al grado de responsabilidad.

**Regulación normativa**: artículos 5 y 10 CP.

## PRINCIPIO DE INHERENCIA

El principio de inherencia, cuyo fundamento está en el principio *non bis in idem*, declara inaplicables tanto las circunstancias atenuantes como las agravantes que o bien se han incorporado a la hipótesis típica, pasando a integrarse en la misma, como ocurre con las circunstancias que cualifican el asesinato; o bien sean inherentes al delito, de suerte que sin ella aquél no habría podido ser cometido.

La inherencia puede ser expresa, de modo que el elemento fundamentador de la circunstancia concurre inevitablemente también en el delito (por ejemplo, la alevosía, en el delito de asesinato o el parentesco en los delitos de violencia doméstica) o tácita, esto es, las circunstancias son de tal manera inherentes o necesarias al delito que sin su concurrencia no podría cometerse (por ejemplo, el abuso de confianza en los delitos de deslealtad profesional o el prevalimiento del carácter público del culpable en los delitos cometidos por funcionario públicos en el ejercicio de sus cargos).

**Regulación normativa:** artículo 67 CP.

**Jurisprudencia:** SSTS de 22 de mayo de 2006 (*Tol 970183*), de 6 de octubre de 2006 (*Tol 1014226*), de 29 de diciembre de 2009 (*Tol 1776372*).

## PRINCIPIO DE INTERVENCIÓN MÍNIMA

El principio de intervención mínima, pese a configurar prioritariamente un mandato dirigido al legislador, subyace en el ordenamiento punitivo y constituye uno de sus principios inspiradores. El principio se fundamenta en la tesis de que el Derecho penal no solo no puede emplearse en defender intereses minoritarios y no necesarios para el funcionamiento del Estado de Derecho, pues entonces no merecen ser protegidos con tan grandes medidas coactivas —sin perjuicio de que sean o no respetables—, sino que ni tan siquiera es adecuado recurrir al Derecho penal y sus gravísimas sanciones si existe la posibilidad de garantizar una tutela suficiente con otros instrumentos jurídicos no penales. El convencimiento de que la pena es un mal irreversible, y una solución imperfecta que debe utilizarse solamente cuando no haya más remedio, es decir, tras el fracaso de cualquier otro modo de protección (la pena entendida como *ultima ratio*), obliga a reducir al máximo el recurso al Derecho penal (intervención mínima).

El principio de intervención mínima supone que, para que la ley penal no se transforme en instrumento al servicio de los detentadores de la potestad legisladora y punitiva, es preciso poner al ejercicio de esta, un límite fundamental: las leyes penales en un Estado de Derecho democrático solamente se justifican porque prestan tutela a un valor que, por ser esencial su respeto para las condiciones mínimas de convivencia, recibe protección penal. Si se apartan de esa misión, si no tutelan intereses comunitarios, si solamente establecen deberes, serán formalmente «leyes penales», pero no serán «Derecho penal» propio de un Estado de Derecho. Que una ley no penal no establece más que un puro deber de obediencia es algo que puede afirmarse en la medida en que sea demostrable que su finalidad no es tutelar un bien jurídico, sino proteger los parciales intereses del grupo dominante.

La función de protección de bienes jurídicos y el principio de intervención mínima deben, además, verse acompañados por el postulado de equilibrio en la tutela de bienes jurídicos. Esto es, que sean atendidas las exigencias de una adecuada selección y ponderación de los bienes jurídicos a proteger penalmente.

**Regulación normativa**: artículo 25.1 CE.

**Jurisprudencia:** SAP de Alicante de 20 de diciembre de 2003 (*Tol 348255*); SAP de Valencia de 1 de marzo de 2010 (*Tol 1783277*).

## PRINCIPIO DE LEGALIDAD PENAL

El principio de legalidad es un principio constitucional recogido en el artículo 25.1 de la Constitución española, según el cual nadie puede ser condenado o sancionado por acciones u omisiones que en el momento de producirse no constituyan delito, falta o infracción administrativa según la legislación vigente en aquel momento.

Este principio es esencialmente una concreción de diversos aspectos del Estado de Derecho en el ámbito del Derecho estatal sancionador. Y en este sentido, se vincula, ante todo, con el imperio de la Ley como presupuesto de la actuación del Estado sobre los bienes jurídicos de los ciudadanos, pero también con el derecho de los ciudadanos a la seguridad jurídica, así como la prohibición de la arbitrariedad y el derecho a la objetividad e imparcialidad del juicio de los Tribunales, que garantizan los artículos 24.2 y 117.1 de la Constitución española.

El principio de legalidad comprende una doble garantía: En primer lugar, material, de alcance absoluto, como imperiosa necesidad de predeterminación normativa de las conductas ilícitas y de las sanciones correspondientes mediante preceptos jurídicos que permitan predecir, con suficiente grado de certeza, las conductas que constituyen una infracción y las penas o sanciones aplicables (*Nulla poena sine lege*).

Ello supone la exigencia de que la ley describa *ex ante* el supuesto de hecho al que anuda la sanción, definiendo con la mayor precisión la acción prohibida y la punición correlativa, que solo puede consistir en la prevista legalmente.

Ello, sintéticamente, se concreta en la triple exigencia:

1) la existencia de una ley escrita («lex scripta»).

2) que la ley sea anterior al hecho sancionado («lex praevia»).

3) que la ley describa un supuesto de hecho estrictamente determinado («lex certa»); lo que supone un rechazo a la analogía como fuente creadora de delitos y penas; esto es, que se haya prohibido toda interpretación analógica o extensiva mediante la cual se haga viable incriminar conductas o comportamientos que no se hallen expresa, clara y previamente comprendidos en la descripción típica, sea cuales fueren las afinidades, analogías o parecidos con los comprendidos en el tipo.

En segundo lugar, formal, en cuanto reserva absoluta de ley y exigencia del rango de Ley Orgánica de las normas que prevean penas privativas de libertad de acuerdo con el artículo 53.1 de la Constitución española.

**Regulación normativa**: artículos 24.2, 25.1, 53.1 y 117.1 CE; artículos 1 a 4 CP.

**Jurisprudencia:** SSTC de 17 de marzo de 2010 (*Tol 1803799*), de 19 de julio de 2010 (*Tol 1917626*).

## PRINCIPIO DE LESIVIDAD

El principio de lesividad o de ofensividad —*nullum crimen sine injuria*— limita el poder punitivo del Estado en el sentido de que no debe prohibirse la realización de conductas si no resultan lesivas para el bien jurídico. De esta forma, cuando la conducta no es idónea para lesionar ni generar un riesgo mínimamente relevante para el bien jurídico protegido no existe en ella contenido alguno de antijuricidad material, por lo que no puede ser penalmente sancionada.

**Jurisprudencia:** SSTS de 28 de octubre de 1996 (*Tol 406594*), de 22 de enero de 1997 (*Tol 408226*).

## PRINCIPIO DE PRECAUCIÓN

El principio de precaución, mencionado en el artículo 191 del Tratado de Funcionamiento de la Unión Europea, permite reaccionar rápidamente ante un posible peligro para la salud humana, animal o vegetal, o para proteger el medio ambiente. De hecho, en caso de que los datos científicos no permitan una determinación completa del riesgo, el recurso a este principio permite, por ejemplo, impedir la distribución de productos que puedan entrañar un peligro para la salud o incluso proceder a su retirada del mercado.

En el campo de la seguridad alimentaria, por ejemplo, el principio de precaución nace como instrumento para resolver el conflicto entre los intereses económicos de la industria y el derecho a la salud de los ciudadanos, dando un cierto predominio a este último.

El principio de precaución puede invocarse cuando un fenómeno, un producto o un proceso puede tener efectos potencialmente peligrosos identificados por una evaluación científica y objetiva, si dicha evaluación no permite determinar el riesgo con suficiente certeza.

El recurso al principio se inscribe, por tanto, en el marco general del análisis de riesgo (que incluye, al margen de la evaluación del riesgo, la gestión del riesgo y la comunicación del riesgo) y, más concretamente, en el marco de la gestión del riesgo que corresponde a la fase de toma de decisiones.

**Jurisprudencia:** STS de 14 de septiembre de 2002 (*Tol 222596*); SAP de Girona de 4 de febrero de 2009 (*Tol 1485547*).

## PRINCIPIO DE PROPORCIONALIDAD

El principio de proporcionalidad significa que las penas deben ser proporcionadas a la entidad del delito cometido o que estos no pueden ser reprimidos con penas más graves que la propia entidad del daño causado por el delito. En sentido estricto requiere un juicio de ponderación entre la carga de privación o restricción de derechos que comporta la pena y el fin perseguido con la incriminación y con las penas previstas.

**Jurisprudencia:** STC de 22 de mayo de 1986 (*Tol 79611*); STS de 22 de marzo de 2012 (*Tol 2509099*).

## PRINCIPIO DE TAXATIVIDAD

El principio de taxatividad exige que la redacción de las conductas punibles sea clara y concreta, sin acudir a términos excesivamente vagos que dejen de hecho en la indefinición el ámbito de lo punible.

El mandato o principio de taxatividad se dirige por un lado al legislador, exigiéndole que formule la ley penal con la máxima precisión y de la forma más comprensible posible y por otro lado al Juez, exigiéndole una aplicación a la ley cierta.

**Jurisprudencia:** SSTC de 3 de octubre de 1983 (*Tol 79242*), de 22 de julio de 1999 (*Tol 81193*), de 29 de septiembre de 1997 (*Tol 80774*).

## PRISIÓN PROVISIONAL

La prisión provisional o preventiva es una medida cautelar de privación de libertad, personal, provisional y de duración limitada, nacida de una resolución judicial especialmente motivada, por la que se restringe el derecho a la libertad de un imputado por un delito de especial gravedad y en quien concurra un peligro de fuga suficiente para presumir racionalmente que no acudirá a la llamada de la celebración del juicio oral, así como para conjurar los riesgos de reiteración delictiva, de ocultación o destrucción de las fuentes de prueba y la puesta en peligro de la integridad de la víctima.

El régimen de prisión preventiva tiene por objeto retener al interno a disposición de la autoridad judicial.

El contenido de privación de libertad que la prisión preventiva comporta, obliga a concebirla, tanto en su adopción como en su mantenimiento, como una medida estrictamente necesaria, de aplicación subsidiaria, provisional y proporcionada a los fines que constitucionalmente la justifican y delimitan. Se trata de una medida justificada en esencia por la necesidad de asegurar el proceso.

**Regulación normativa**: artículo 58 CP; artículo 5 LOGP.

**Jurisprudencia:** SSTC de 26 de julio de 1995 (*Tol 82867*), de 13 de enero de 2000 (*Tol 24432*), de 18 de junio de 2009 (*Tol 1570680*), de 28 de enero de 2011 (*Tol 2059892*); STSJ de Murcia de 14 de septiembre de 2011 (*Tol 2252536*); SJI núm. 18 de Barcelona de 8 de abril de 2012 (*Tol 2498160*).

## PRIVACIÓN DE LA PATRIA POTESTAD

La privación de la patria potestad es una pena privativa de derechos conceptuada como pena grave. A diferencia de la pena de inhabilitación especial para el ejercicio de la patria potestad, la pena de privación de la patria potestad conlleva la pérdida de la titularidad del derecho, si bien el hijo conserva sus derechos respecto del penado.

**Regulación normativa**: artículos 33.2, 39. j) y 46 CP.

**Jurisprudencia:** SSTS de 26 de mayo de 2000 (*Tol 2110720*), de 21 de mayo de 2003 (*Tol 275602*).

## PRIVACIÓN DEL DERECHO A CONDUCIR VEHÍCULOS A MOTOR Y CICLOMOTORES

La privación del derecho a conducir vehículos a motor y ciclomotores es una pena privativa de derechos que inhabilita al penado para el ejercicio de estos derechos durante el tiempo fijado en la sentencia.

El efecto y contenido de tal pena no es tanto el aspecto formal de la privación o retirada material del permiso que habilita para conducir vehículos a motor como la inhabilitación para ejercer tal actividad durante el tiempo de la condena.

La medida imposibilita toda conducción durante el periodo de retirada del permiso de conducir, no solo para conducir vehículos a motor, sino también para conducir ciclomotores.

**Regulación normativa**: artículos 39.d) y 47.1 CP.

**Jurisprudencia:** SAP de Alicante de 30 de octubre de 2003 (*Tol 318861*); SAP de Cádiz de 29 de julio de 2005 (*Tol 723144*); SAP de Castellón de 4 de mayo de 2009 (*Tol 1783277*).

## PRIVACIÓN DEL DERECHO A LA TENENCIA Y PORTE DE ARMAS

La privación del derecho a la tenencia y porte de armas es una pena privativa de derechos que inhabilita al penado para el ejercicio de este derecho por el tiempo fijado en la sentencia.

**Regulación normativa**: artículos 39.e) y 47.2 CP.

**Jurisprudencia:** STS de 22 de septiembre de 2011 (*Tol 2280882*).

## PRIVACIÓN DEL DERECHO A RESIDIR EN DETERMINADOS LUGARES O ACUDIR A ELLOS

La privación del derecho a residir en determinados lugares o acudir a ellos impide al penado residir o acudir al lugar en que haya cometido el delito, o a aquel en que resida la víctima o su familia, si fueren distintos.

Se trata de una pena dirigida a proteger los intereses de las víctimas de determinados delitos.

**Regulación normativa**: artículos 39.f) y 48 CP.

**Jurisprudencia:** SAP de Salamanca de 4 de abril de 2011 (*Tol 2123076*).

## PROFANACIÓN DE CADÁVERES

Por actos de profanación, tanto la doctrina como la jurisprudencia han coincidido en que la acepción jurídica ha de estimarse coincidente con la gramatical, según la cual, supone tratar a una cosa sagrada sin el debido respeto, lo que conduce a la necesidad de precisar, a su vez, las cosas que han de calificarse como sagradas, atendiendo a los dogmas y ritos de las distintas religiones.

El Código penal castiga, entre otras conductas, a quien, faltando al respeto debido a la memoria de los muertos, profanare un cadáver o sus cenizas. De todos es sabido que tras la muerte no tiene sentido mantener la protección de bienes jurídicos relacionados con la propia existencia, pero el legislador ha querido en la actual redacción del precepto, alejada de otras anteriores que contenían referencias de tipo religioso, proteger la memoria del difunto, entendiendo que la dignidad humana se extiende más allá de la propia existencia física, no tanto por lo que pueda afectar al sujeto pasivo (quien evidentemente ya ha perdido la capacidad de sufrir) sino por los sentimientos de sus familiares y allegados.

El Tribunal Supremo apenas ha tenido ocasión de pronunciarse respecto a los elementos de este delito, pero en sentencia de fecha 20 de enero de 2004 se ha referido tanto al elemento subjetivo del dolo como a la autonomía del delito y la exclusión de su absorción por otros tipos, considerando que, como elemento subjetivo, solo es necesario aquí el dolo, en cuanto exigencia de que el sujeto activo haya actuado con el conocimiento de la concurrencia de los elementos objetivos especificados en la norma: conocimiento de la profanación del cadáver o sus cenizas y además conocimiento de que con el acto concreto de profanación que ha realizado, ha estado "faltando al respeto debido a la memoria de los muertos".

**Regulación normativa**: artículo 526 CP.

**Jurisprudencia:** SSTS de 20 de enero de 2004 (*Tol 392781*), de 15 de octubre de 2008 (*Tol 1396280*), de 26 de enero de 2016 (*Tol 5632678*); SAP de Navarra de 17 de noviembre de 2009 (*Tol 1726154*).

## PROHIBICIÓN DE APROXIMARSE A LA VÍCTIMA O FAMILIARES

La prohibición de aproximarse a la víctima, o a aquellos de sus familiares u otras personas que determine el Juez o Tribunal, impide al penado acercarse a ellos, en cualquier lugar donde se encuentren, así como acercarse a su domi-

cilio, a sus lugares de trabajo y a cualquier otro que sea
frecuentado por ellos, quedando en suspenso, respecto
de los hijos, el régimen de visitas, comunicación y estancia que, en su caso, se hubiere reconocido en sentencia
civil hasta el total cumplimiento de esta pena.

**Regulación normativa**: artículos 39.g) y 48.2 CP.

## PROHIBICIÓN DE COMUNICARSE CON LA VÍCTIMA O FAMILIARES

La prohibición de comunicarse con la víctima, o con
aquellos de sus familiares u otras personas que determine
el Juez o Tribunal, impide al penado establecer con ellas,
por cualquier medio de comunicación o medio informático o telemático, contacto escrito, verbal o visual.

**Regulación normativa**: artículos 39.h) y 48.3 CP.

## PROHIBICIÓN DE REGRESO

Prohibición de regreso es el nombre que se emplea para
expresar que otro sujeto no puede imponer al comportamiento del que actúa en primer lugar un sentido lesivo
de la norma. La teoría de la prohibición de regreso, en
su formulación actual, trata de una serie de casos en los
cuales alguien colabora dolosa o imprudentemente a la
realización del tipo, pero no existe responsabilidad para
este tercero, porque la contribución que ha prestado se
encuentra dentro del riesgo permitido.

La teoría de la prohibición de regreso limita, por tanto, la imputación objetiva del resultado cuando la propia víctima ha reorientado el riesgo creado por el autor mediante su comportamiento, que, en este caso, por lo demás, es contrario al deber. Quien deja descuidadamente sobre la mesa una pistola con la que un tercero comete un asesinato no merece la responsabilidad de la muerte. Lo mismo sucede con el comportamiento imprudente que propicia otro comportamiento imprudente posterior, como en el siguiente caso: una persona causa un accidente automovilístico por imprudencia en el que un tercero resulta lesionado y en el transcurso de la operación a que ha de ser sometido, y por negligencia del cirujano, muere.

No hay prohibición de regreso si quien crea la situación peligrosa tiene una posición de garante en virtud de deberes preexistentes a la conducta que realiza y ha defraudado las expectativas que emergen en su ámbito de responsabilidad.

**Jurisprudencia:** SSTS de 12 de febrero de 1993 (*Tol 443311*), de 3 de marzo de 2005 (*Tol 614344*), de 29 de marzo de 2011 (*Tol 2088621*).

## PROPIEDAD INDUSTRIAL

En materia de propiedad industrial la intervención penal se dirige a la protección de las patentes o sus procedimientos, los modelos de utilidad y los modelos o dibujos industriales o artísticos o las topografías de un producto semiconductor como derechos identificados con la creación industrial. Asimismo, se dirige a la protección de las marcas, nombres comerciales y denominaciones de origen como derechos identificados con los signos distintivos.

**Regulación normativa**: artículos 273 a 278 CP.

**Jurisprudencia:** SSTS de 5 de diciembre de 2019 (*Tol 7763534*); de 12 de mayo de 2021 (*Tol 8431342*).

## PROPIEDAD INTELECTUAL

El Código penal protege los intereses económicos derivados de los derechos de explotación en exclusiva de la propiedad intelectual mediante una variada tipología de infracciones, tales como, reproducir, distribuir, plagiar, comunicar públicamente o, de cualquier otro modo, explotar económicamente, en todo o en parte, una obra.

**Regulación normativa**: artículos 270 a 272 CP.

**Jurisprudencia:** STS de 22 de abril de 2021 (*Tol 8422232*).

## PROPOSICIÓN PARA DELINQUIR

La proposición para delinquir viene definida en el Código penal que dice: "existe proposición cuando el que ha resuelto cometer un delito invita a otra u otras personas a participar en él".

La proposición requiere que un sujeto, el que propone, ya posea la resolución de cometer un delito concreto y, a continuación, invite a otro u otros a participar en el hecho delictivo, invitación que ha de ser precisa, concreta, no vaga, persuasiva y convincente. La proposición puede concretarse en el suministro de algún tipo de ayuda o cooperación económica o material o bien a que intervenga directamente en la ejecución del delito.

**Regulación normativa**: artículo 17.2 CP.

**Jurisprudencia:** SSTS de 2 de diciembre de 2008 (*Tol 1413511*), de 3 de mayo de 2010 (*Tol 1862181*).

## PROSTITUCIÓN

La prostitución puede conceptuarse como aquella actividad que ejercida con cierto carácter de habitualidad y generalidad, conlleva la prestación de servicios sexuales mediante precio. La prostitución es, por tanto, la situación en que se encuentra una persona que, de una manera más o menos reiterada, por medio de su cuerpo, activa o pasivamente, da placer a otro a cambio de una contraprestación de contenido económico, generalmente una cantidad de dinero.

La regulación de los delitos relativos a la prostitución en el Código penal se ha realizado desde la perspectiva de que el bien jurídico que debe ser tutelado no es la moralidad pública ni la honestidad como tal, sino la libertad sexual, entendida en sentido amplio. Lo que se castiga en el Código penal son aquellas conductas en las que la involucración de la víctima en la acción sexual del sujeto activo no es libre, incluyendo los casos en los que la víctima aún no es capaz de decidir libremente o está patológicamente incapacitada para ello. En consecuencia, las conductas relativas a la prostitución que se tipifican penalmente son las que afectan a dicha libertad sexual, es decir aquellas en que se fuerce de algún modo la voluntad de las personas adultas, determinándolas coactivamente, mediante engaño o abusando de su situación de necesidad, a ejercer la prostitución o a mantenerse en ella.

En cuanto a los menores y personas con discapacidad necesitadas de especial protección, se castigan aquellos comportamientos que inducen, promueven, facilitan o favorecen su prostitución, aun sin coacción alguna, pues se actúa sobre personas que carecen de la plena capacidad de autodeterminación que caracteriza a los adultos. Estima el legislador que la tutela del derecho de los menores a un adecuado proceso de formación sexual impone procurar activamente su exclusión del mercado de la prostitución, dada la influencia que el precio puede ejercer sobre una voluntad inmadura, viciando su consentimiento.

**Regulación normativa:** artículos 187 y 188 CP.

**Jurisprudencia:** SSTS de 22 de junio de 2010 (*Tol 1886126*), de 24 de junio de 2010 (*Tol 1908620*).

## PROVOCACIÓN AL DELITO

La provocación existe cuando directamente se incita por medio de la imprenta, la radiodifusión o cualquier otro medio de eficacia semejante, que facilite la publicidad, o ante una concurrencia de personas, a la perpetración de un delito.

La provocación al delito forma parte de los actos preparatorios —antesala o prolegómeno del primer escalón material del «iter criminis»—, cuya punibilidad viene fundada en razones de política criminal encaminada a la erradicación del delito y a la acentuación de la defensa social frente a quienes, resueltos a la consumación de sus planes criminales, tratan de extender su esfera influenciante para la mejor o más segura efectivización de aquéllos.

Como caracteres o elementos definidores de la provocación se pueden señalar los siguientes:

1) incitación para la ejecución de un hecho previsto en la ley como delito.

2) ha de tratarse de uno o de varios delitos concretos, no bastando con la actuación estimulante vaga o generalizada en orden a delinquir.

3) percepción por el destinatario de las palabras o medios excitantes, con independencia de su eficacia, es decir, de que hayan o no logrado la finalidad propuesta de decidir al sujeto receptor a la perpetración del hecho criminal.

4) la incitación instrumentada ha de ser de posible eficacia, es decir, que pueda reconocérsele virtualidad disuasoria y de convencimiento, pero sin exigírsele un eco

o reflejo de real eficacia, una fuerza suficiente y absoluta para sojuzgar y determinar la voluntad del provocado. Surgiendo, pues, de modo fácilmente perceptible las notas diferenciales entre la proposición y la provocación: la diferencia entre uno y otro concepto radica o estriba en que, en la proposición, el agente, que ha resuelto cometer material y personalmente un delito trata de sumar a sus propósitos a otra u otras personas, constituyendo con ellas un consorcio criminal o hipótesis de codelincuencia, mientras que en la provocación, el provocador no está resuelto a ser ejecutor del delito, a cuya perpetración incita, ni pretende que dicha perpetración sea conjunta, sino que se limita al intento de determinar a otro u otros a la ejecución de un hecho punible pero sin que él haya de tomar parte, directa y materialmente, en la misma.

**Regulación normativa**: artículo 18 CP.

**Jurisprudencia:** SSTS de 14 de abril de 2003 (*Tol 275604*), de 21 de octubre de 2004 (*Tol 513577*).

## PROXENETISMO

El término "proxenetismo" alude a la obtención de beneficios económicos de la prostitución de otra persona. El Código penal castiga a la persona que se lucre explotando la prostitución de otra persona, aun con el consentimiento de la misma.

Existirá explotación sexual cuando:

1) la víctima se encuentre en una situación de vulnerabilidad personal o económica, o

2) se le impongan para su ejercicio condiciones gravosas, desproporcionadas o abusivas.

**Regulación normativa**: artículo 187.1 CP.

**Jurisprudencia:** SAP de Madrid de 14 de febrero de 2012 (*Tol 2441367*).

## PUBLICIDAD ENGAÑOSA

El delito de publicidad engañosa consiste en hacer, por parte de los fabricantes o comerciantes, alegaciones falsas o manifestar características inciertas sobre sus productos o servicios en las ofertas o publicidad sobre los mismos.

Los elementos constitutivos de esta infracción son los siguientes:

1) sujeto activo ha de ser un fabricante o comerciante. Se trata, por tanto, de un delito especial propio.

2) el sujeto pasivo tiene carácter colectivo: los consumidores.

3) la conducta delictiva exige la concurrencia de los requisitos siguientes:

a) que con relación a productos o servicios exista una publicidad o una oferta.

b) que esa publicidad u oferta se haga con falsedad: alegaciones falsas o manifestación de características inciertas sobre tales productos o servicios. Este es el elemento central del delito, el que determina la antijuricidad del hecho. El medio de comisión de la infracción delictiva es doble: la publicidad y la oferta. Aunque en un sentido propio la primera englobaría a la segunda. El elemento antijurídico se centra en la idea de falsedad a través de alegaciones inveraces o de manifestaciones de características inciertas. Se trata de unos conceptos que habrán de ser valorados objetivamente teniendo un componente de capacidad para inducir a error. Una falsedad burda, fácilmente perceptible por los consumidores en general o que implique una exageración de las bondades del producto, enteramente asimilable por esa misma generalidad de consumidores, carecería de entidad para entender una posible causación de un perjuicio grave y manifiesto, de aquí que no podría configurar la infracción delictiva.

4) perjuicio grave o manifiesto para los consumidores, es decir, aptitud para producir graves daños o perjuicios. Una limitación cuantitativa difícil de precisar, pero que en todo caso excluye las infracciones de poca importancia. Muchos pueden ser los criterios que cabe utilizar para medir y precisar este elemento cuantitativo: la clase del producto que se quiere vender o del servicio que se pretende prestar, pues no es lo mismo la publicidad de una promoción de viviendas que la de unos zapatos; el precio que se quiere obtener a cambio; el número de personas al que se quiere llegar con la publicidad; el medio de propaganda utilizado; la cualidad de los destinatarios del mensaje, particularmente su situación económica, etc.

5) por último, es necesario que concurra el dolo, que consiste en una actuación realizada con conocimiento de la concurrencia de los anteriores elementos. Quien actúa con ese conocimiento actúa con dolo, siendo suficiente el dolo eventual.

**Regulación normativa**: artículo 282 CP.

**Jurisprudencia:** SSTS de 19 de marzo de 2004 (*Tol 376913*), de 26 de enero de 2009 (*Tol 1441123*); SAP de Salamanca de 14 de febrero de 2008 (*Tol 1559349*).

## PUNIBILIDAD

El concepto de delito añade con frecuencia a las notas de comportamiento humano, típico, antijurídico y culpable, la nota de que el mismo sea punible.

La punibilidad o penalidad constituye el último estadio de la teoría del delito en el que se constata la necesidad en concreto de aplicar una pena al sujeto. La punibilidad es una forma de recoger y elaborar una serie de elementos o causas que el legislador puede exigir para fundamentar o excluir la imposición de una pena.

Existen dos causas tasadas legalmente:

1) las condiciones objetivas de punibilidad, que afectan al carácter penal de la antijuricidad del hecho y de ellas depende el injusto penal (*Vid.* Condición objetiva de punibilidad)

2) las excusas absolutorias. El legislador considera conveniente no imponer una pena a pesar de darse una acción típica, antijurídica y culpable. Normalmente se trata de

causas vinculadas a la persona del autor (*Vid.* Excusa absolutoria).

**Jurisprudencia:** SSTS de 18 de febrero de 2009 (*Tol 1459587*), de 8 de abril de 2009 (*Tol 1500561*).

# Q

## QUEBRANTAMIENTO DE CONDENA

El quebrantamiento de condena representa la vulneración del deber de respeto y acatamiento de la resolución judicial que incorpora cualquiera de los mandatos reflejados en el artículo 468 del Código penal: condena, medida de seguridad, prisión, medida cautelar, conducción o custodia.

En el caso de los sentenciados, presos o no, que quebranten su condena debe mediar una sentencia firme por razón de delito, ya sea a pena de prisión, medida de seguridad o pena privativa de derechos. En el caso de los no sentenciados que quebranten una medida cautelar es preciso que exista una medida cautelar, o una conducción o custodia por decisión de la autoridad judicial, aunque todavía no sea firme.

**Regulación normativa**: artículo 468 CP.

**Jurisprudencia:** SSTS de 17 de mayo de 2010 (*Tol 1866988*), de 21 de diciembre de 2017 (*Tol 6463863*), de 20 de diciembre de 2019 (*Tol 7687764*), de 6 de febrero de 2020 (*Tol 7764305*); SAP de Las Palmas de 20 de noviembre de 2009 (*Tol 1880083*).

# R

## REALIZACIÓN ARBITRARIA DEL PROPIO DERECHO

La figura delictiva denominada realización arbitraria del propio derecho consiste en la apropiación de bienes de su deudor por el sujeto activo con ánimo de hacerse pago directo de lo que se le adeuda, o reteniendo el bien para recibir el pago, obrando con violencia, intimidación o fuerza en las cosas. La razón de ser de este delito está en la represión del recurso privado a la fuerza.

El delito de realización arbitraria del propio derecho se configura como un delito pluriofensivo que atenta contra el bien jurídico de la Administración de Justicia, y contra el patrimonio del deudor atacado.

Los requisitos de esta figura son los siguientes:

1) en cuanto a la relación jurídica extrapenal preexistente, se exige que el autor del delito sea titular de un crédito lícito, vencido y exigible.

2) sujeto pasivo es el deudor. Sujeto activo el acreedor o quien actúe en su nombre.

3) objeto material es la cosa debida, cosa mueble perteneciente al deudor.

4) la dinámica comisiva requiere un apoderamiento, que tanto puede llevarse a cabo por vía de sustracción como por la de retención, pudiendo el acreedor tener ya la cosa en su poder. El legislador ha previsto la comisión del delito no solo mediante violencia o intimidación, sino también con fuerza en las cosas.

5) en cuanto al propósito de realizar un derecho propio, elemento subjetivo del injusto, la jurisprudencia ha entendido que lo pretendido por el sujeto es la reparación de un empobrecimiento injusto.

En todo caso, es requisito «sine qua non» probar la existencia de una relación jurídico— obligacional intersubjetiva, al ser esta elemento integrante del tipo. Por dicha razón es exigible a los órganos judiciales una especial ponderación para comprobar la real existencia del derecho que se alegue, su carácter de propio del autor del delito y su posibilidad de ser ejercitado.

**Regulación normativa**: artículo 455 CP.

**Jurisprudencia:** SSTS de 23 de febrero de 2009 (*Tol 1463025*), de 29 de junio de 2009 (*Tol 1577825*).

## REBELIÓN

La rebelión es un delito contra la Constitución que se describe típicamente por la acción de alzarse, violenta y públicamente, para cualquiera de los fines que se señalan en los siete apartados del artículo 472 del Código penal. Entre los fines se enumeran: derogar, suspender o modificar total o parcialmente la Constitución (núm. 1.º); impedir la libre celebración de elecciones para cargos públicos (núm.3.º) o declarar la independencia de una parte del territorio nacional (núm. 5.º).

El alzamiento se cataloga como violento cuando vaya acompañado del ejercicio de la fuerza física, o, cuando el empleo de esta, de resultar necesario de cara a la consecución de alguno o algunos de los fines indicados en la norma penal, constituya una seria y fundada amenaza, por estar dispuestos los alzados a conseguir aquellos a todo trance, recurriendo inclusive, de así resultar preciso, a la utilización o al uso de la misma.

**Regulación normativa**: artículo 472 CP.

**Jurisprudencia:** SSTS de 26 de mayo de 2009 (*Tol 1643294*), de 27 de febrero de 2018 (*Tol 6523293*), de 14 de octubre de 2019, "caso procés", (*Tol 7515425*).

## RECEPTACIÓN

El delito de receptación en su modalidad básica exige tres requisitos:

1) un elemento cognoscitivo normativo, consistente en obrar con conocimiento de un delito contra el patrimonio o el orden socioeconómico,

2) un elemento comisivo formulado en manera alternativa y que se predica de quien ayude a los responsables a aprovecharse de los efectos de ese delito o de quien reciba, adquiera u oculte tales efectos, que implica a su vez un elemento subjetivo del injusto: actuar con ánimo de lucro, y

3) un elemento negativo, integrado por la circunstancia de que el sujeto activo no haya intervenido ni como autor ni como cómplice en el delito previo.

No basta la simple sospecha de su procedencia ilícita sino la seguridad o alta probabilidad de la misma.

Aunque no es preciso un conocimiento exacto y detallado de las concretas circunstancias del delito contra el patrimonio del que proceden los objetos receptados, por razones de tipicidad la aplicación del artículo 298 exige que al agente se represente como cierta (no solo sospeche) la perpetración de una infracción contra el patrimonio o el orden socioeconómico.

**Regulación normativa**: artículos 298 y 300 CP.

**Jurisprudencia:** SSTS de 7 de abril de 2009 (*Tol 1494506*), de 11 de septiembre de 2009 (*Tol 1602543*), de 19 de mayo de 2016 (*Tol 5733034*); SAP de Ciudad Real de 23 de febrero de 2012 (*Tol 2485053*).

## REDIFUSIÓN DEL *SEXTING*

La Ley Orgánica 10/2022, de 6 de septiembre, de Garantía Integral de la Libertad Sexual introduce el delito de redifusión del sexting, resolviendo así las dudas sobre si cabría aplicar este delito al reenvío a tercero por parte de la persona que lo ha recibido. Se castiga, por tanto, el reenvío de imágenes de la intimidad (*Vid. Sexting*).

**Regulación normativa**: artículo 197.7, segundo párrafo CP.

## REGISTRO CENTRAL DE DELINCUENTES SEXUALES

El Registro Central de Delincuentes Sexuales, que entró en vigor el 1 de marzo de 2016, pretende facilitar a los ciudadanos que ejercen profesiones en contacto con menores la obtención de un certificado de antecedentes penales específico sobre delitos sexuales.

El Registro, regulado en el Real Decreto 1110/2015, de 11 de diciembre, por el que se regula el Registro Central de Delincuentes Sexuales, emitirá estas certificaciones específicas y obligatorias para quienes ejercen profesiones en contacto habitual con menores; exigencia que recoge la Ley Orgánica 1/1996, de 15 de enero, de Protección Jurídica del Menor, modificada por Ley 26/2015, de 28 de julio, de modificación del sistema de protección a la infancia.

Se persigue incrementar así el control de los delincuentes sexuales y prevenir su contacto con menores.

El objetivo es proteger a los niños de agresores sexuales, pederastas, pornógrafos y tratantes de seres humanos condenados por sentencia firme tanto en España como en otros países y, a su vez, favorecer la cooperación policial internacional contra estos delitos de los que solo a nivel nacional tienen antecedentes más de 43.700 personas.

De hecho, la persona que pretenda trabajar con menores deberá presentar un certificado que acredite que no está incluida en dicho Registro, como, por ejemplo, sucederá con los profesores, quienes no podrán tener antecedentes penales por delitos sexuales para ejercer la docencia.

El Registro Central de Delincuentes Sexuales incorpora los datos relativos a la identidad y perfil genético (ADN) de las personas condenadas por los delitos objeto del mismo, junto con el resto de información penal que conste en el Registro Central de Penados, así como en el Registro Central de Sentencias de Responsabilidad Penal de los Menores.

**Regulación normativa**: Real Decreto 1110/2015, de 11 de diciembre, por el que se regula el Registro Central de Delincuentes Sexuales.

## REGISTRO CENTRAL DE PENADOS Y REBELDES

Los Tribunales deben remitir directamente al Registro Central de Penados y Rebeldes, establecido en el Ministerio de Justicia, notas autorizadas de las sentencias firmes en las que se imponga alguna pena por delito y de los autos en que se declare la rebeldía de los procesados, con arreglo a los modelos que se les envían al efecto.

**Regulación normativa**: artículo 252 LECrim.

## REGISTRO DE PENADOS

Cada Juez de Instrucción ha de llevar un libro llamado «Registro de Penados», en el que se extractarán las certificaciones que deben recibir de las sentencias firmes por parte de los Tribunales que las pronuncian.

Las hojas de este libro serán numeradas, selladas y rubricadas por el Juez de Instrucción y su Secretario de gobierno.

**Regulación normativa**: artículos 253 y 254 LECrim.

## REGULARIZACIÓN TRIBUTARIA

El Código penal prevé la posibilidad de que el deudor tributario quede exento de responsabilidad criminal si regulariza su situación tributaria, esto es, procede al completo reconocimiento y pago de la deuda tributaria antes de que por la Administración Tributaria se le haya notificado el inicio de actuaciones de comprobación o investigación tendentes a la determinación de las deudas tributarias objeto de la regularización.

Esta exención de pena es una causa de exclusión de la tipicidad.

**Regulación normativa**: artículo 305.4 CP.

**Jurisprudencia:** STS de 26 de septiembre de 2018 (*Tol 68618509*).

## REINCIDENCIA

La reincidencia es una circunstancia agravatoria de la responsabilidad criminal. A la vista de las diversas modificaciones que la misma ha sufrido a través del tiempo, la primera premisa de la que parte la doctrina jurisprudencial es que con esas sucesivas modificaciones se ha limitado cada vez más su campo de aplicación, en la línea de conceder cada vez menos relevancia al comportamiento anterior del delincuente. Partiendo, pues, de esa básica premisa de la paulatina reducción o restricción del campo de acción de la agravante, en la redacción del vigente Código penal se explicita que "hay reincidencia cuando, al delinquir, el culpable haya sido condenado ejecutoriamente por un delito comprendido en el mismo Título de este Código, siempre que sea de la misma naturaleza". Lo primero que ha de ponerse de relieve es que de los dos requisitos ahora exigibles —que el delito esté comprendido en el mismo Título y que sea de la misma naturaleza— ha de concederse fundamental transcendencia al segundo.

Si tanto en la primitiva redacción del Código penal, como en las posteriores modificaciones operadas por las Leyes de 28 de noviembre de 1974 y 26 de diciembre de 1978, que definían la agravante en su artículo 10.15, se imponía también que el anterior delito estuviera comprendido en el mismo Título, en la fundamental Ley Orgánica de 25 de junio de 1983, se realizó una importante modificación en este punto, ya que lo que en ella se exigía era que ambos delitos estuvieran comprendidos, no en el mismo Título, sino en el mismo Capítulo, con lo que, indudablemente, se operó una clara restricción del campo de aplicación de la agravante. Por el contrario, en el artículo 22.8.º del vigente Código penal se ha regresado en este punto al criterio anterior a la modificación de 1983, volviendo a exigir que ambos delitos estén comprendidos en el mismo

Título, con lo que evidentemente se está ampliando el campo de acción de la agravante. Al estar ello en abierta contradicción con lo mantenido por la jurisprudencia de que con las sucesivas modificaciones operadas se ha tendido siempre a la restricción o discriminalización de la agravante, habrá de llegarse a la conclusión de ser fundamental este nuevo requisito, exigido en el vigente Código penal e inexistente en los anteriores, de que ambos delitos sean de la misma naturaleza.

Estudiando este trascendental segundo requisito, ya que el primero no plantea cuestión alguna, son claros también los pronunciamientos del Tribunal Supremo. Partiendo de que la Disposición Transitoria 7.ª del Código penal da unas pistas claras para resolver qué ha de entenderse por delitos de la misma naturaleza, al mantener que "se entenderán comprendidos en el mismo Título de este Código aquellos delitos que ataquen del mismo modo a idéntico bien jurídico", por lo que habrá de tenerse en cuenta el bien jurídico atacado y también el modo concreto en que ese ataque se haya producido, a los efectos de medir la identidad de naturaleza entre el delito antecedente y el examinado en el caso concreto.

**Regulación normativa**: artículo 22.8.º CP.

**Jurisprudencia:** STS de 18 de mayo de 2010 (*Tol 1889032*); SAP de Madrid de 24 de febrero de 2010 (*Tol 1855566*).

## REINCIDENCIA INTERNACIONAL

En todos los delitos de terrorismo, la condena de un juez o tribunal extranjero será equiparada a las sentencias de los jueces o tribunales españoles a los efectos de aplicación de la agravante de reincidencia.

**Regulación normativa**: artículo 580 CP.

## REINSERCIÓN SOCIAL

El artículo 25.2 de la Constitución ordena orientar las penas privativas de libertad hacia la reeducación y reinserción social: "las penas privativas de libertad y las medidas de seguridad estarán orientadas hacia la reeducación y reinserción social...".

La misma idea es plasmada en la Ley Orgánica General Penitenciaria, así como en el Reglamento que la desarrolla. El artículo 1 de la Ley Orgánica General Penitenciaria dispone que las Instituciones Penitenciarias "tienen como fin primordial la reeducación y la reinserción social de los sentenciados a penas y medidas penales privativas de libertad". Por su parte el Reglamento Penitenciario recoge en su artículo 2 los fines de la actividad penitenciaria y señala que "la actividad penitenciaria tiene como fin primordial la reeducación y reinserción social de los sentenciados a penas y medidas de seguridad privativas de libertad".

La prisión, por tanto, ha perdido la función represiva y de castigo de antaño. La prisión debe servir como medio para recuperar a las personas que muestran conductas no adaptadas a la sociedad imperante. La reinserción conlleva un proceso de introducción del individuo en la sociedad.

La reinserción social hace referencia al grado de integración en el medio social del interno, en el cual inciden los factores familiares, ambientales, laborales y de toda índole en la cual aquel desarrolla su existencia.

**Regulación normativa**: artículo 25.2 CE; artículo 1 LOGP; artículo 2 RP.

**Jurisprudencia:** SSTC de 24 de junio de 1996 (*Tol 104645*), de 13 de enero de 1997 (*Tol 71551*); STS de 26 de mayo de 2005 (*Tol 648820*); SAP de Barcelona de 16 de marzo de 2011 (*Tol 2180558*).

## RELACIÓN DE CAUSALIDAD

La jurisprudencia mantenía la clásica doctrina de la relación de causalidad, según la cual, el que es causa de la causa es causa del mal causado, pero siempre con la excepción muy cualificada de que el resultado producido fuera extraño a la actividad del sujeto imputado, tesis que la aproxima a la doctrina de la adecuación, que constituye, sin duda, un importante correctivo a la de la pura equivalencia introduciendo, así, un ingrediente de razonabilidad, en términos jurídicos, al importante problema de la relación causal material entre el hecho y el resultado; pero ya la sentencia del Tribunal Supremo de 23 de enero de 1990, tras dejar constancia de la pasa-

da aceptación jurisprudencial de la teoría de la equivalencia de las condiciones, a través del apotegma «causa
causae, causa causati» (la causa de la causa es causa del
mal causado), invoca la actual doctrina de la causación
típica relevante, aceptada de modo predominante en la
dogmática y jurisprudencia actuales, y ya aplicada en
tiempo anterior bajo la forma de causalidad adecuada,
y que conduce al mismo punto de imputación objetiva, al atribuir al agente todo lo que sea consecuencia
natural, lógica y racional de su actuar configurado típicamente.

Este es justamente el criterio actual utilizado en los delitos de resultado para solucionar los problemas de la llamada relación de causalidad. El concepto de la imputación objetiva implica la separación en distintos planos, la
relación de causalidad y la imputación objetiva, acudiendo a la teoría de la equivalencia de las condiciones o de
la llamada causalidad natural para determinar la primera
(fundamento material de la causalidad), y haciendo de
la imputación objetiva del resultado una categoría independiente, de carácter normativo e inscrita en el ámbito
de la tipicidad que selecciona como criterio orientador el
de la relevancia jurídico penal y toma en consideración
el riesgo incrementado o creado y el fin de protección
de la norma.

**Jurisprudencia:** SSTS de 5 de mayo de 2004 (*Tol
420754*), de 22 de abril de 2005 (*Tol 656806*); SAP
de Segovia de 2 de noviembre de 1998 (*Tol 200131*).

## REPARACIÓN DEL DAÑO OCASIONADO

La jurisprudencia ha ido abandonando progresivamente las consideraciones que reconocían relevancia a los elementos subjetivos de la atenuante de reparación del daño, centrando sus exigencias más bien en la importancia que podría atribuirse a la satisfacción objetiva proporcionada a la víctima, sin perjuicio del ánimo concreto que motivara las acciones reparadoras del daño causado ejecutadas por el culpable *ex post facto*. Este criterio se refleja ahora en la nueva redacción que se da en el Código penal a la atenuante de reparación del daño. Así, el artículo 21.5.ª del Código penal considera circunstancia atenuante la de haber procedido el culpable a reparar el daño ocasionado, o disminuir sus efectos, en cualquier momento del procedimiento y con anterioridad a la celebración del acto del juicio oral, sin que se haga ninguna referencia a los móviles de su acción.

El fundamento de la atenuación se ha encontrado generalmente en la satisfacción de las necesidades de tutela de la víctima del delito. Lo que pretende esta circunstancia es incentivar el apoyo y la ayuda a las víctimas, lograr que el propio responsable del hecho delictivo contribuya a la reparación o curación del daño de toda índole que la acción delictiva ha ocasionado, desde la perspectiva de una política criminal orientada por la victimología, en la que la atención a la víctima adquiere un papel preponderante en la respuesta penal.

Por lo tanto, son principalmente razones de política criminal orientadas a la protección de las víctimas de toda clase de delitos, las que sustentan la decisión del legislador de establecer una atenuación en la pena en atención a actuaciones del autor del delito, posteriores al mismo, consistentes en la reparación total o parcial, aunque siempre ha de ser significativa, del daño ocasionado por la conducta delictiva. Ello sin desconocer que también puede ser valorable la menor necesidad de pena derivada del reconocimiento de los hechos que, como una señal de rehabilitación, puede acompañar a la reparación, aunque la atenuante del artículo 21.5.ª no lo exija.

Despojada la conducta de sus elementos subjetivos, lo trascendente para apreciar la atenuante es que la reparación pueda considerarse relevante en atención a las circunstancias del caso y del culpable.

La atenuante de reparación del daño ocasionado requiere para su estimación dos elementos: el primero de carácter cronológico, por el cual la indemnización o reparación deberá llevarse a efecto con anterioridad a la fecha de la celebración del juicio y el segundo de naturaleza material, consistente en la reparación del daño causado por el delito o la disminución de sus efectos, sea por la vía de la restitución, de la indemnización de perjuicios o incluso de la reparación moral. En cualquier caso, deberán quedar excluidos los factores de índole subjetiva propios del arrepentimiento. En los casos de reparación económica parcial, la jurisprudencia exige en todo caso que la satisfacción económica sea relevante en relación con el perjuicio total causado, descartándose así las entregas de cantidades que no guardan una proporción relevante respecto a la cantidad defraudada. Igualmente se valora el esfuerzo que se realiza para efectuar la reparación y la capacidad económica del denunciado.

**Regulación normativa**: artículo 21.5.º CP.

**Jurisprudencia:** STS de 25 de septiembre de 2007 (*Tol 1151007*), de 4 de mayo de 2017 (*Tol 6174285*), de 27 de octubre de 2017 (*Tol 6413682*); SAP de Alicante de 28 de diciembre de 2009 (*Tol 1783272*).

## RESERVA DE LEY

La reserva de Ley es una exigencia derivada del principio de legalidad penal en virtud de la cual solo la Ley Orgánica emanada de las Cortes Generales es la que puede crear delitos.

## RESISTENCIA GRAVE A LA AUTORIDAD

El delito de resistencia grave a la autoridad o a sus agentes requiere la concurrencia de los requisitos siguientes:
1) que el carácter de autoridad, de agentes de la misma o de personal de seguridad privada, esté manifestado de forma ostensible por signos externos tales como placa, uniforme, etc.
2) que tales sujetos se encuentren en el ejercicio de sus cargos o funciones.
3) que el sujeto activo actúe en firme oposición al ejercicio de aquéllas.
4) el elemento subjetivo del injusto, integrado por el dolo de desconocer el principio de autoridad.

La resistencia es grave cuando va acompañada de acometimiento, o cuando el sujeto emplea intimidación grave o violencia.

**Regulación normativa**: artículo 556 CP.

**Jurisprudencia:** SSTS de 22 de mayo de 2009 (*Tol 1554258*), de 30 de junio de 2010 (*Tol 1898000*), de 17 de junio de 2016 (*Tol 5757051*), de 20 de diciembre de 2017 (*Tol 6462784*); AAP de Madrid de 5 de septiembre de 2014 (*Tol 4490452*).

## RESOCIALIZACIÓN

La resocialización o reeducación del delincuente es uno de los fines preeminentes de la pena privativa de libertad. Supone un cambio en los valores y factores personales que inciden en la conducta delictiva, lo cual conecta directamente con el tratamiento penitenciario, de forma que, incidiendo en tales aspectos, pueda alcanzarse la rehabilitación del delincuente. Se trata pues de prevenir una futura comisión de delitos por las personas condenadas a través de un cambio en el comportamiento de los individuos.

**Regulación normativa:** artículo 25 CE; artículo 59 LOGP; artículo 110 RP.

**Jurisprudencia:** SSTC de 21 de enero de 1987 (*Tol 333157*), de 8 de julio de 1996 (*Tol 104643*); AAP de Las Palmas de 10 de diciembre de 2014.

# RESPONSABILIDAD CIVIL DERIVADA DE LOS DELITOS

El instituto de la responsabilidad civil no es sino el resarcimiento económico del menoscabo producido al perjudicado, y por ello la reparación tiene que ser total, para restablecer el equilibrio y la situación anterior al evento, de suerte que el perjudicado resulte indemne.

El Código penal parte, en su artículo 109.1, del principio general de la responsabilidad civil dimanante de un ilícito penal en estos términos: «la ejecución de un hecho descrito por la Ley como delito obliga a reparar, en los términos previstos en las Leyes, los daños y perjuicios por él causados». Después se describe más concretamente, en los preceptos sucesivos, la manera de afrontar dicha responsabilidad civil que ciertamente no es predicable de todos los delitos. Se trata, en definitiva, de una mayor protección de las víctimas, camino este que se abre con fuerza, cada vez más en la doctrina legal, como modo de dar satisfacción a los ofendidos por el delito.

Con arreglo a los artículos 110 y siguientes del Código penal, la responsabilidad civil *ex delicto* abarca la restitución, la reparación del daño y la indemnización de los perjuicios materiales y morales.

La responsabilidad civil *ex delicto* ha de atender en primer lugar, dada la gradación que se desprende del artículo 110 del Código penal, a la reposición de la cosa al estado que tenía antes del hecho punible pues, siendo su finalidad primordial restaurar el derecho quebrantado del titular, el mejor camino para ello es restituir las cosas objeto de la lesión antijurídica en el ser y el estar que tenían cuando dicha lesión se efectuó. De ahí que la indemnización de perjuicios tenga siempre un carácter subsidiario respecto al de la reparación *in natura*.

Es significativo en este sentido que el artículo 111 del Código penal a propósito de la restitución, establezca el principio de que siempre que sea posible deberá restituirse el mismo bien, con el abono añadido de los deterioros y menoscabos que el Juez o Tribunal determinen.

En segundo lugar, atiende a la reparación del daño que puede consistir en obligaciones de dar, de hacer o de no hacer que el Juez o Tribunal establece atendiendo a la naturaleza de aquél y a las condiciones personales y patrimoniales del culpable.

En tercer lugar, la indemnización de perjuicios materiales y morales que comprende no solo los que se hubieren causado al agraviado, sino también los que se hubieren irrogado a sus familiares o a terceros.

La regulación en el Código penal de la responsabilidad civil *ex delicto* no significa un cambio de naturaleza jurídica, es decir, la acción civil *ex delicto* no pierde su naturaleza civil por el hecho de ser ejercitada en un proceso penal.

**Regulación normativa**: artículos 109 y siguientes CP.

**Jurisprudencia:** SSTS de 17 de febrero de 2002 (*Tol* 203123), de 10 de octubre de 2006 (*Tol* 1002332); SAP de Zaragoza de 8 de septiembre de 2006 (*Tol* 1065714).

## RESPONSABILIDAD CIVIL SUBSIDIARIA

El artículo 120 del Código penal recoge los supuestos generales de responsabilidad civil subsidiaria concebida en defecto de la responsabilidad civil directa inherente a la criminalidad del acusado, es decir, se trata de una responsabilidad civil de "segundo grado", solo efectiva ante el fracaso en la exigencia de responsabilidad al genuinamente obligado.

El Código penal en su artículo 120 recoge hasta cinco situaciones de responsabilidad civil subsidiaria:

1) los curadores con facultades de representación plena que convivan con la persona a quien prestan apoyo, siempre que haya por su parte culpa o negligencia.

2) las personas naturales o jurídicas titulares de editoriales, periódicos, revistas, estaciones de radio o televisión o de cualquier otro medio de difusión escrita, hablada o visual, por los delitos cometidos utilizando los medios de los que sean titulares, dejando a salvo lo dispuesto en el artículo 212 del Código penal.

3) las personas naturales o jurídicas, en los casos de delitos cometidos en los establecimientos de los que sean titulares, cuando por parte de los que los dirijan o administren, o de sus dependientes o empleados, se hayan infringido los reglamentos de policía o las disposiciones de la autoridad que estén relacionados con el hecho punible cometido, de modo que éste no se hubiera producido sin dicha infracción.

4) las personas naturales o jurídicas dedicadas a cualquier género de industria o comercio, por los delitos que

hayan cometido sus empleados o dependientes, representantes o gestores en el desempeño de sus obligaciones o servicios.

5) las personas naturales o jurídicas titulares de vehículos susceptibles de crear riesgos para terceros, por los delitos cometidos en la utilización de aquellos por sus dependientes o representantes o personas autorizadas.

El artículo 121 del Código penal contiene la regulación expresa de la responsabilidad civil subsidiaria de las Administraciones Públicas por los daños causados por los empleados públicos que resulten ser responsables penales, siempre que la lesión sea consecuencia directa del funcionamiento de los servicios públicos.

El doble requisito para que opere la responsabilidad civil subsidiaria es:

1) que entre el responsable penal y el responsable civil subsidiario exista un vínculo, relación jurídica o de hecho, en virtud del cual el autor de la infracción punible se halle bajo la dependencia (onerosa o gratuita, duradera y permanente o más o menos circunstancial o— esporádica) de su principal, o al menos que la tarea, actividad, misión, servicio o función que realice cuenten con el beneplácito o anuencia del supuesto responsable civil subsidiario.

2) que el delito que genera esta responsabilidad civil se encuentre dentro del ejercicio normal o anormal de las funciones encomendadas en el seno de la actividad o tareas confiadas o consentidas al infractor por su principal.

**Regulación normativa**: artículos 120 y 121 CP.

**Jurisprudencia:** SSTS de 22 de marzo de 2010 (*Tol 1837689*), de 29 de abril de 2010 (*Tol 1848197*).

## RESPONSABILIDAD OBJETIVA

Tradicionalmente la expresión "responsabilidad objetiva" o "responsabilidad por el resultado" significó que bastaba la causación de una lesión para que fuese posible la responsabilidad penal, aunque el autor no hubiese querido dicha lesión ni la misma se debiera a imprudencia.

Hasta la reforma de 1983 el Código penal español conocía "delitos cualificados por el resultado" que suponían una responsabilidad penal que no requería dolo ni imprudencia. La reforma penal de ese año eliminó los vestigios de este tipo de responsabilidad al exigir expresamente al menos imprudencia para poder imputar penalmente un resultado.

## RESPONSABILIDAD PENAL DE LAS PERSONAS JURÍDICAS

La Ley Orgánica 5/2010, de 22 de junio, introdujo en el Ordenamiento Jurídico español la responsabilidad penal directa e independiente de las personas jurídicas, responsabilidad que únicamente puede ser declarada en aquellos supuestos donde expresamente se prevea. Se opta, por tanto, por un sistema de *numerus clausus* conforme al cual la responsabilidad penal de las personas jurídicas solo podrá ser declarada con respecto a un catálogo cerrado de delitos previsto legalmente.

De esta manera el brocado "societas delinquere non potest" se ha extinguido. El texto penal establece ahora una responsabilidad penal para las personas jurídicas que trae como consecuencia la imposición a estas de unas sanciones penales.

Por su parte, la Ley Orgánica 1/2015, de 30 de marzo, llevó a cabo una amplia revisión del régimen de responsabilidad penal de las personas jurídicas. La modificación afecta fundamentalmente a dos puntos: por una parte, a su ámbito de aplicación, que extiende a las Sociedades Mercantiles Estatales; y, por otra parte, al contenido de la noción de "debido control", cuya infracción constituye uno de los elementos que permiten fundamentar la responsabilidad penal de una persona jurídica (Vid. *Compliance officer, Compliance programs).*

Para condenar a la persona jurídica no se precisa una previa declaración de culpabilidad de las personas físicas, por lo que no es necesario identificar a la persona natural que ha cometido el delito, bastando tan solo con que se constate que se ha cometido un delito. Asimismo, si la persona natural no resulta responsable por concurrir en ella una causa de exclusión de la culpabilidad, ello no implica la ausencia de responsabilidad de la persona jurídica como tampoco afecta a la persona jurídica las circunstancias agravantes que afecten a la persona natural. El legislador reitera la idea de que la responsabilidad penal de la persona jurídica no es accesoria de la responsabilidad penal de la persona física autora del delito.

Para apreciar la responsabilidad de las empresas, por tanto, son necesarios dos requisitos. En primer término, como presupuesto inicial, debe constatarse la comisión de un delito por una persona física que sea integrante de la persona jurídica, y, en segundo término, que las empresas hayan incumplido su obligación de establecer medidas de vigilancia y control para evitar la comisión de delitos.

**Regulación normativa**: artículos 31 bis a 31 quinquies CP.

**Jurisprudencia:** SSTS de 23 de julio de 2009 (*Tol 1589489*), de 29 de febrero de 2016 (*Tol 5651211*), de 16 de marzo de 2016 (*Tol 5665961*), de 13 de junio de 2016 (*Tol 5748603*); AAN de 11 de octubre de 2011.

## RESPONSABILIDAD PERSONAL SUBSIDIARIA

La responsabilidad personal subsidiaria impuesta para el caso de impago de la multa es una pena privativa de libertad que se aplica al condenado a pena de multa que no satisface su pago, voluntariamente o por vía de apremio, y que se concreta en un día de privación de libertad por cada dos cuotas diarias no satisfechas.

El Juez, previa conformidad del penado, puede acordar que la responsabilidad personal subsidiaria se cumpla mediante trabajos en beneficio de la comunidad en cuyo caso, cada día de privación de libertad equivaldrá a una jornada de trabajo.

En caso de delitos leves, podrá cumplirse mediante localización permanente.

Por imperativo del apartado 3.º del artículo 53 del Código penal la responsabilidad personal subsidiaria no se impondrá a los condenados a pena privativa de libertad superior a cinco años.

En los supuestos de multa proporcional, el Código penal abre la determinación de la responsabilidad personal subsidiaria al prudente arbitrio del juzgador fijando, como límite máximo, la pena en un año de privación de libertad. Este prudente arbitrio no autoriza la arbitrariedad prohibida por los principios constitucionales. También en estos casos puede el Juez, previa conformidad del penado, acordar que la responsabilidad personal subsidiaria se cumpla mediante trabajos en beneficio de la comunidad.

El cumplimiento de la responsabilidad personal subsidiaria extingue la obligación de pago de la multa, aunque mejore la situación económica del penado.

**Regulación normativa**: artículo 53 CP.

**Jurisprudencia:** SSTS de 5 de abril de 2010 (*Tol 1825143*), de 7 de junio de 2010 (*Tol 1896166*), de 16 de junio de 2016 (*Tol 5760444*).

## RESULTADO

Es una modificación en el mundo exterior producida por una acción.

## RETRIBUCIÓN

Desde las teorías absolutas se justifica la pena en la idea de retribución. La pena se entiende como pura compensación, castigo o anulación del delito cometido. La violación del Derecho ha de ser retribuida con un castigo. Es el "ojo por ojo", la pena como venganza, la imposición de un mal por el mal cometido.

## RETROACTIVIDAD DE LA LEY PENAL MÁS FAVORABLE

Constituye una excepción al principio general de irretroactividad de las leyes penales que se traduce en que tendrán efecto retroactivo las leyes penales que favorezcan al reo, aunque al entrar en vigor hubiera recaído sentencia firme y el sujeto estuviese cumpliendo condena. En caso de duda sobre qué ley es la más favorable, el Juez o Tribunal oirá al reo.

**Regulación normativa**: artículo 2.2 CP.

**Jurisprudencia:** STS de 21 de abril de 2016 (*Tol* 5699261).

## REVELACIÓN DE ACTUACIONES JUDICIALES DECLARADAS SECRETAS

El abogado o el procurador, el Juez o miembro del Tribunal, el representante del Ministerio Fiscal, el Secretario

Judicial o cualquier funcionario al servicio de la Administración de Justicia y el particular que intervenga en el proceso, tienen prohibido revelar actuaciones procesales declaradas secretas por la autoridad judicial.

**Regulación normativa**: artículo 466 CP.

**Jurisprudencia:** ATS de 11 de mayo de 2001 (*Tol 3464538*).

# REVELACIÓN DE INFORMACIÓN PRIVILEGIADA

La Ley Orgánica 1/2019, de 20 de febrero, adiciona al Código penal un nuevo precepto, el artículo 285 bis, para tipificar la comunicación ilícita de información privilegiada cuando ponga en peligro la integridad del mercado o la confianza de los inversores.

Se castiga a quien revele información privilegiada fuera del normal ejercicio de su trabajo, profesión o funciones, poniendo en peligro la integridad del mercado o la confianza de los inversores. Asimismo, se castiga a quien incluya la relevación de información privilegiada en una prospección de mercado cuando se haya realizado sin observar los requisitos previstos en la normativa europea en materia de mercados e instrumentos financieros.

**Regulación normativa**: artículo 285 bis CP.

## RIESGO PERMITIDO

El manejo de determinados instrumentos técnicos (automóviles, aviones, máquinas, etc.) lleva aparejado el riesgo de que se produzca alguna lesión de bienes jurídicos (muerte, lesiones, daños, etc.), y con ello la realización del tipo de injusto de un delito, por lo menos, en su forma imprudente. Sin embargo, en la medida que esas acciones peligrosas sean necesarias para la consecución de determinados fines lícitos y beneficiosos para la comunidad están permitidas.

Se alude, por tanto, con esta expresión, "riesgo permitido", a una causa de exclusión de la tipicidad al haber realizado el sujeto una acción peligrosa, necesaria y útil socialmente, con la diligencia debida.

**Jurisprudencia:** SSTS de 28 de octubre de 1997 (*Tol 407799*), de 26 de septiembre de 2005 (*Tol 732282*); SAP de La Coruña de 16 de febrero de 2012 (*Tol 2467887*).

## RIESGO TIPICAMENTE RELEVANTE

Se trata de un requisito para imputar objetivamente una conducta, que consiste en la valoración del riesgo de la conducta en cuestión como perteneciente al género de riesgos que la norma pretenda prevenir. La creación de un riesgo típicamente relevante implica en primer lugar, que el comportamiento sea peligroso, esto es, que ocasione un alto grado de probabilidad de lesión o puesta en peligro del bien jurídico y, en segundo lugar, que el riesgo creado sea jurídicamente desaprobado por lo que lo no típicamente relevante se considera riesgo permitido, que es atípico.

**Jurisprudencia:** STS de 15 de febrero de 2005 (*Tol 648769*); SAP de Barcelona de 21 de junio de 2011 (*Tol 2277910*).

## RIÑA TUMULTUARIA

Por riña se entiende un enfrentamiento entre dos o más bandos formados por una pluralidad de personas que se acometen entre sí, confundiéndose las acciones, de tal modo que no es factible aislar o singularizar las conductas de cada uno de ellos y el resultado concreto que producen.

Ello explica por qué en la práctica jurisprudencial este tipo penal se aplica en los supuestos en los que se produce un resultado de lesión, pero no es posible conocer a cuál o cuáles de los intervinientes en la pelea debe ser atribuida la autoría de las lesiones efectivamente ocasionadas. No hay riña tumultuaria, por ello, cuando el agresor es una persona individual, y su agresión se encuentra concretada en los hechos probados. Si puede determinarse el autor de las lesiones, este deberá ser castigado por el correspondiente delito de lesión

La riña tumultuaria se configura como un delito de simple actividad y de peligro concreto y como tal exige la creación de una situación de peligro para la vida o integridad de las personas mediante la efectiva utilización de medios o instrumentos idóneos en una situación de pelea entre múltiples intervinientes, sin que para ello se precise la producción de una lesión.

El ilícito penal de riña tumultuaria se caracteriza por la concurrencia de los elementos siguientes:

1) que haya una pluralidad de personas que riñan entre sí con agresiones físicas entre varios grupos recíprocamente enfrentados. Por lo tanto, la agresión personal y directa o, incluso, formando causa común dos sujetos contra un tercero, no puede entenderse incluida en este precepto, sino en los correspondientes de lesiones.

2) que en tal riña esos diversos agresores físicos se acometan entre sí de modo tumultuario (confusa y tumultuariamente, decía de forma muy expresiva el anterior artículo 424), esto es, sin que se pueda precisar quién fue el agresor de cada cual.

3) que en esa riña tumultuaria haya alguien que utilice medios o instrumentos que pongan en peligro la vida o integridad de las personas. No es necesario que los utilicen todos los intervinientes.

Concurriendo esos tres elementos son autores del delito de riña tumultuaria todos los que hubieran participado en la riña.

**Regulación normativa**: artículo 154 CP.

**Jurisprudencia:** STS de 18 de noviembre de 2009 (*Tol 1747810*); SAP de Barcelona de 1 de junio de 2009 (*Tol 1604858*); SAP de Madrid de 3 de mayo de 2010 (*Tol 1881392*).

## ROBO

La definición legal del delito de robo delimita claramente la esencia del mismo, consistente en apoderarse de cosas muebles ajenas empleando violencia o intimidación en las personas o fuerza en las cosas.

Para el nacimiento del delito de robo es necesaria la concurrencia de los siguientes elementos:

1) un apoderamiento o aprehensión material de una cosa mueble ajena.

2) que dicho apoderamiento se verifique en contra de la voluntad del poseedor de la cosa mueble, no siendo preciso que este sea el titular dominical.

3) que dicho apoderamiento se realice o bien mediante el empleo de fuerza en las cosas, considerando como tal la necesaria para superar los medios materiales establecidos para impedir el desapoderamiento, o mediante violencia o intimidación en las personas, considerando como tal la necesaria para constreñir la voluntad contraria del sujeto pasivo.

4) la existencia de un ánimo de lucro.

**Regulación normativa**: artículo 237 CP.

## ROBO CON FUERZA EN LAS COSAS

El robo con fuerza en las cosas está estrechamente relacionado con el delito de hurto del que, en realidad, no es más que una figura agravada, por lo que es preciso delimitar con claridad las notas que los distinguen. Y así, tratándose en ambos casos de apoderamiento de bienes muebles ajenos sin la voluntad de su dueño y ánimo de lucro, en el robo con fuerza el autor tiene que salvar los obstáculos que este ha colocado para proteger la cosa; mientras que en el hurto no ocurre lo mismo. La diferencia sustancial ha de buscarse, pues, en el «modus operandi»: en el robo la sustracción ha de tener lugar con fuerza en las cosas; mientras que en el hurto no ha de concurrir dicha circunstancia.

El concepto de fuerza en las cosas es un concepto normativo y no descriptivo que se encuentra expresamente definido y delimitado por el legislador, de manera que solo merece la calificación de fuerza:

1) El escalamiento.

2) El rompimiento de pared, techo o suelo, o fractura de puerta o ventana.

3) La fractura de armarios, arcas u otra clase de muebles u objetos cerrados o sellados, o forzamiento de sus cerraduras o descubrimiento de sus claves para sustraer su contenido, sea en el lugar del robo o fuera del mismo.

4) El uso de llaves falsas

5) La inutilización de sistemas específicos de alarma o guarda.

El concepto de fuerza en las cosas es cerrado de manera que no hay más modalidades típicas y relevantes que las taxativamente establecidas y enumeradas en el artículo 238 del Código penal. El carácter cerrado o *numerus clausus* de la enumeración obliga a que la utilización de cualquiera otra forma de fuerza no recogida como modalidad comisiva de este delito, deba reconducirse a la calificación como hurto como, por ejemplo, lo sería la sustracción de un ciclomotor tras cortar el cable dispuesto para su protección.

**Regulación normativa**: artículos 237, 238, 239, 240 y 241 CP.

**Jurisprudencia:** SSTS de 17 de junio de 2009 (*Tol 1570708*), de 28 de mayo de 2010 (*Tol 1879822*); SAP de Valladolid de 24 de julio de 2014 (*Tol 4494607*); SAP de Zaragoza de 17 de septiembre de 2014 (*Tol 4520677*).

## ROBO CON VIOLENCIA O INTIMIDACIÓN EN LAS PERSONAS

El delito de robo con violencia o intimidación en las personas consiste en apoderarse de cosas muebles ajenas empleando violencia (puñetazos, patadas, golpes, etc.) o intimidación en las personas. La violencia supone el empleo de cualquier medio físico para doblegar la voluntad de la víctima y ha de ser el mecanismo necesario para conseguir la desposesión. La intimidación consiste en el anuncio de un mal inmediato, grave y posible, susceptible de inspirar miedo. En la intimidación se amenaza con un mal inmediato que atemoriza a la víctima quien, para evitarlo, entrega la cosa. Tanto la violencia como la intimidación han de ser efectivas y con la suficiente intensidad para doblegar la voluntad de la víctima.

**Regulación normativa:** artículo 242 CP.

**Jurisprudencia:** SSTS de 5 de marzo de 2009 (*Tol 1474862*), de 24 de junio de 2010 (*Tol 1918400*), de 15 de febrero de 2018 (*Tol 6517778*), de 1 de marzo de 2018 (*Tol 6531096*); SAP de Badajoz de 30 de julio de 2014 (*Tol 4490869*).

## ROBO DE USO DE VEHÍCULOS A MOTOR

El robo de uso de vehículos a motor consiste en sustraer o utilizar un vehículo a motor o ciclomotor ajenos, sin ánimo de apropiárselo, solamente con ánimo de usarlo, empleando fuerza en las cosas o violencia o intimidación en las personas.

**Regulación normativa**: artículo 244 CP.

**Jurisprudencia:** STS de 10 de diciembre de 2009 (*Tol 1781385*); SAP de Valladolid de 18 de junio de 2009 (*Tol 1558754*).

# S

## SABOTAJE INFORMÁTICO

El sabotaje informático o daños en medios informáticos consiste en borrar, dañar, deteriorar, alterar, suprimir o hacer inaccesibles datos informáticos, programas informáticos o documentos electrónicos ajenos de manera grave.

**Regulación normativa**: artículos 264, 264 bis, 264 ter y 264 quater CP.

**Jurisprudencia:** AAP de Valencia de 29 de mayo de 2017 (*Tol 6380825*).

## SECUESTRO

El Código penal sanciona la conducta consistente en el secuestro de una persona exigiendo alguna condición para ponerla en libertad. El tipo objetivo exige dos aspectos fácticos. De un lado, la privación de libertad, encerrando o deteniendo a otro. De otro, la exigencia de una condición para ponerla en libertad. La jurisprudencia ha entendido que la exigencia puede hacerse al mismo detenido o a un tercero, aunque generalmente se concreta en la exigencia de una actividad externa y ajena al propio sujeto pasivo; y que el cumplimiento de la condición ha de operar como un requisito de la puesta en libertad, pues detener a una persona para conseguir un objetivo no se identifica exactamente con exigir el logro de ese objetivo a cambio de la liberación de aquélla. Este es el elemento característico del delito de secuestro, y debe resultar del hecho probado la relación de dependencia entre la exigencia y la cesación de la detención.

En definitiva, para el tipo penal de secuestro es preciso que se prive de libertad y que se advierta por los autores al sujeto pasivo, o a otras personas, que la recuperación de la libertad de aquel depende del cumplimiento de la condición impuesta.

**Regulación normativa**: artículo 164 CP.

**Jurisprudencia:** SSTS de 28 de enero de 2010 (*Tol 1788393*), de 29 de abril de 2010 (*Tol 1861425*), de 6 de marzo de 2013 (*Tol 3407898*).

## SEXTING

El término *sexting* deriva de la contracción de "sex" (sexo) y "texting" (acción de enviar textos por teléfono móvil). El *sexting* consiste, por tanto, en la divulgación de imágenes o grabaciones audiovisuales de contenido erótico o pornográfico, por medio de teléfonos móviles, obtenidas con el consentimiento de la persona afectada, pero sin que la misma haya autorizado la divulgación.

El *sexting* consiste fundamentalmente en el acto de enviar mensajes explícitos de contenido erótico o sexual desde un dispositivo móvil.

Tras un escándalo mediático, el "caso Olvido Hormigos", el delito fue introducido en el Código penal por la reforma de 2015.

**Regulación normativa**: artículo 197.7 CP.

**Jurisprudencia:** SAP de Granada de 5 de junio de 2014 (*Tol 4526680*).

## SIMULACIÓN DE DELITO

Consiste o bien en simular ser autor o víctima de una infracción penal o bien en denunciar una infracción penal inexistente. En uno y otro caso se exige, como condición objetiva de punibilidad, que la actuación haya provocado actuaciones procesales. Para ello como requisito previo se requiere que la denuncia sea mínimamente verosímil, quedando fuera del tipo todas aquellas que revisten un carácter absolutamente fantástico o increíble. Una vez que la denuncia reviste estos caracteres y que el órgano policial la recibe y la documenta, solo se ha cumplido la primera parte del tipo, por lo que ello no es suficiente para configurar el nacimiento de un delito de denuncia falsa.

El concepto de actuación procesal supone que el órgano judicial que recibe la denuncia realice algún género de actividad procesal, aunque esta sea mínima. Por tanto, no basta con la mera recepción de la denuncia, si esta no va seguida de alguna actividad judicial. En el caso de una denuncia de un delito inexistente, en la que no se facilitan datos sobre la persona a la que pueda ser atribuida la autoría del hecho, nos encontramos ante un supuesto frecuente de autor desconocido que provoca necesariamente la incoación de unas diligencias previas y posteriormente la redacción o el acuerdo de un Auto de archivo y sobreseimiento, por no existir de momento un autor conocido.

Son elementos que configuran la figura delictiva de simulación de delito, los siguientes:

1) que ante funcionario judicial o administrativo se simule por el autor ser víctima o responsable de un delito.

2) que dicha actuación motive una actuación de índole penal. En todo caso la simulación de delito se produce

cuando se lleven a cabo determinados actos que se sabe, y a ello están destinados, van a provocar la intervención policial y posteriormente judicial, iniciándose las correspondientes diligencias procesales.

3) que el fingimiento de la infracción penal se realice a sabiendas, es decir, con la voluntad de simular lo fingido con conciencia plena de su falsedad, elemento interno del delito que excluye su comisión culposa.

4) la existencia de una relación de causalidad entre la falsedad y la incoación del procedimiento penal.

**Regulación normativa**: artículo 457 CP.

**Jurisprudencia:** SSTS de 11 de febrero de 2009 (*Tol 1448782*), de 21 de julio de 2009 (*Tol 1577830*), de 2 de marzo de 2016 (*Tol 5664251*), de 27 de enero de 2022 (*Tol 8810999*); SAP de Valladolid de 17 de octubre de 2017 (*Tol 6428652*); SJP núm. 3 de Pamplona de 4 de junio de 2012 (*Tol 2556287*).

## SÍNDROME DE ABSTINENCIA

No basta con ser drogadicto en una u otra escala, de uno u otro orden para pretender la aplicación de circunstancias atenuantes, porque la exclusión total o parcial o la simple atenuación ha de resolverse en función de la imputabilidad, o sea de la incidencia de la ingestión de la droga en las facultades intelectivas y volitivas del sujeto. Se ha aplicado por la jurisprudencia la atenuante analógica a los drogadictos que delinquen con sus facultades volitivas aminoradas por un prolongado consumo. La larga dependencia de drogas como la cocaína, potenciada por otras dependencias, producen una considerable modificación de la personalidad que, orientada a la consecución de medios para proveerse la droga, sumada a la seria disminución de la capacidad para lograrlos mediante un trabajo normalmente remunerado, afecta de una manera especial la capacidad de comportarse de acuerdo con la comprensión de la ilicitud. Dentro del mismo, cabrá analizar todas aquellas conductas en las cuales el sujeto se habrá determinado bajo el efecto de la grave adicción a sustancias estupefacientes, siempre que tal estado no haya sido buscado con el propósito de cometer la infracción delictiva o no se hubiere previsto o debido prever su comisión (en correspondencia con la doctrina de las «actiones liberae in causa»).

La drogadicción produce efectos exculpatorios cuando se anula totalmente la capacidad de culpabilidad, lo que puede acontecer bien cuando el drogodependiente actúa bajo la influencia directa del alucinógeno que anula de manera absoluta el psiquismo del agente, bien cuando el drogodependiente actúa bajo la influencia indirecta de la droga dentro del ámbito del síndrome de abstinencia, en el que el entendimiento y el querer desaparecen a impulsos de una conducta incontrolada, peligrosa y desproporcionada, nacida del trauma físico y psíquico que en el organismo humano produce la brusca interrupción del consumo o la brusca interrupción del tratamiento deshabituador a que se encontrare sometido. A ambas situaciones se refiere el artículo 20.2.º del texto punitivo, cuando requiere bien una intoxicación plena por el consumo de tales sustancias, o bien se halle el sujeto bajo un síndrome de abstinencia, a causa de su dependencia de tales sustancias, impidiéndole, en todo caso, comprender la ilicitud del hecho o actuar conforme a esa comprensión.

**Regulación normativa**: artículo 20.2.° CP.

**Jurisprudencia:** SSTS de 6 de noviembre de 2009 (*Tol 1762142*), de 8 de marzo de 2010 (*Tol 1808643*).

## SINIESTRALIDAD LABORAL

La vida, la integridad física y la salud de las personas que realizan una actividad laboral se articula en varios planos distintos. Por una parte, en cuanto que trabajadores, el Código penal contiene en los artículos 316 y 317 un delito de peligro, que puede cometerse de forma dolosa o mediante imprudencia grave, y con el que se sanciona la conducta de los que, con infracción de las normas de prevención de riesgos laborales, y estando legalmente obligados, no faciliten los medios necesarios para que los trabajadores puedan desempeñar su actividad con las medidas de seguridad e higiene adecuadas, exigiéndose que con ello pongan "en peligro grave" la vida, la salud o la integridad física de los trabajadores. Se trata de un delito de omisión pura o propia al no exigir que se produzcan resultados lesivos, sino que basta con que la conducta ponga "en peligro grave" la vida, la salud o la integridad física de los trabajadores.

**Regulación normativa**: artículos 316 y 317 CP.

**Jurisprudencia:** SSTS de 12 de noviembre de 1998 (*Tol 137959*), de 30 de septiembre de 2002 (*Tol 222689*); SAP de Les Illes Balears de 15 de marzo de 2012 (*Tol 2501685*); SAP de Valladolid de 18 de septiembre de 2014 (*Tol 4517484*).

## SISTEMA DE CONTROL SOCIAL

Se entiende por tal el conjunto de normas sociales y jurídicas orientadas a hacer posible la convivencia de los seres humanos.

## SOCIEDAD

A efectos de los delitos societarios se entiende por sociedad toda cooperativa, Caja de Ahorros, mutua, entidad financiera o de crédito, fundación, sociedad mercantil o cualquier otra entidad de análoga naturaleza que para el cumplimiento de sus fines participe de modo permanente en el mercado.

**Regulación normativa**: artículo 297 CP.

## SOCIETAS DELINQUERE NON POTEST

Esta expresión alude a un principio tradicional, ya superado en nuestra legislación penal, en virtud del cual se sostenía que la persona jurídica no podía responder penalmente: "las sociedades no pueden delinquir".

## STALKING

Se entiende por *stalking* la conducta reiterada con la que un sujeto amenaza a otro de modo que pueda provocarle un estado permanente de ansiedad o miedo o generarle un temor fundado respecto de la incolumidad propia, la de un pariente próximo o la de una persona ligada a él por una relación afectiva, o bien, que pueda constreñir a la víctima a modificar sus propios hábitos vitales.

El acoso, hostigamiento o *stalking* se puede llevar a cabo mediante la vigilancia, persecución o búsqueda de cercanía física con la víctima; mediante el contacto o intento de contacto a través de cualquier medio de comunicación —el teléfono, SMS, whatsapp, etc.— o por medio de terceras personas; mediante el uso indebido de los datos personales de una persona para adquirir productos, contratar servicios o hacer que terceras personas se pongan en contacto con ella; mediante el atentado contra la libertad o patrimonio de otra persona.

La incriminación de estas conductas de acoso se inició en Estados Unidos a principios de los años 90 mediante la Ley *Antistalking*.

La Exposición de Motivos de la Ley Orgánica 1/2015 justifica la introducción de este nuevo delito de acoso en "la necesidad de sancionar ciertos ataques graves contra la libertad del sujeto, como las persecuciones o vigilancias constantes, las llamadas reiteradas, u otros actos continuos de hostigamiento, que por no realizarse con violencia o mediante el anuncio expreso o tácito de un mal no permiten la aplicación de los tipos tradicionales de amenazas y coacciones".

**Regulación normativa**: artículo 172 ter CP.

**Jurisprudencia:** SSTS de 8 de mayo de 2017 (*Tol 6080914*); SSAP de Sevilla de 8 de junio de 2009 (*Tol 1601882*), de 15 de marzo de 2012 (*Tol 2717845*); SAP de Álava de 9 de mayo de 2013 (*Tol 3852753*); SAP de Burgos de 23 de junio de 202 (*Tol 9218527*); SAP de La Rioja de 27 de septiembre de 2023 (*Tol 9769188*); SAP de Madrid de 4 de octubre de 2023 (*Tol 9767089*).

## STEALTHING

*Stealthing* es un término inglés que significa "en sigilo" o "sigilosamente". Se trata de un ataque a la libertad sexual consistente en una sobrevenida modificación unilateral y clandestina, inconsentida, de las condiciones en que se había prestado el consentimiento primigenio por cuanto la persona prescinde del preservativo, como condición previamente acordada, en todo o en parte del acto sexual, desoyendo una condición impuesta por la pareja, es decir, está manteniendo una relación no consentida que atenta contra la libertad sexual que merece sanción. El *stealthing* constituye, por tanto, un atentado a la libertad sexual de la otra persona en cuanto esta no ha consentido cualquier forma de contacto sexual, sino que ha impuesto como límite o condición el uso de protección mediante preservativo.

**Regulación normativa**: artículo 178 CP.

**Jurisprudencia:** SAP de Tenerife de 18 de febrero de 2021 (*Tol 8727483*); SAP de Castellón de 3 de febrero de 2023 (*Tol 9782988*); SAP de Almería de 9 de mayo de 2022 (*Tol 9450989*).

## SUBSIDIARIEDAD DEL DERECHO PENAL

Es un principio derivado a su vez del principio de intervención mínima conforme al cual el Derecho penal ha de intervenir únicamente cuando fracasan las otras ramas del Ordenamiento jurídico que le preceden en la labor de hacer posible la convivencia pacífica de los seres humanos.

## SUJETO ACTIVO

El sujeto activo del delito es la persona que realiza la conducta típica, quien comete el delito, esto es, quien mata, quien roba, quien viola, etc.

## SUJETO PASIVO

El sujeto pasivo del delito es la persona sobre la cual recae materialmente la acción, el titular del interés jurídico lesionado o puesto en peligro por la conducta típica realizada por el sujeto activo.

## SUPOSICIÓN DE PARTO

El delito de suposición de parto es cada vez más limitado en cuanto a sus posibilidades de comisión pues los alumbramientos se producen, por lo general, en centros sanitarios por lo que resulta mucho más difícil ejecutar la acción delictiva que consiste en fingir, aparentar, simular el alumbramiento de un niño que realmente no se ha producido y hacer aparecer un niño vivo que no es hijo del que ejecuta la acción como si fuera el hijo nacido de una mujer que no es su madre.

Aunque el delito se ejecuta cuando se simula en la práctica con actos materiales un parto que no ha existido, también se realiza el delito cuando, sin aparentar materialmente el alumbramiento, se hace aparecer en escena a un niño como fruto de un nacimiento inexistente, haciéndolo pasar por hijo de quien no es.

El autor de este delito solo puede serlo la mujer que se hace pasar por madre del recién nacido. Las demás personas que participan en la acción son partícipes, incluso en calidad de cooperación necesaria.

**Regulación normativa**: artículo 220.1 CP.

**Jurisprudencia:** STS de 6 de junio de 1980 (*Tol 2306601*); SAP de Salamanca de 5 de septiembre de 2008 (*Tol 1466147*).

## SUSPENSIÓN DE EMPLEO O CARGO PÚBLICO

Es una pena privativa de derechos que priva del ejercicio del empleo o del cargo público al penado durante el tiempo de la condena.

**Regulación normativa**: artículos 39.c) y 43 CP.

## SUSPENSIÓN DE LA EJECUCIÓN DE LAS PENAS PRIVATIVAS DE LIBERTAD

Para evitar las penas cortas de prisión existen distintas posibilidades. Cabe acudir a otras penas, como a la pena de multa o a la pena de localización permanente, cabe también renunciar a toda pena, y cabe una posibilidad intermedia: la suspensión de la ejecución de la pena a condición de que el sujeto no vuelva a delinquir o de que cumpla ciertas condiciones dentro de cierto plazo.

La suspensión de la ejecución de las penas privativas de libertad comporta dejar en suspenso el cumplimiento de la pena privativa de libertad impuesta en la sentencia firme al delincuente primario autor de un delito menos grave, si el Juez o Tribunal sentenciador valoran como improbable que en el futuro vuelva a cometer nuevos delitos.

El Código penal permite suspender todas las penas privativas de libertad: prisión, localización permanente y responsabilidad personal subsidiaria por impago de multa, estableciendo un plazo de suspensión de dos a cinco años para las penas privativas de libertad no superiores a dos años y de tres meses a un año para las penas leves en los casos de suspensión ordinaria y sustitutiva; en la suspensión extraordinaria por razón de enfermedad no se ha establecido ningún plazo, mientras que en los casos de suspensión extraordinaria de los penados que hubiesen cometido el delito por su dependencia a las drogas o alcohol el plazo de suspensión debe oscilar entre los tres y los cinco años.

Las clases de suspensión son:

1) Suspensión condicional ordinaria.

Los requisitos de la suspensión condicional ordinaria son los siguientes:

a) que el condenado haya delinquido por primera vez. A tal efecto no se tendrán en cuenta las anteriores condenas por delitos imprudentes o por delitos leves, ni los antecedentes penales que hayan sido cancelados, o debieran serlo, ni los antecedentes penales correspondientes a delitos que, por su naturaleza o circunstancias, carezcan de relevancia para valorar la probabilidad de comisión de delitos futuros.

b) que la pena o la suma de las impuestas, no sea superior a dos años, sin incluir en tal cómputo la derivada del impago de la multa.

c) que se hayan satisfecho las responsabilidades civiles que se hubieren originado y se haya hecho efectivo el decomiso.

Transcurrido el plazo de suspensión y cumplidas las condiciones, la pena suspendida se da por cumplida.

2) Suspensión sustitutiva.

La suspensión sustitutiva solo opera respecto a la pena de prisión y no respecto a otras penas privativas de libertad. Esta clase de suspensión se condiciona siempre a la reparación efectiva del daño a la indemnización del perjuicio causado conforme a sus posibilidades y va acompañada siempre de la imposición de unas medidas: cumplimiento de un acuerdo de mediación, pago de una multa y la realización de trabajos en beneficio de la comunidad

3) Suspensión extraordinaria por razón de enfermedad.

Esta suspensión afecta a cualquier pena impuesta y puede otorgarse sin sujeción a requisito alguno, en el caso de que el penado esté aquejado de una enfermedad muy grave con padecimientos incurables.

4) Suspensión extraordinaria de los penados que hubiesen cometido el delito por su dependencia a las drogas tóxicas, estupefacientes, sustancias psicotrópicas o bebidas alcohólicas.

Esta suspensión puede alcanzar a las penas de hasta cinco años.

**Regulación normativa**: artículos 80 a 87 CP.

**Jurisprudencia:** STC de 10 de octubre de 2005 (*Tol 736270*); STS de 23 de mayo de 2002 (*Tol 158324*), SAP de Jaén de 29 de mayo de 2009 (*Tol 1454736*).

## SUSTITUCIÓN DE LAS PENAS PRIVATIVAS DE LIBERTAD

El artículo 89 del Código penal regula un supuesto excepcional de sustitución para las penas de prisión impuestas a un extranjero por su expulsión del territorio nacional (*Vid.* Expulsión de extranjero del territorio nacional, Expulsión de ciudadanos de la Unión Europa del territorio nacional).

**Regulación normativa**: artículo 89 CP.

**Jurisprudencia:** SSTS de 26 de febrero de 2007 (*Tol 1050645*), de 4 de diciembre de 2008 (*Tol 1413530*), de 10 de enero de 2019 (*Tol 6478063*).

## SUSTRACCIÓN DE MENORES

La presencia del delito de sustracción de menores en el Código penal se justifica, según la Exposición de Motivos de la Ley Orgánica 9/2002, de 10 de diciembre, que lo introdujo, en que: "resulta necesario prever una respuesta penal clara, distinta del delito de desobediencia genérico, para aquellos supuestos donde quien verifica la conducta de sustracción o de negativa a restituir al menor es uno de los progenitores, cuando las facultades inherentes a la custodia del menor han sido atribuidas legalmente al otro".

La conducta que conforma el tipo es la sustracción del hijo menor. El propio precepto contiene una interpretación legal del término "sustracción" en su apartado segundo modificado por la Ley Orgánica 8/2021, de 4 de junio, de protección integral a la infancia y a la adolescencia frente a la violencia. Dos son las modalidades recogidas en dicho apartado. El traslado de una persona menor de edad de su lugar de residencia habitual sin consentimiento del otro progenitor o de las personas o instituciones a las cuales estuviese confiada su guarda o custodia y la retención de una persona menor de edad incumpliendo gravemente el deber establecido por resolución judicial o administrativa.

Dada la gravedad de las penas previstas para estas conductas, incluso la accesoria de inhabilitación para el ejercicio de la patria potestad por tiempo mínimo de cuatro años, el requisito subjetivo del tipo no puede entenderse de otra forma que como la intención del autor de trasladar o retener a la persona menor de edad con voluntad de permanencia en tal situación, con la finalidad de alterar o pervertir el régimen de custodia legalmente establecido, privando al progenitor que lo tiene concedido de su disfrute y cumplimiento, en resumen, de hacer ineficaz, de incumplir el mandato judicial que lo imponía.

Con el término "gravemente", como por el propio significado de la palabra "sustracción", que implica un apoderamiento definitivo, quedan fuera del tipo penal las actuaciones temporales, es decir, aquellas de cuyas circunstancias quepa inferir que pervive la intención de devolver al menor o hacer cesar la retención en un período razonable, siendo a estos efectos esencial valorar el perjuicio causado al menor, pues es evidente que el bien jurídico protegido son sus intereses y derechos. Por ello no deben confundirse las conductas que castiga el delito del artículo 225 bis con aquellas otras encaminadas a incumplir o hacer ineficaz el régimen de visitas establecido, sustituyéndolo por aquel que interesa o conviene más a los intereses del autor de la conducta.

**Regulación normativa**: artículo 225 bis CP.

**Jurisprudencia:** SSTS de 23 de abril de 2021, caso Juana Rivas" (*Tol 8409736*), de 24 de febrero de 2022 (*Tol 8.830.366*); SAP de Sevilla de 28 de noviembre de 2003 (*Tol 337116*); SAP de Burgos de 9 de julio de 2009 (*Tol 1571227*); SAP de Granada de 7 de marzo de 2019, "caso Juana Rivas", (*Tol 7121383*).

# T

## TENENCIA ILÍCITA DE ARMAS

La tenencia de armas de fuego es punible cuando se poseen sin las correspondientes licencias o permisos necesarios. Para hablar de tenencia han de concurrir dos elementos: *corpus*, consistente en una relación material del sujeto con el objeto —detentación, aprehensión o posesión del arma—; y *animus* o intención de poseer para uso o servicio propio. Se excluye tal intención en los casos de detentación fugaz o momentánea.

La pena queda subordinada a la clase de arma —corta o larga— respecto de la que no se tiene licencia o permiso. Son armas de fuego cortas aquellas cuyo cañón no exceda de 30 centímetros o cuya longitud no exceda de 60 centímetros, como pistolas o revólveres. Son armas de fuego largas cualesquiera otras que no sean cortas.

**Regulación normativa**: artículo 564 CP.

**Jurisprudencia:** SSTS de 21 de junio de 2005 (*Tol 674589*), de 22 de abril de 2010 (*Tol 1854701*), de 16 de junio de 2011 (*Tol 2174938*), STS de 21 de diciembre de 2017 (*Tol 6462947*); SAP de Murcia de 19 de octubre de 2009 (*Tol 1747488*).

## TENTATIVA

La tentativa existe cuando se da principio a la ejecución de un delito directamente por hechos exteriores, practicando todos o parte de los actos que objetivamente deberían producir el resultado, y sin embargo este no se produce por causas independientes de la voluntad del sujeto. El Código penal de 1995 ha concentrado en un solo precepto las formas imperfectas de ejecución del delito, considerando que solo existen dos modalidades: el delito consumado y la tentativa, sin hacer más especificaciones sobre los grados de esta, como se hacía en el anterior Código penal. No obstante, la doctrina y la jurisprudencia han venido distinguiendo entre lo que se denomina tentativa acabada, que equivale al anterior delito frustrado y la tentativa inacabada, que es la tradicional tentativa.

**Regulación normativa**: artículo 16 CP.

**Jurisprudencia:** SSTS de 4 de marzo de 2010 (*Tol 1798207*), de 5 de mayo de 2010 (*Tol 1847447*), de 18 de septiembre de 2023 (*Tol 9713388*).

## TENTATIVA ACABADA

Existe tentativa acabada cuando el sujeto practica todos los actos ejecutivos que deberían producir el resultado y, sin embargo, el mismo no se produce por causas independientes de la voluntad del autor. La tentativa acabada equivale al anterior delito frustrado.

## TENTATIVA INACABADA

Existe tentativa inacabada cuando el sujeto da principio a la ejecución del delito directamente por hechos exteriores, practicando solo parte de los actos que objetivamente deberían producir el resultado. La tentativa inacabada equivale a la tradicional tentativa.

## TENTATIVA INIDÓNEA

*Vid.* Delito imposible.

## TENTATIVA IRREAL

Es aquella en la que se emplean medios absolutamente irracionales o supersticiosos para intentar conseguir la consumación de un delito, por ejemplo, a través de conjuros, clavándole agujas a una imagen del enemigo para causarle la muerte, pretendiendo envenenar a otro con azúcar, etc.

La tentativa irreal no se castiga al excluir el Código penal la punibilidad de esta figura al exigir en la definición de la tentativa que el sujeto practique "todos o parte de los actos que objetivamente deberían producir el resultado".

## TERRORISMO

El Código penal configura los delitos de terrorismo con las siguientes notas:

1) se trata de actos graves ejecutados por medios especialmente violentos, aptos para producir terror en la población o parte de ella.

2) comportan, al menos, un peligro para la vida, la integridad o la salud de las personas.

3) tratan de influir ilegalmente en las tomas de decisión sobre asuntos políticos a través de la amenaza de repetición de los referidos actos.

4) se hallan dirigidos a subvertir, total o parcialmente, el orden político constituido.

Se considera delito de terrorismo la comisión de cualquier delito grave contra la vida o la integridad física, la libertad, la integridad moral, la libertad e indemnidad sexuales, el patrimonio, los recursos naturales o el medio ambiente, la salud pública, de riesgo catastrófico, incendio, falsedad documental, contra la Corona, de atentado y tenencia, tráfico y depósito de armas, municiones o explosivos y el apoderamiento de aeronaves, buques u otros medios de transporte colectivo o de mercancías, cuando se llevaran a cabo con cualquiera de las siguientes finalidades:

1) subvertir el orden constitucional, o suprimir o desestabilizar gravemente el funcionamiento de las instituciones políticas o de las estructuras económicas o sociales del Estado, u obligar a los poderes públicos a realizar un acto o a abstenerse de hacerlo.

2) alterar gravemente la paz pública.

3) desestabilizar gravemente el funcionamiento de una organización internacional.

4) provocar un estado de terror en la población o en una parte de ella.

La Ley Orgánica 1/2019 ha incluido entre los delitos terroristas la falsedad documental obligado el legislador por el artículo 12 apartado c) de la Directiva 2017/541/UE del Parlamento Europeo y del Consejo, de 15 de marzo de 2017 que obliga a incluir entre los delitos terroristas la falsedad documental.

**Regulación normativa**: artículos 573 a 580 CP.

**Jurisprudencia:** STC de 20 de julio de 1999 (*Tol 81189*); SSTS de 28 de febrero de 2006 (*Tol 817709*), de 19 de enero de 2007 (*Tol 104383*), de 8 de noviembre de 2007 (*Tol 1213978*), de 17 de julio de 2008 (*Tol 1371325*), de 21 de junio de 2016 (*Tol 5756232*).

## TESTAFERRO

El testaferro, también conocido con el nombre de "administrador de paja", es aquella persona que presta su nombre en un contrato o negocio que en realidad es de otra persona cuya identidad queda así en la sombra.

**Jurisprudencia:** SSTS de 18 de octubre de 2004 (*Tol 513574*), de 24 de abril de 2012 (*Tol 2516640*); SAP de Les Illes Balears de 19 de abril de 2012 (*Tol 2516252*).

## TIPICIDAD

La tipicidad es la adecuación de la conducta realizada a la descripción contenida en el supuesto de hecho de una norma penal.

## TÍPICO

Se trata de la cualidad que se atribuye a un comportamiento cuando es subsumible en el supuesto de hecho de una norma penal

## TIPO

Descripción de una conducta prohibida en el supuesto de hecho de una norma penal.

## TIPO OBJETIVO

Es la descripción legal de una conducta externa. La aparición externa del hecho es lo que se describe en el tipo objetivo que incluye, por tanto, todos aquellos elementos de naturaleza objetiva que caracterizan objetivamente el supuesto de hecho de la norma penal: el sujeto activo, la conducta, el resultado, la relación de causalidad, etc.

**Jurisprudencia:** SSTS de 22 de julio de 2005 (*Tol 703358*), de 9 de junio de 2009 (*Tol 1567563*).

## TIPO SUBJETIVO

Es la descripción legal de una conducta interna (dolo). El tipo subjetivo comprende aquellos elementos que dotan de significación personal a la realización del hecho.

**Jurisprudencia:** SSTS de 23 de julio de 2004 (*Tol 495673*), de 9 de junio de 2009 (*Tol 1567563*).

## TIPOS PENALES

Se denominan tipos penales a las descripciones de delitos que contienen las leyes penales. El tipo penal expresa la relevancia penal de un comportamiento humano abstractamente plasmado en un precepto que lo describe y lo castiga como delito.

## TOMA DE MUESTRAS BIOLÓGICAS Y REALIZACIÓN DE ANÁLISIS PARA LA OBTENCIÓN DE IDENTIFICADORES DE ADN

Se trata de una consecuencia accesoria a la pena impuesta. El Juez puede acordar la toma de muestras biológicas y realización de análisis para la obtención de identificadores de ADN e inscripción de los mismos en la base de datos policial cuando:

se trate de condenados por determinados delitos graves.

exista un peligro relevante de reiteración delictiva.

La toma puede imponerse incluso de forma coactiva.

**Regulación normativa**: artículo 129 bis CP; artículos 326 y 363 LECrim.

## TORTURAS

La tortura, recogida en nuestro Código penal, ha sido definida por la Convención contra la Tortura y los Malos Tratos o Penas Crueles, Inhumanas o Degradantes, de 10 de diciembre de 1984, ratificada por España el 21 de octubre de 1987, como todo acto por el cual se inflijan intencionadamente a una persona, dolores o sufrimientos graves, con el fin de obtener de ella o de un tercero, información o una confesión, con el fin de castigarla por un acto que haya cometido, o también para intimidar o coaccionar a esa persona o a otros.

Los elementos que integran el delito de torturas se desglosan de la siguiente manera:

1) en un elemento material constituido por someter a la víctima a condiciones o procedimientos que, por su naturaleza, duración u otras circunstancias supongan alguno de los resultados siguientes: sufrimientos físicos o mentales, supresión o disminución de sus facultades de conocimiento, discernimiento o decisión, o que de cualquier otro modo atenten contra su integridad.

2) la especial cualificación del sujeto activo, autoridad o funcionario público, que hubiese actuado con abuso de su cargo, aprovechándose de la situación de dependencia o sometimiento en la que se encuentra el sujeto pasivo.

3) el elemento teleológico que consiste en que la acción, condiciones o procedimientos ejecutados por el sujeto activo, lo sean con la finalidad de obtener una confesión o información o de castigar por cualquier hecho que haya cometido o se sospeche que ha cometido el sujeto pasivo.

**Regulación normativa**: artículo 174 CP.

**Jurisprudencia:** STS de 17 de diciembre de 2003 (*Tol 352297*); SAP de Ávila de 3 de abril de 2000 (*Tol 220256*).

## TRABAJADORES

La protección jurídico-penal de los trabajadores se lleva a cabo en el Código penal a través de diferentes preceptos. El Código penal de 1995 consolidó una línea político criminal tendente tanto a la protección de los derechos individuales y colectivos de los trabajadores como a la desincriminación de las manifestaciones de ejercicio de estos derechos. Ello supone el reconocimiento de un interés susceptible de protección, la clase trabajadora en cuanto tal, como sujeto de derechos.

El Título XV, bajo la rúbrica "De los delitos contra los derechos de los trabajadores", del Libro II del Código penal, incluye distintas modalidades delictivas que atentan contra los trabajadores:

imposición y mantenimiento de condiciones de trabajo o de Seguridad Social ilegales.

Imposición de condiciones ilegales mediante contratación bajo fórmulas ajenas al contrato de trabajo o mantenimiento de las mismas en contra de requerimiento o sanción administrativa.

3) dar ocupación a extranjeros o a menores que carezcan de permiso de trabajo.

4) tráfico ilegal de mano de obra.

5) migraciones ilegales.

6) discriminación laboral.

7) impedir o limitar el ejercicio de la libertad sindical y el derecho de huelga.

8) delitos contra la seguridad y la salud en el trabajo.

**Regulación normativa**: artículos 311 a 318 CP.

**Jurisprudencia:** STS de 14 de abril de 2009 (*Tol 1512069*); SAP de Valencia de 11 de octubre de 2007 (*Tol 1264996*).

## TRABAJOS EN BENEFICIO DE LA COMUNIDAD

La pena de trabajos en beneficio de la comunidad consiste en que el penado debe de prestar su cooperación no retribuida en determinadas actividades de utilidad pública que pueden consistir, en relación con delitos de similar naturaleza al cometido por la persona condenada, en labores de reparación de los daños causados o de apoyo o asistencia a las víctimas, así como participación en talleres o programas formativos o de reeducación, laborales, culturales, de educación vial, sexual, resolución de conflictos, parentalidad positiva y otros similares. La Ley Orgánica 8/2021 ha completado el catálogo de talleres o programas formativos con la inclusión de resolución de conflictos y parentalidad positiva.

La configuración de los trabajos en beneficio de la comunidad como pena principal alternativa y la necesidad de contar con el consentimiento de la persona condenada para su imposición, plantea la exigencia ineludible de obtener tal consentimiento antes del dictado de la sentencia, porque, dado el régimen legal expresado, si dicha pena se impusiera sin obtenerse el consentimiento, la eventualidad de que si, firme la sentencia, el penado se negase posteriormente a prestarlo, podría llegar a darse el caso de que el hecho quedara impune, al no existir previsión semejante a la que el legislador establece respecto de la multa impagada, que sujeta al penado a la responsabilidad personal subsidiaria que establece el artículo 53 del Código penal.

Los trabajos en beneficio de la comunidad son facilitados por la Administración y su duración diaria no podrá exceder de ocho horas.

**Regulación normativa**: artículo 49 CP.

**Jurisprudencia:** STS de 8 de enero de 2020 (*Tol 7673753*); SAP de Cádiz de 25 de enero de 2010 (*Tol 1860792*).

## TRÁFICO DE DROGAS

El Código penal castiga el traficar con drogas tóxicas, estupefacientes o sustancias psicotrópicas, sin mayores especificaciones.

Los elementos objetivos del delito de tráfico de drogas vienen representados por una dinámica encaminada a promover, favorecer o facilitar el consumo ilícito de drogas y estupefacientes y sustancias tóxicas, dando así albergue a actos de cultivo, fabricación, transporte, venta y permuta con tal finalidad proselitista, incluida la mediación tercenista y la donación o liberalidad altruista o pretendidamente benefactora.

Como requisito subjetivo ha de verificarse el conocimiento del inculpado de carecer de autorización y justificación para realizar aquellos actos. Se trata por ello de un delito formal y de mera actividad sin que precise resultado lesivo concreto, en razón del peligro *in genere* que conlleva para la salud comunitaria, al anticiparse su protección con tal técnica criminalista, lo que imposibilita la toma en consideración de toda forma de ejecución imperfecta ni como tentativa ni en los límites del mero acto preparatorio, pues tanto la conspiración como la provocación o la proposición han de considerarse subsumibles en la expresión "promover".

A falta de otros indicios y no habiendo sido sorprendido *in fraganti* el tenedor de la droga, alegado su destino al autoconsumo, podrá inferirse este respecto de aquellos acopios de drogas que no excedan de las previsiones de un regular consumidor.

No es constitutivo de delito de tráfico de drogas su entrega a una persona ya consumidora, sin potencial difusión. Igualmente se consideran atípicas las entregas de droga a drogodependientes por familiares o allegados, de cantidades mínimas, con carácter gratuito, por motivos piadosos o para facilitar su deshabituación, como los supuestos de consumo compartido o autoconsumo colectivo.

**Regulación normativa**: artículo 368 CP.

**Jurisprudencia**: SSTS de 16 de junio de 2010 (*Tol 1894850*), de 1 de julio de 2010 (*Tol 1900453*), de 14 de julio de 2010 (*Tol 1908803*), de 16 de junio de 2011 (*Tol 2174938*), de 11 de mayo de 2016 (*Tol 5733165*), de 4 de abril de 2016 (*Tol 5711609*), de 15 de febrero de 2018 (*Tol 6516533*), de 21 de febrero de 2018 (*Tol 6517660*), de 8 de abril de 2021 (*Tol 8412530*).

## TRÁFICO DE ESPECIES DE FLORA Y FAUNA PROTEGIDAS

El Código penal castiga el traficar con alguna especie o subespecie de flora amenazada o de sus propágulos, incluyéndose dentro de este comportamiento cualquier acción tendente a comerciar. Igualmente sanciona el comerciar o traficar con especies amenazadas o en peligro de extinción de fauna y pesca o con sus restos (pieles, colmillos, etc.).

**Regulación normativa**: artículos 332 y 334 CP.

**Jurisprudencia**: SAP de Córdoba de 15 de octubre de 2007 (*Tol 1625202*); SAP de Guadalajara de 27 de octubre de 2008 (*Tol 1935215*).

## TRÁFICO DE GÉNEROS CORROMPIDOS

Los productores, distribuidores o comerciantes que comercialicen con comestibles nocivos o corruptos que pongan en peligro la salud de los consumidores serán castigados penalmente con la pena de prisión de uno a cuatro años, multa de seis a doce meses e inhabilitación especial para profesión, oficio, industria o comercio por tiempo de tres a seis años.

**Regulación normativa**: artículo 363.3 CP.

**Jurisprudencia**: SAP A Coruña de 11 de noviembre de 2011 (*Tol 2297537*); SAP de Pontevedra de 24 de enero de 2012 (*Tol 2436542*).

## TRÁFICO DE INFLUENCIAS

El tipo penal de tráfico de influencias pretende desterrar de la actuación administrativa ciertas maniobras de corrupción que han podido estar en la conciencia social generalmente admitidas, entre ellas, la práctica de la recomendación. El verbo nuclear de la acción es el de influir, conducta que se realizará cuando suponga una presión psicológica de un funcionario a otro o de un particular a un funcionario público, desechando de su comprensión las meras sugerencias y expresión de deseos. En cada caso concreto habrá que analizar, desde la perspectiva de la adecuación social, cada acto y comprobar si en cada caso concreto se ha producido una influencia antijurídica subsumible en el tipo penal del tráfico de influencias. En general, existirá influencia en función de la capacidad que una persona tiene para conseguir que otra persona haga su voluntad, no bastando con tener acceso, ni la posibilidad de la mera indicación, sino que tenga la entidad suficiente para entender que ha conformado la voluntad del funcionario por la influencia recibida.

La influencia ejercida ha de estar orientada a la obtención de una resolución para lograr un beneficio económico y por resolución se ha de entender toda declaración de voluntad, decisoria, que afecta a los derechos o intereses de los administrados.

El delito de tráfico de influencias presenta una indudable afinidad con el delito de cohecho ya que ambos tienen como finalidad o meta inicial evitar la interferencia de intereses ajenos o contrarios a los públicos.

El tráfico de influencias se caracteriza porque para conseguir del funcionario una parcial (o no del todo imparcial) decisión, se emplean en realidad medios distintos a las dádivas o presentes y a diferencia de lo que ocurre con el delito de cohecho, en el que tan responsable es el cohechante como el cohechado, en el tráfico de influencias sólo se tipifica y sanciona la conducta de la persona que influye, careciendo de tipicidad la del funcionario que se deja influir por situaciones ajenas a los intereses públicos y adopta una resolución (o se muestra dispuesto a adoptarla) que beneficie a la persona que ha influido en él siempre, eso sí, que la decisión adoptada no contenga los requisitos que tipifican el delito de prevaricación previsto en el artículo 404 del Código penal.

Los elementos constitutivos del delito del artículo 428 son: *a*) que el autor sea autoridad o funcionario; *b*) que el sujeto actúe con el propósito de conseguir, directa o indirectamente, un beneficio económico para sí o para un tercero; y *c*) que para lograrlo influya en otra autoridad o funcionario público prevaliéndose del ejercicio de las facultades de su cargo o de cualquier otra situación derivada de su relación personal o jerárquica con este o con otro funcionario o autoridad.

**Regulación normativa**: artículos 428 a 430 CP.

**Jurisprudencia**: SAN de 9 de diciembre de 2009 (*Tol 1724362*); SSTS de 17 de febrero de 2010 (*Tol 1779148*), de 22 de febrero de 2016, "caso Mercurio", (*Tol 5649671*), de 8 de junio de 2018, "caso Nóos", (*Tol 6634012*); SAP de Madrid de 12 de marzo de 2012 (*Tol 2497385*); SAP de Barcelona de 29 de diciembre de 2017, "caso Palau", (*Tol 6473659*).

# TRÁFICO DE PRECURSORES

Precursor es la sustancia que sirve esencialmente para la fabricación de un producto químico acabado al incorporarse a su estructura molecular final. El término precursor se emplea en el ámbito penal para designar todas las sustancias que se emplean para la fabricación de drogas. El Código penal castiga la fabricación, transporte, distribución, comercialización y tenencia de precursores, siempre que estas conductas se realicen con la finalidad de ser utilizadas en el cultivo, producción o fabricación ilícitas.

**Regulación normativa**: artículo 371 CP

**Jurisprudencia:** STS de 8 de enero de 2020 (*Tol 7673741*).

## TRÁFICO ILEGAL DE MANO DE OBRA

El tráfico ilegal de mano de obra consiste en contratar a trabajadores al margen de la normativa reguladora de esa actividad. El elemento central de esta conducta delictiva lo constituye la explotación del trabajador.

Se trata, por tanto, de captar trabajadores al margen de los mecanismos legales a fin de que presten servicios para un tercero.

**Regulación normativa:** artículo 312.1 CP.

**Jurisprudencia:** STS de 30 de mayo de 2003 (*Tol 295938*); SAP de Barcelona de 3 de febrero de 2009 (*Tol 1487430*).

## TRÁFICO ILEGAL DE ÓRGANOS HUMANOS

Como respuesta al fenómeno cada vez más extendido de la compraventa de órganos humanos, la reforma penal de 2010 introdujo el delito de tráfico de órganos que sanciona la obtención o el tráfico ilícito de órganos humanos, así como el trasplante de los mismos, castigando a todos aquellos que promuevan, favorezcan, faciliten o publiciten la obtención o el tráfico ilegal de órganos humanos ajenos o su trasplante. Se contempla asimismo la incriminación al receptor del órgano que, conociendo su origen ilícito, consienta en la realización del trasplante.

El delito no trata solo de proteger la salud o la integridad física de las personas, sino que el objeto de protección va más allá; destinado a proteger la integridad física, desde luego, pero también las condiciones de dignidad de las personas, evitando que las mismas por sus condicionamientos económicos puedan ser cosificadas, tratadas como un objeto detentador de órganos que, por su bilateralidad o por su no principalidad, pueden ser objeto de tráfico.

El delito se ha visto modificado tras la entrada en vigor de la Ley Orgánica 1/2019, de 21 de febrero para completar el régimen de prevención y persecución, adaptándolo a las previsiones contenidas en el Convenio del Consejo de Europa sobre la lucha contra el tráfico de órganos humanos por lo que la reforma procede a una más clara delimitación de las conductas típicas, agrava las penas en supuestos de especial reproche y explícita los supuestos de actuación de organización o grupo criminal de forma análoga al tratamiento en estos supuestos del delito de trata de seres humanos, incluyendo, además, la agravante de reincidencia internacional.

Hay que recordar que el propio sistema nacional de trasplantes establece un sistema nacional altruista y solidario para la obtención y distribución de órganos para su trasplante a enfermos que lo necesiten.

**Regulación normativa**: artículo 156 bis CP.

**Jurisprudencia**: STS de 27 de octubre de 2017 (*Tol 6413682*).

## TRAICIÓN

El término "traición" se ha aplicado tradicionalmente a conductas de ruptura de la fidelidad del ciudadano respecto al Estado cuando este se encontraba en guerra con otro Estado. En la actualidad, el Código penal recoge diversas figuras delictivas bajo el nombre de traición que pueden clasificarse en:

1) inducción a la guerra.

2) favorecimiento del enemigo.

3) espionaje.

4) declaración de guerra o firma de paz en contra de lo establecido en la Constitución.

El precepto responde a una realidad desfasada por ser difícil concebir que una declaración de guerra dependa de una voluntad individual.

**Regulación normativa**: artículos 581 a 588 CP.

**Jurisprudencia**: SAP de Madrid de 11 de febrero de 2010 (*Tol 1781122*).

## TRAIDOR

Se considera traidor al español que, con el propósito de favorecer a una potencia extranjera, asociación u organización internacional, se procure, falsee, inutilice, revele información clasificada como reservada o secreta, susceptible de perjudicar la seguridad nacional o la defensa nacional.

**Regulación normativa**: artículo 584 CP.

# TRASTORNO MENTAL TRANSITORIO

El trastorno mental transitorio supone una perturbación de intensidad y efectos psicológicos idénticos a los de la enajenación, si bien diferenciada por su incidencia meramente temporal, y por el carácter coyuntural del cuadro anulativo del libre albedrío del individuo. Y ello, en muchas ocasiones sobre una base constitucional morbosa o patológica, y en muchas otras, aún sin presuponer tara alguna condicionante o facilitadora de la alteración.

Su característica radica en la aparición de una perturbación fugaz, de una reacción vivencial anormal, tan enérgica y avasalladora para la mente del sujeto, que le priva de toda capacidad de raciocinio, eliminando y anulando su potencia decisoria, sus libres determinaciones volitivas, siempre ante el choque psíquico originado por un agente exterior, cualquiera que sea su naturaleza. Fulminación de conciencia tan intensa y profunda que impide al agente conocer el alcance antijurídico de la conducta.

La motivación del trastorno puede ser debida a elementos endógenos o inherentes a la personalidad del agente, o a causas exógenas, motivos circunstanciales o estímulos externos al sujeto, hechos emocionales o afectivos de cierta magnitud, capaces de anular plenamente la inteligencia (eximente plena) o de alterarla parcial y gravemente (eximente incompleta).

Para apreciar la circunstancia de trastorno mental transitorio es esencial que las causas o estímulos que hayan incidido sobre el sujeto presenten una entidad suficiente para producir una imputabilidad disminuida.

El trastorno mental transitorio, en su doble modalidad de eximente completa e incompleta, puede tener su origen:

1) en la exacerbación repentina de una enfermedad mental subyacente.

2) en la embriaguez alcohólica cuando la misma alcanza una intensidad sensiblemente superior a la que justificaría la apreciación de la correspondiente atenuante genérica.

3) en la ingestión o asimilación de drogas estupefacientes o psicotrópicos en tales condiciones que sean capaces de obnubilar profundamente la inteligencia del sujeto o relajar con análoga fuerza su capacidad de inhibición.

4) en un arrebato u obcecación que haya provocado alteraciones en las facultades cognoscitivas y volitivas de quien lo padece, muy superiores a las que normalmente causan las situaciones pasionales o los estados emocionales.

**Regulación normativa**: artículo 20.1 CP.

**Jurisprudencia**: SSTS de 12 de marzo de 2009 (*Tol 1486848*), de 2 de julio de 2010 (*Tol 1910989*); SAP de Les Illes Balears de 4 de junio de 2014 (*Tol 4395327*).

## TRATA DE SERES HUMANOS

Para dar cumplimiento a los compromisos adquiridos por España con la suscripción de diversos instrumentos internacionales, la Ley Orgánica 5/2010, de 22 de junio, por la que se modifica la Ley Orgánica 10/1995, de 23 de noviembre, del Código penal, creó un nuevo Título VII bis, que se rubrica "De la trata de seres humanos" y que comprende un solo precepto, el artículo 177 bis que tipifica un delito en el que prevalece la protección de la dignidad y la libertad de los sujetos pasivos que la sufren. El apartado 1 del artículo 177 bis contiene el tipo básico de los delitos de trata de seres humanos que castiga una serie de conductas: captar, transportar, trasladar, acoger, recibir o alojar como conductas alternativas. La pretensión no es otra que recoger todas y cada una de las conductas que contribuyen a la explotación de los seres humanos, que normalmente se desarrollan de manera escalonada con la intervención de una pluralidad de individuos, haya o no prueba de la existencia de una organización criminal.

El tipo subjetivo previsto en todos los instrumentos internacionales se ha trasladado convenientemente al artículo 177 bis que exige que la acción típica se realice con cualquiera de las finalidades siguientes:

1) la imposición de trabajo o servicios forzados, la esclavitud o prácticas similares a la esclavitud o a la servidumbre o a la mendicidad.

2) la explotación sexual, incluida la pornografía.

3) la explotación para realizar actividades delictivas

4) la extracción de sus órganos corporales.

5) la celebración de matrimonios forzados.

El legislador completa la regulación típica mediante dos precisiones exigidas por el Convenio del Consejo de Europa de manera taxativa e imperativa: su ámbito de aplicación, que no debe quedar restringido a la delincuencia organizada de carácter transnacional y la prohibición de discriminación de la víctima por razón de su nacionalidad. En el primer caso la Ley Orgánica 5/2010, de 22 de junio, en el apartado 1 del artículo 177 bis hace la acertada mención de que el delito pueda producirse "sea en territorio español, sea desde España, en tránsito o con destino a ella". En el segundo caso, a través de la especificación de que la víctima del delito puede ser "nacional o extranjera" pues como subraya la propia Exposición de Motivos de la Ley Orgánica 5/2010, de 22 de junio, resulta fundamental resaltar que no estamos ante un delito que pueda ser cometido exclusivamente contra personas extranjeras, sino que abarcará todas las formas de trata de seres humanos, nacionales o trasnacionales, relacionadas o no con la delincuencia organizada.

**Regulación normativa**: artículo 177 bis CP.

**Jurisprudencia**: SSTS de 9 de marzo de 2012 (*Tol 2498524*), de 17 de junio de 2016 (*Tol 5751800*), de 21 de abril de 2021 (*Tol 8409796*); SAP de La Coruña de 6 de febrero de 2012 (*Tol 2484889*).

## TRATAMIENTO MEDICO

El facultativo que trata las lesiones, en cada caso concreto, deberá decidir si es suficiente con una primera cura sin necesidad de posterior tratamiento o si será necesaria una intervención quirúrgica que, como es lógico, necesita un seguimiento y una acción curativa de carácter continuado.

"Tratamiento" significa tanto como acción prolongada más allá del primer acto médico y supone una reiteración de cuidados, que continúa por dos o más sesiones, hasta la curación total. Por su lado, la acción quirúrgica exigirá siempre que se haya efectuado un tratamiento reparador del cuerpo para restaurar o corregir cualquier alteración funcional u orgánica producida como consecuencia de la agresión. Cualquier intervención que necesite cirugía reparadora y que suponga la necesidad de aplicar puntos de sutura, es y constituye un tratamiento quirúrgico, que impide incluir las lesiones en la categoría de los delitos leves.

Deja claro el legislador que la simple vigilancia o seguimiento facultativo del curso de la lesión no se considera tratamiento médico.

**Regulación normativa**: artículo 147 CP.

**Jurisprudencia**: SSTS de 9 de noviembre de 2000 (*Tol 11836*), de 15 de junio de 2016 (*Tol 5757155*); SAP de Cuenca de 15 de julio de 2009 (*Tol 1578133*); SAP de Barcelona de 8 de marzo de 2012 (*Tol 2518320*).

## TRATO DEGRADANTE O INHUMANO

Por trato degradante o inhumano debe de entenderse aquel que provoca en la víctima sentimientos de temor, angustia e inferioridad susceptibles de humillarla, envilecerla y, eventualmente, de quebrantar su resistencia física o moral. El trato degradante supone en todo caso un menosprecio y humillación.

**Regulación normativa**: artículo 173 CP.

**Jurisprudencia**: SSTS de 8 de mayo de 2002 (*Tol 173436*), de 12 de mayo de 2005 (*Tol 667645*), de 25 de septiembre de 2009 (*Tol 1627866*), de 16 de marzo de 2012 (*Tol 2501142*).

# U

## ULTIMA RATIO

Con esta expresión se alude a que el Derecho penal debe ser el último recurso a utilizar. El Derecho penal ha de intervenir únicamente cuando sea necesario por haber fracasado las otras ramas del Ordenamiento jurídico. Solo cuando las sanciones no penales no sean suficientes estará legitimado el recurso al Derecho penal.

## ULTRAJES

Las ofensas o ultrajes de palabra, por escrito o de hecho a España, a sus Comunidades Autónomas o a sus símbolos o emblemas (como la bandera, el escudo, el himno, etc.), efectuados con publicidad, se castigan con la pena de multa de siete a doce meses.

El término "ultrajar" es equivalente a "injuriar".
Para el Tribunal Constitucional los ultrajes a la bandera de España no están amparados por la libertad de expresión.

**Regulación normativa**: artículo 543 CP.

**Jurisprudencia**: STC 190/2020, de 15 de diciembre (*Tol 8441195*); SAP de Orense de 18 de marzo de 2009 (*Tol 1509286*); SAP de La Coruña de 8 de febrero de 2011 (*Tol 2089169*).

## USO NO AUTORIZADO DE EQUIPOS TERMINALES DE TELECOMUNICACIÓN

El uso de cualquier equipo terminal de telecomunicaciones (teléfono, fax, correo electrónico, telex, etc.), sin consentimiento de su titular, ocasionando a este un perjuicio es constitutivo de delito. Este tipo fue introducido por el Código penal de 1995 para incardinar aquellas conductas de uso no autorizado de teléfono ajeno con producción del correspondiente gasto para su titular.
Los terminales de telecomunicación a los que se refiere el precepto penal son todos los que sirven para establecer conexiones a distancia entre personas mediante procedimientos electrónicos, informáticos, telefónicos, etc.

**Regulación normativa**: artículo 256 CP.

**Jurisprudencia**: SAP de Madrid de 1 de marzo de 2006 (*Tol 876016*).

## USURPACIÓN DE ESTADO CIVIL

Delito que consiste en la simulación de ser otra persona, para eludir así alguna responsabilidad o para poder, de esta manera, ejercer un derecho.

**Regulación normativa**: artículo 401 CP.

**Jurisprudencia**: STS de 26 de diciembre de 2005 (*Tol 809696*); SAP de Cádiz de 9 de enero de 2002 (*Tol 161506*); SAP de Madrid de 23 de marzo de 2006 (*Tol 929954*).

## USURPACIÓN DE FUNCIONES PÚBLICAS

La usurpación de funciones públicas consiste en ejercer actos propios de una autoridad o funcionario público, atribuyéndose el sujeto activo carácter oficial, esto es, realizar el acto como si en efecto fuera tal autoridad o funcionario y, además es preciso que el sujeto activo actúe ilegítimamente, es decir, que carezca de legitimidad para hacerlo.

**Regulación normativa**: artículo 402 CP.

**Jurisprudencia**: SSTS de 7 de abril de 2005 (*Tol 639350*), de 4 de octubre de 2007 (*Tol 1156509*).

## USURPACIÓN DE INMUEBLES

La usurpación es una figura genérica de apoderamiento que comprende la ocupación —violenta o intimidativa y la no violenta— limitada a inmuebles, viviendas o edificios que no constituyan morada.

El concepto de usurpación abarca, por un lado, la "ocupación" de una cosa inmueble, independientemente de su naturaleza rústica o urbana. Por ocupación se entiende el ejercicio de los actos materiales propios del contenido del dominio: la entrada en el lugar, su cerramiento o cercamiento, la realización de obras en él o el aprovechamiento de sus posibilidades económicas. El usurpador es un ocupante sin título que legitime su comportamiento dominical. No es preciso que lleve a cabo la totalidad de las facultades que corresponden al dueño.

La segunda acepción de la "ocupación" denota el ejercicio de alguna de ellas o, por utilizar los términos del apartado 1 del artículo 245 del Código penal de "... un derecho real inmobiliario de pertenencia ajena...".

"Ocupación" es, por tanto, un significante con una acepción amplia, que lo hace equivalente al ejercicio material del conjunto de facultades que constituyen el contenido de un derecho real y otra, restringida, que lo identifica con el ejercicio material del haz de poderes que configuran el contenido del dominio. El dominio y los derechos reales recaen ambos sobre bienes inmuebles.

**Regulación normativa**: artículo 245 CP.

**Jurisprudencia**: STS de 6 de febrero de 2018 (*Tol 6509162*); SSAP de Madrid de 7 de junio de 2001 (*Tol 224264*), de 11 de mayo de 2006 (*Tol 963682*); SSAP de Las Palmas de 6 de julio de 2007 (*Tol 1160931*), de 3 de marzo de 2020 (*Tol 8085192*).

## UTILIZACIÓN FRAUDULENTA DE DENOMINACIÓN DE ORIGEN

Se ha venido considerando por la doctrina un avance la introducción de este tipo de delito específico relativo a la propiedad industrial, aunque algunos lo han criticado por entender que viola la regla de intervención mínima del Derecho penal, por la que este no debe sancionar infracciones de orden menor para las que bastaría la actuación de las autoridades administrativas (*Vid. Ultima ratio*).

La utilización fraudulenta de denominación de origen consiste en, intencionadamente y sin estar autorizado para ello, utilizar en el tráfico económico una denominación de origen o una indicación geográfica representativa de una calidad determinada legalmente protegidas para distinguir los productos amparados por ellas, con conocimiento de esta protección.

**Regulación normativa**: artículo 275 CP.

**Jurisprudencia**: SSTS de 19 de marzo de 2004 (*Tol 376913*), de 26 de mayo de 2011 (*Tol 2151769*); SAP de Ciudad Real de 25 de junio de 2007 (*Tol 1176868*).

## UTILIZACIÓN NO AUTORIZADA POR DEPOSITARIO DE BIENES EMBARGADOS POR LA AUTORIDAD

Introducido por la reforma penal de 2015, el delito castiga a los que, sin estar autorizados, hacen uso de bienes embargados por la autoridad que están constituidos en depósito.

El Grupo Parlamentario Socialista presentó en el Congreso una enmienda para incorporar a este artículo la malversación impropia conocida como "quebrantamiento de depósito". La enmienda no prosperó.

**Regulación normativa**: artículo 258 bis CP.

# V

## VANDALISMO

Por vandalismo se entienden los actos de violencia contra personas o bienes realizados con ocasión de una reunión o manifestación. El texto punitivo no exige que el autor sea uno de los asistentes a la reunión o manifestación.

El vandalismo comprende pues las situaciones en que el delincuente aprovecha la parcial impunidad que dispensa la concurrencia plural de personas para cometer infracciones contra personas o propiedades públicas o privadas.

**Regulación normativa**: artículo 514.3 CP

**Jurisprudencia:** SAP de Barcelona de 13 de julio de 2011 (*Tol 2222855*).

## VEJACIÓN

Por vejación se entiende la acción de maltratar, zaherir o molestar a una persona, haciendo que se sienta humillada.

Se trata de un concepto normativo que debe ser integrado por el Juez en cada caso concreto.

**Jurisprudencia:** SAP de Zaragoza de 8 de noviembre de 2007 (*Tol 1313677*).

## VERSARI IN RE ILLICITA

Conforme al principio medieval, de origen canónico del *versari in re illicita,* debía responder penalmente de un resultado lesivo, aunque fuera fortuito e imprevisible, quien lo causara a consecuencia de una conducta inicial ilícita.

## VÍCTIMA

El Estatuto de la víctima del delito ofrece un concepto general de víctima. Entiende por víctima directa, toda persona física que haya sufrido un daño o perjuicio sobre su propia persona o patrimonio, en especial lesiones físicas o psíquicas, daños emocionales o perjuicios económicos directamente causados por la comisión de un delito.

Entiende por víctima indirecta, en los casos de muerte o desaparición de una persona que haya sido causada directamente por un delito, salvo que se tratare de los responsables de los hechos:

1) a su cónyuge no separado legalmente o de hecho y a los hijos de la víctima o del cónyuge no separado legalmente o de hecho que en el momento de la muerte o desaparición de la víctima convivieran con ellos; a la persona que hasta el momento de la muerte o desaparición hubiera estado unida a ella por una análoga relación de afectividad y a los hijos de ésta que en el momento de la muerte o desaparición de la víctima convivieran con ella; a sus progenitores y parientes en línea recta o colateral dentro del tercer grado que se encontraren bajo su guarda y a las personas sujetas a su tutela o curatela o que se encontraren bajo su acogimiento familiar.

2) en caso de no existir los anteriores, a los demás parientes en línea recta y a sus hermanos, con preferencia, entre ellos, del que ostentara la representación legal de la víctima.

**Regulación normativa**: Ley 4/2015, de 27 de abril, del Estatuto de la víctima del delito.

**Jurisprudencia:** STJUE de 28 de junio de 2007 (*Tol* 1083106).

## VÍCTIMA ESPECIALMENTE VULNERABLE

La especial vulnerabilidad de la víctima puede surgir por razón de su edad, enfermedad, discapacidad o bien por razón de su situación.

Por razón de su edad, dado que la ley no exige una debilidad extrema, se entiende que se da cuando existe una considerable desproporción de fuerzas.

La vulnerabilidad derivada de la situación en la que la víctima se encuentra se debe apreciar cuando la situación en la que se produce la agresión hace prácticamente imposible la defensa de la víctima. Esto es, la situación es aquella en la que la víctima se encuentra en un estado tal que su resistencia le resulta más difícil o imposible.

**Jurisprudencia:** STS de 7 de junio de 2005 (*Tol 674561*); SAP de Alicante de 13 de junio de 2011 (*Tol 2228875*).

## VICTIMOLOGÍA

La Victimología, que constituye la más moderna de las disciplinas jurídicas que se ocupan del fenómeno criminal, es el estudio científico de las víctimas. En sus orígenes se ocupó, fundamentalmente, de estudiar las relaciones entre el delincuente y la víctima. Más tarde se amplió su ámbito de estudio al papel desempeñado por las víctimas en el desencadenamiento del hecho criminal, a la problemática de la asistencia jurídica, moral y terapéutica a las víctimas, a la elaboración de disposiciones legales que permitan a las víctimas obtener una indemnización por los daños derivados del hecho delictivo, etc.

## VIOLACIÓN

Bajo la denominación jurídica de violación recoge el Código penal el más grave de los atentados posibles contra la libertad sexual del ser humano, ya que el autor ejecuta el acto íntimo sin el consentimiento de la víctima.

El artículo 179 del Código penal sanciona a quien agrede sexualmente a otra persona bajo la modalidad comisiva específica de acceso carnal consistente en introducción del miembro viril por vía vaginal, anal o bucal, incluyendo el tipo también la posible introducción de miembros corporales u objetos por alguna de las dos primeras vías. El concepto de penetración tiene un fundamento normativo, de acuerdo con el cual se da cuando la acción violenta pueda ser considerada como una grave afrenta a la intimidad sexual de la víctima, pero ese concepto presupone que el acceso carnal y la penetración supongan la introducción del órgano sexual masculino que puede realizarse en las cavidades que el tipo penal reseña, vaginal, acceso carnal propiamente dicho, o bucal y anal, rellenándose la tipicidad tanto cuando se penetra, como cuando se hace penetrar, es decir, tanto cuando un sujeto activo realiza la conducta de penetrar, como cuando es la víctima la que es obligada a realizar la conducta sin su consentimiento o con su consentimiento viciado, presuponiendo la introducción del órgano sexual masculino en alguna de las cavidades típicas.

La pena se agrava cuando para la agresión sexual el autor emplea violencia o intimidación o cuando la víctima tuviera anulada por cualquier causa su voluntad.

**Regulación normativa**: artículo 179 CP.

**Jurisprudencia**: SAP de Valencia de 18 de enero de 2008 (*Tol 1264992*); SAP de Barcelona de 8 de febrero de 2010 (*Tol 1782878)*; SAP de La Rioja de 11 de octubre de 2013 (*Tol 4079136*).

## VIOLENCIA

Por violencia se entiende el empleo de fuerza física. La violencia equivale a acometimiento, imposición material, e implica una agresión real más o menos violenta, o por medio de golpes, empujones, desgarros, es decir, fuerza eficaz y suficiente para vencer la voluntad de la víctima.

**Jurisprudencia**: STS de 30 de abril de 2010 (*Tol 1865103*).

## VIOLENCIA ASISTENCIAL

La violencia asistencial supone la comisión de un delito de malos tratos continuados contra personas que por su especial vulnerabilidad se encuentran sometidas a custodia o guardia en centros públicos o privados.

**Regulación normativa**: artículo 173.2 CP

## VIOLENCIA DE GÉNERO

La violencia de género se manifiesta como el símbolo más brutal de la desigualdad existente en nuestra sociedad y se dirige sobre las mujeres por el hecho mismo de serlo, por ser consideradas, por sus agresores, carentes de los derechos mínimos de libertad, respeto y capacidad de decisión.

La violencia de género supone la comisión, por cualquier medio o procedimiento, de un menoscabo psíquico o una lesión por parte del varón contra su esposa o exesposa, o contra la mujer con la que tenga o haya tenido análoga relación de afectividad aun sin convivencia.

La Ley Orgánica de medidas de protección integral contra la violencia de género tiene por objeto actuar contra la violencia que, como manifestación de la discriminación, la situación de desigualdad y las relaciones de poder de los hombres sobre las mujeres, se ejerce sobre estas por parte de quienes sean o hayan sido sus cónyuges o de quienes estén o hayan estado ligados a ellas por relaciones similares de afectividad, aun sin convivencia.

La violencia de género a que se refiere la citada Ley Orgánica comprende todo acto de violencias físicas y psicológicas, incluidas las agresiones a la libertad sexual, las amenazas, las coacciones o la privación arbitraria de libertad. La violencia de género a que se refiere esta Ley también comprende la violencia que con el objetivo de causar perjuicio o daño a las mujeres se ejerza sobre sus familiares o allegados menores de edad por parte de quienes sean o hayan sido sus cónyuges o de quienes estén o hayan estado ligados a ellas por relaciones similares de afectividad, aun sin convivencia.

**Regulación normativa**: artículo 153 CP; Ley Orgánica 1/2004, de 28 de diciembre, de Medidas de Protección Integral contra la Violencia de Género.

**Jurisprudencia**: SSTC de 13 de septiembre de 2005 (*Tol 702568*), de 26 de noviembre de 2009 (*Tol 1742731*); SSTS de 17 de noviembre de 2009 (*Tol 1768799*), de 12 de febrero de 2010 (*Tol 1791158*), de 3 de diciembre de 2015 (*Tol 563728*), de 8 de enero de 2020 (*Tol 7673757*), de 11 de febrero de 2020 (*Tol 8303240*); SAP de Murcia de 11 de febrero de 2016 (*Tol 5656814*); SAP de Madrid de 29 de enero de 2018 (*Tol 6521575*).

## VIOLENCIA DOMÉSTICA

La violencia doméstica supone la comisión de un delito de malos tratos continuados contra personas vinculadas afectiva o familiarmente al agresor o agresora —cónyuge, ex cónyuge, parejas de hecho, ascendientes, descendientes, hermanos propios o del cónyuge o conviviente— o con las que convive —menores o personas con discapacidad necesitadas de especial protección que con él convivan o que se hallen sujetos a la potestad, tutela, curatela, acogimiento o guarda de hecho del cónyuge o conviviente, u otras personas integradas en el núcleo de su convivencia familiar, como por ejemplo, la persona que ha prestado servicios domésticos durante muchos años.

La violencia doméstica consiste en toda acción u omisión de uno o varios miembros de la familia que dé lugar a tensiones, vejaciones u otras situaciones similares en los diferentes miembros de la misma, concepto amplio que comprendería las más variadas formas de maltrato que se dan en la vida real.

**Regulación normativa**: artículo 173.2 y 3 CP

**Jurisprudencia:** SSTS de 14 de febrero de 2007 (*Tol 1050628*), de 10 de noviembre de 2009 (*Tol 1748105*), de 29 de abril de 2010 *(Tol 1861950)* de 20 de abril de 2015 (*Tol 4984856*), de 26 de enero de 2018 (*Tol 6499054*), de 3 de junio de 2021 (*Tol 8473300*).

## VIOLENCIA VICARIA

La violencia vicaria se ha definido como un tipo de violencia ejercida por un progenitor maltratador como instrumento para causar daño al otro utilizando a sus hijos e incluso a los descendientes en común, que puede llegar, en casos extremos, a terminar con la vida de estos. Normalmente se ejerce sobre menores de edad, pero también puede llevarse a cabo sobre cualquier otro bien o sujeto que sea apreciado por la mujer maltratada.

Este fenómeno forma parte de los mecanismos de violencia psicológica utilizados por el maltratador y es considerado por diversas personas expertas en violencia de género como un tipo de *violencia instrumental*.

La violencia vicaria sobre los hijos e hijas de las mujeres es una forma de violencia machista. El término violencia vicaria se incluyó en el Pacto de Estado contra la Violencia de Género en España.

**Jurisprudencia:** SAP de Tarragona de 15 de noviembre de 2021 (*Tol 8964232*); SSAP de Madrid de 30 de marzo de 2022 (*Tol 9324860*), de 22 de febrero de 2023 (*Tol 9568169*).

# XENOFOBIA

La circunstancia agravante 4.ª del artículo 22 del Código penal "cometer el delito por motivos racistas, antisemitas, antigitanos u otra clase de discriminación referente a la ideología, religión o creencias de la víctima, la etnia, raza o nación a la que pertenezca, su sexo, edad, orientación o identidad sexual o de género, razones de género, de aporofobia o de exclusión social, la enfermedad que padezca o su discapacidad", agrupa diversas actitudes de discriminación y entre ellas la de actuar por motivos xenófobos.

Para que concurra la xenofobia como agravante es preciso que se encuentre en la misma un cierto componente de carácter subjetivo en el comportamiento del autor o de los autores de los hechos. En este sentido, el comportamiento del autor o autores debe de exteriorizar su voluntad de colocar al sujeto extranjero en situación de inferioridad, de humillación, de vejación o de menosprecio. En definitiva, a la condición objetiva de ser extranjera la víctima, habrá de ser añadida forzosamente la voluntad, el móvil, el motivo o la intención del autor o autores, al cometer el delito.

La xenofobia como agravante supone estar ante una actitud de menosprecio que conduce al autor de un hecho a actuar delictivamente. Siendo lo determinante, por tanto, la motivación del autor en la comisión de ese delito, esto es, siendo lo determinante la causa que mueve a cometer el delito para cumplir con la conducta típica penal.

Para poder ser apreciada la agravante de xenofobia es preciso que exista una especial predisposición del autor del delito que ha de traducirse en su posterior conducta.

**Regulación normativa**: artículo 22.4.º CP.

**Jurisprudencia**: STS de 13 de marzo de 2003 (*Tol 385220*); SAP de Barcelona de 26 de octubre de 2003 (*Tol 318759*); SJP núm. 22 de Barcelona de 29 de octubre de 2009 (*Tol 1631664*).

# Z

## ZOOFILIA

*Vid.* Maltrato de animales.